Accélération et innovation : notions en débat

Collection « Études africaines »

dirigée par Denis Pryen et son équipe

Forte de plus de mille titres publiés à ce jour, la collection « Études africaines » fait peau neuve. Elle présentera toujours les essais généraux qui ont fait son succès, mais se déclinera désormais également par séries thématiques : droit, économie, politique, sociologie, etc.

Dernières parutions

Sandavoy Adamoh DJHELI YAHOT, *L'endettement international : mythe ou réalité en Afrique ?*, 2021.
Basile ANYIA ENYEGUE, *Cameroun : les renseignements généraux français dans la lutte contre l'insurrection armée en Sanaga-Maritime*, 2021.
Moustapha SOUMAHORO (dir.), *Aménagement, décentralisation et développement local en Afrique subsaharienne*, 2020
Maixant MEBIAME ZOMO & Ludovic MBA NDZENG (dir.), *Le travail anthropologique de Paulin Nguema-Obam, Dettes et critiques,* 2020.
Christian SCHOENAERS, *Trois hommes des Lumières à l'île de Gorée*, 2020.
André LISONGOMI BATIBONDA, *Afromarché électoral. Heuristique des ambivalences des pratiques électorales en République Démocratique du Congo,* 2020
Samba DIOP, *La diaspora africaine en Norvège. Immigration et intégration en Europe*, 2020
Abel Renaud EBA, *L'Afrique, l'ultime réserve pétrolière du monde face à la transition énergétique. Un zoom sur les matières premières minérales énergétiques et le développement de l'Afrique*, 2020.
Fabrice MODOMPTE DEG-TIGUEY, *Le contentieux des contrats miniers et pétroliers en République centrafricaine,* 2020

Sous la direction de

Yaovi AKAKPO

Accélération et innovation : notions en débat

Innovations sociales en Afrique

L'Harmattan

Du même auteur

Le technocolonialisme, Paris, 2019, L'Harmattan.
Science et reconnaissance, Paris, 2016, Présence Africaine.
La recherche en philosophie, Paris, 2012, L'Harmattan.
L'horizon des sciences en Afrique, Bern, 2009, Peter Lang.

5-7, rue de l'École-Polytechnique 75005 Paris

http://www.librairieharmattan.com

ISBN : 978-2-343-22222-6
EAN : 9782343222226

AVANT-PROPOS

En 2017, alors doyen, j'avais initié, pour notre faculté, la Faculté des sciences de l'homme et de la société de l'Université de Lomé, le projet d'un colloque sur *l'innovation sociale*. Le présent ouvrage est un produit issu de ce projet.

Initialement, l'idée était d'organiser un débat scientifique, pluridisciplinaire et internationale, centré, en effet, sur les notions d'invention sociale et d'innovation sociale. Malgré le volontarisme, que j'ai reconnu sincèrement, à plusieurs occasions, aux ouvriers de la première, qui ont travaillé dans le comité d'organisation, notamment mes collègues Lolowou Folly Hétchéli, Tossou Atchrimi, Mawusse Akue Adotevi, Komi Kouvon, l'élaboration du document d'appel à contributions a pris un peu de temps. Mais, je crois que le temps écoulé, de 2017 à 2019, n'a pas été perdu, en tant que tel ; il a permis, véritablement, au projet initial, de gagner en consistance.

En janvier 2019, j'ai proposé à mes 4 collègues, la position que l'innovation sociale, dans son sens moderne, étant justifiée historiquement par les libéralismes, elle ne peut pas être pensée sans interroger son rapport avec la notion d'accélération sociale. En intitulant finalement, après y avoir consacré du temps, le colloque qui s'est tenu à l'Université de Lomé, du 22 au 24 janvier 2020, « l'innovation sociale dans les Afriques en accélération », il s'agit, pour moi d'espérer, dans le champ d'une telle thématique que j'explore depuis un moment, des contributions qui indexent et interrogent le rapport entre l'innovation sociale et les bouleversements accélérés dont les sociétés modernes, y compris les nôtres, sont l'objet et/ou qu'elles subissent, dans tous les cas.

Le colloque a connu une participation massive. A l'issue de l'appel à contributions, 132 propositions de communication ont été enregistrées. Le comité scientifique, les ayant évaluées, en a retenu 99. A la veille du colloque, on a noté le désistement de 3 communicateurs. Les 96 communications ont été programmées, par affinité thématique, dans 15 panels, regroupés en deux ateliers.

Le colloque a été financé, entièrement, par les fonds propres de notre faculté. Il doit à l'Université de Lomé un appui logistique. L'implication, sans réserve, d'Edinam Kola, le nouveau doyen de notre faculté, est bien reconnue. Ma reconnaissance est aussi pour les collègues Essohana Batchana, Koffi Nutefe Tsigbe et Tchaa Boukpessi. Le colloque a profité de l'implication forte des collègues Abdourazakou Alassane, Namoin Yao-Baglo, Anoumou Amékudji et de plusieurs doctorants. Eglina Kidaoulé, le comptable de la faculté, et Mme Akouwa Solange Sokaty, la secrétaire particulière du doyen, mise à la disposition de l'organisation du colloque, ont joué pleinement leur rôle respectif, depuis le lancement de l'appel à contributions jusqu'à la gestion de l'évaluation et de la sélection des papiers publiés dans cet ouvrage. Je ne peux pas oublier le rôle discret, mais efficace, de toute l'administration de notre faculté, dans la réussite du colloque.

Mon souhait, en proposant à notre faculté le colloque, est que, dans nos universités et centres de recherche, l'enseignement et la recherche, relativement aux modernités africaines, interrogent suffisamment le rapport entre *accélération sociale* et *innovation sociale*.

Lomé, le 22 mai 2020

Yaovi AKAKPO

Afriques en accélération et innovation sociale

Yaovi AKAKPO
Université de Lomé

Pour penser les sociétés modernes, dont celles d'Afrique, sociétés en accélération (G. Berger, 1967 ; H. Rosa, 2011), l'*innovation*, sans doute, se révèle une notion majeure. Il est vrai que, dans les sociétés africaines, on n'innove pas assez, comparativement aux puissances libérales. Car, malgré le volontarisme des chercheurs, des ingénieurs, des techniciens et des bricoleurs de génie, les inventions et les innovations technologiques africaines, au double plan quantitatif et qualitatif, sont de loin comparables à celles des pays scientifiquement avancés et fortement industrialisés. Mais, au moins, il est réel que, dans les Afriques, les villes et les villages, en tant qu'ils sont désormais connectés aux économies libérales et au marché du système-monde (S. Amin), restent inondés de produits de la haute technologie, sans cesse performants. Les pays africains ne sont pas en bonne place, lorsqu'on mesure leur poids dans la production scientifique et technologique mondiale, mais les économies libérales font d'eux des terres d'accueil des performances technologiques. Alors, en Afrique, également, l'enjeu doit être historique de prendre acte de ce que M. Heidegger (1959) a raison de penser que la rationalité technoscientifique « est en train d'étendre finalement [sa] puissance à la terre entière ».

Bien des théories l'ont établi, l'innovation, au sens moderne, est initialement une émanation de l'agenda de la « puissance » (M. Heidegger, 1958), porté par la science et la technique modernes. La rationalité de la science et de la technique modernes, ainsi que M. Heidegger (1958) en a fait la théorie, théorie reprise et discutée par G. Hottois, J.-J. Salomon ou A. Feenberg, est radicalement opposée à celle de la science traditionnelle, la *theoria* traditionnelle. La science, théorétique selon Aristote, c'est la théorie spéculative, la vérité théorique, entièrement distinguée de la *poïèsis*, la technique et l'artisanat. Dans les traditions, en général, puisque son identité était inséparable de celle de l'artisanat, la technique n'avait pas un rapport actif avec la connaissance théorique.

La rationalité des sciences modernes, au contraire, est celle de la dialectique de la théorie et de la technique. Une telle dialectique est l'interdépendance active entre découverte scientifique (nouvelle théorie) et invention technologique (nouvelle solution technique). C'est l'activisme du rapport entre la découverte et l'invention, justifié, dans les pays puissants et industrialisés, par la fonction sociale principale de la connaissance, qui fait de l'innovation une catégorie moderne. Dans son sens moderne, l'innovation est globalement entendue comme invention continue, accélérée et effrénée de solutions nouvelles (connaissances nouvelles, technologies nouvelles, services innovants, procédures nouvelles), une chose la mieux partagée par les sociétés contemporaines. L'invention effrénée de connaissances nouvelles, de technologies nouvelles, de services innovants a acquis une telle noblesse, dans les sociétés contemporaines, je viens de le dire, en raison de la vocation à la puissance que les sciences inspirent aux alliés que sont devenus les Etats et les économies libérales.

La fonction principale de la science et de la technique, dans l'expression de la puissance souveraine et économique, dans les modernités, avait très tôt confirmé le rapport étroit et actif, entre la découverte, l'invention et l'innovation technologiques. Ce rapport avait été pressenti par les pères apologistes de la science moderne, notamment R. Descartes ou F. Bacon. Aujourd'hui, partout dans le monde moderne, où s'exprime la quête de puissance souveraine et économique, la recherche scientifique ne se dissocie plus de la course à l'innovation technologique.

En observant les conflits qui opposent des grandes puissances et/ou des puissances moyennes, une des choses remarquables est que l'unanimité sur la quête de l'invention et de l'innovation technologique n'induit pas nécessairement l'unanimité sur la place de l'innovation sociale. Or, il y a un rapport éminemment moderne entre l'innovation technologique et l'innovation sociale, rapport dont la reconnaissance est attestée par l'enjeu, pour les nations, d'exister et de se développer, d'avoir un devenir libre et de se positionner dans l'histoire. Un tel rapport inscrit, bien évidemment, dans les modernités et les agendas nationaux modernes, la fonction centrale de l'économie de la connaissance, dont l'innovation technologique est la manifestation majeure. Mais, ce rapport, dans les puissances libérales, ne signifie pas du tout une sous-estimation de la réalité et de la fonction de l'innovation sociale.

Issue de l'économie libérale et des théories économiques et sociologiques sur les performances économiques, la notion d'innovation sociale concerne les services nouveaux, les procédures nouvelles efficaces et efficientes d'organisation et de gestion de l'entreprise, les formes de renouvellement des services, de l'organisation et de la gestion. En Afrique, la notion d'innovation sociale peut être enrichie, en intégrant à sa compréhension et à son extension, l'accélération de la dynamique sociale elle-même (modèles économiques et de finances, modes de transports, solidarités nouvelles, religions nouvelles), une dynamique plurielle de nouveautés et de renouvellement de solutions pertinentes ou non. En se référant à la dynamique plurielle des expériences africaines, si le lien entre l'innovation technologique et l'innovation sociale n'est pas immédiatement évident, il est tout de même réel par la médiation de l'accélération sociale, dont toutes les sociétés modernes font l'objet. Pour cette raison, malgré la faiblesse de l'Afrique en matière de production technologique, elle est fortement habitée par la tendance à l'innovation sociale, tendance mesurable par l'accélération sociale dont elle fait l'objet.

Il faut alors, pour interroger, dans les sociétés africaines, le rapport entre l'invention technoscientifique et le défi d'innovation sociale, considérer la nature particulière de l'accélération sociale dont les Afrique(s) font l'objet.

La nouvelle donne est que les sociétés contemporaines, y compris celles d'Afrique, ne montrent de capacité à transformer ou à rénover authentiquement leurs structures, leurs organisations et leurs gestions que sous le poids d'une certaine tension essentielle chaude (Y. Akakpo, 2019). Tension reçue, non seulement de l'accélération des connaissances et des technologies, mais aussi de la pression de l'économie et de l'information.

Dans les Afriques contemporaines, malgré la tendance à l'absence de politique volontariste de la science et de la technologie, l'économie-monde (S. Amin), dont la rationalité intègre l'expansion (exportation) des biens économiques (techno-biens), des services (techno-services), des biens culturels, a acquis la principale position dans la transformation sans répit de la totalité sociale. On le sait, dans les sociétés africaines contemporaines, ce n'est pas tellement le politique, très hésitant dans les réformes sociales et politiques, qui porte les dynamiques de transformation sociale, mais plutôt les injonctions, de tous ordres, relatives à la rationalité de l'économie-monde, de sa finance, de ses biens, de ses services et de son système de vente de l'information. C'est surtout les biens économiques (techno-produits et techno-services) et la finance, soutenus par l'information, qui, dans les sociétés africaines contemporaines, soumettent, à la transformation accélérée, les métiers et les services, les solidarités, les morales, les us et les coutumes, etc.

Quand il s'agit de penser les sociétés africaines actuelles, je pense que les sciences de l'homme et de la société, les sciences littéraires ont besoin de retenir que la notion de changement social (J.-P. O. De Sardan, 1995), bien que pertinente, ne permet plus qu'une expression faible d'une telle transformation sociale. La réalité est que les sociétés africaines reçoivent des économies libérales et de l'information, une pression particulièrement chaude et bouleversante. J'ai pensé qu'une telle pression, que j'ai désignée *tension essentielle chaude* (Y. Akakpo, 2019), désarticule les sociétés africaines (je vais y revenir). Si elle a la particularité de les désarticuler, c'est parce que, dans une mesure, le rythme est éminemment fort, celui qu'elle imprime aux transformations sociales. Il importe, à mon avis, que les sciences de l'homme et de la société et les sciences littéraires étudient et pensent les transformations multiformes, dont nos sociétés africaines contemporaines font l'objet, sans répit, en utilisant désormais la notion d'*accélération sociale* (Gaston Berger, 1967 ; H. Rosa, 2012, 2013), en lieu et place de la notion de *changement social.* Dans le sens de cette réalité, une des leçons pour les universités et les centres de recherche, en Afrique aujourd'hui, pourrait être que les cours et les travaux de sociologie du changement, d'anthropologie du changement soient intégrés désormais à des UE et/ou à des chantiers de recherche, intitulés *sociologie de l'accélération sociale*, *anthropologie de l'accélération sociale*, *philosophie de l'accélération sociale*, etc. En un mot, pour mieux explorer l'horizon des modernités africaines, les unités d'enseignement et de recherche sur le changement social ont besoin d'être sous l'orientation d'une *théorie générale de l'accélération sociale.*

En analysant le monde contemporain, G. Berger (1967) retient que celui-ci a deux principaux traits distinctifs : l'interdépendance et l'accélération. G. Berger parle d'*accélération du monde* et d'*accélération de l'histoire*, à partir du constat que le monde contemporain « est un univers de la nouveauté ». Il a raison de noter que, dans le monde contemporain, sous le poids de la globalisation, de l'interdépendance, tout « change », « change vite », « change de plus en plus vite ». Mais, en parlant du rôle d'accélérateur de la globalisation, il n'indique pas ce qui donne, à la globalisation, les moyens d'accélérer le monde et l'histoire. Il n'a pas, comme H. Rosa (2012 ; 2013) l'a fait, exploré les forces motrices de l'accélération sociale.

H. Rosa (2012 ; 2013), dont la thèse est « une critique sociale du temps », définit la société moderne, en tenant compte de « la modernité tardive », « comme une société de l'accélération » (H. Rosa, 2012, p. 32). Un avantage d'une telle thèse, c'est qu'elle relie la théorie de l'accélération à la théorie de l'aliénation. La philosophe et sociologue allemande distingue trois dimensions de l'accélération, notamment l'accélération technique, l'accélération du changement social et l'accélération du rythme de vie (2012 ; 2013), et considère, avec raison, que toutes ces dimensions sont reliées ou plutôt enchaînées dans une « spirale de l'accélération ». Une telle spirale de l'accélération est présentée comme mouvement ternaire : (i) de l'accélération du rythme de vie à l'accélération technique ; (ii) de l'accélération technique à l'accélération du changement social ; (iii) de l'accélération du changement social à l'accélération du rythme de vie (H. Rosa, 2013, p. 190 ; 2012, p. 43). En schématisant ainsi la spirale de l'accélération, H. Rosa (2012, 2013) interroge « les forces motrices de l'accélération sociale ».

Elle écarte des trois réponses à son interrogation, l'hypothèse selon laquelle la technologie est « elle-même la cause de l'accélération sociale » (2012, p. 33). H. Rosa (2013, p. 191) reconnaît qu' « il est incontestable que *l'accélération technique, et avant tout technologique, agit comme un puissant moteur du changement social* », mais elle pense plutôt que les trois principales forces motrices du « processus acharné d'accélération », dans lequel la « modernité tardive » est prise, sont la compétition, la promesse de l'éternité et le cycle de l'accélération.

D'abord, l'auteure retient la compétition, parce qu'elle considère que le profit, tel qu'il est dans l'économie capitaliste, joue un rôle moteur dans la société moderne. (i) La compétition se justifie d'abord de l'équation capitaliste liant le temps et l'argent, au sens où B. Franklin l'avait dit. Le temps de travail, étant un facteur de production, « économiser du temps est un instrument simple et direct pour réduire les coûts et obtenir un avantage concurrentiel » (H. Rosa, 2012, p. 34). Et prendre, dans le temps, de l'avance sur des concurrents, est un moyen de « profits supplémentaires » pour maintenir une entreprise compétitive. (ii) La compétition, dit-elle, d'un ton parsonien, va au-delà de la sphère économique. La compétition ou la concurrence est globalement présentée dans la vie sociale comme *mode dominant de distribution*. La logique sociale de la compétition obéit à l'idée selon laquelle « le concurrent ne dort jamais ».

Ensuite, H. Rosa (2012) a la conviction que « la force motrice de l'accélération est également alimentée par une promesse culturelle forte : dans la société moderne séculaire, l'accélération sert d'équivalent fonctionnel à la promesse (religieuse) de *vie éternelle* ». L'auteure formule l'hypothèse que, selon « la logique culturelle dominante de la modernité occidentale », l'idée d'une *vie supérieure* après la mort n'est plus posée, la vie bonne, i.e. accomplie, est recherchée dans la réalisation « d'autant d'options que possible parmi les vastes choix offerts par le monde. *Goûter la vie dans toutes ses dimensions, toutes ses profondeurs et dans sa totale complexité* devient une aspiration culturelle centrale de l'homme moderne » (H. Rosa, p. 39). Pour mener « une infinité de vies au cours d'une seule existence », l'accélération sert à « effacer la différence entre le temps du monde et le temps de notre vie » (p. 41).

Enfin, la philosophe allemande pense que, dans la modernité tardive, la compétition/concurrence et la promesse de l'éternité sont des forces motrices externes de l'accélération. La société de l'accélération est déterminée par la logique inhérente à la division du travail. Pour le dire en un mot, la philosophe allemande écrit que « dans la modernité tardive, l'accélération sociale s'est transformée en un système autopropulsé qui n'a même plus besoin de la moindre force motrice externe » et qui, donc, « s'anime tout seul sans relâche » (H. Rosa, 2012, p. 41).

En aboutissant à une telle hypothèse explicative, dont le départ est l'idée que la technologie elle-même n'est pas le moteur de l'accélération, H. Rosa (2012, p. 41) croit que la seule fonction de l'accélération technique est de servir, dans la modernité tardive, de « réponse sociale au problème de la raréfaction du temps ». Une telle théorie de l'accélération sociale, à teneur sociologique, n'interroge pas l'unité des forces motrices de l'accélération. Elle ne pose pas la question de la force motrice, unifiée et première, qui a le pouvoir, dans les toutes les sociétés contemporaines, d'agiter ou de mettre sous cette tension essentielle chaude (Y. Akakpo, 2019) la vie, les biens et services économiques, les us et coutumes, les droits, les croyances. Il faut poser la question de la force motrice, unifiée et première, de l'accélération.

L'accélération de l'histoire et de la société, dans les modernités, se justifie principalement, et plus significativement, de la pression que l'innovation technologique continue et effrénée, par la médiation de l'économie et de l'information, exerce sur la totalité sociale. Bien sûr, l'innovation/invention produit et reproduit la puissance de l'Etat, de l'économie et de l'information. Mais, l'énorme pression qu'elle exerce sur la totalité sociale vient du pouvoir colonisateur qu'elle offre à l'économie et, dans une certaine mesure, à l'information. L'information elle-même étant devenue largement un instrument des économies contemporaines. Considérons, pour aller vite dans l'argumentation, la puissance des économies libérales et la puissance de l'information.

(i) Les économies libérales sont un axe d'incarnation de la dynamique de l'invention et de l'innovation technologique. La compétitivité, telle qu'elle est inspirée par la rationalité des économies libérales, est un jeu qui n'a pas de réalité sans le culte de l'invention ou le culte de l'innovation technique. La fonction motrice du culte fétichiste voué à l'innovation/invention technologique est centrale dans les agendas des économies libérales (compétitivité productive, conquête de marché, accumulation). Les biens et les services que l'économie offre, comme innovants, sont nécessairement des solutions techniques et scientifiques. Il s'agit, du moins, de biens et services, scientifiquement et techniquement proposés. C'est alors par l'innovation scientifique et technologique que les économiques libérales envahissent les espaces de vie de toutes sociétés actuelles, y compris celles qui n'avaient pas, initialement, dans leur arrière-plan culturel, la concurrence sociale, mais plutôt la solidarité sociale ou clanique, ni n'ont perdu la foi en une vie post-mortem. Le rapport culturel à la modernité, si l'on tient compte des sociétés contemporaines, n'est plus unique ; il est pluriel. Hottois a raison de penser que la seule chose la mieux partagée (parce ce que délibérément recherchée) par les modernités actuelles c'est la rationalité opératoire.

Toutes les sociétés contemporaines sont devenues des territoires où les économies libérales, par l'innovation technologique effrénée des biens, des services, des cultures, éprouvent l'horizon de leurs possibles. La dynamique structurelle, normative et évolutionnaire de toutes les sociétés en est affectée. En général, dans les sociétés actuelles, l'accélération des choses sociales, sous la pression économique, exercée par des techno-biens, des techno-services, des techno-cultures, bouleverse et relativise les dynamiques constitutives et évolutionnaires des pratiques sociales et des traditions sociales (lois, droits, us et coutumes, morales, religions). Il est observable, c'est vrai, qu'il n'y a pas de tradition à l'abri des bouleversements engendrés par les possibles, de tout genre, que répandent, pour des enjeux économiques, les techno-biens, les techno-services.

(ii) L'information, elle aussi, met la totalité sociale en accélération. Il en est ainsi, parce que l'information doit les instruments de sa puissance aux technologies nouvelles, sans cesse innovantes. C'est par la puissance de ses instruments, entretenue par l'innovation technologique, que l'information connecte au système-monde, la conscience des peuples, des totalités sociales. Ce qui fait que partout dans le monde aujourd'hui, les us et coutumes claniques, des législations traditionnelles, les traditions et les pratiques religieuses sont sous la hantise de la relativisation, parce que la conscience citoyenne, dans les différents territoires nationaux, acquiert, grâce à l'information, la fonction d'une puissance de pression sociale. C'est parce que le service de l'information devient, de plus en plus, une offre produite et révisée, techniquement et scientifiquement, qu'il donne cette capacité (puissance) aux consciences citoyennes nationales, partout dans le monde, d'interpeller et de bouleverser les économies, les droits et les libertés, les traditions sociales et les cultures.

Il importe de considérer et de souligner que la puissance des économies libérales et de l'information à accélérer et à agiter la totalité sociale, a pour force motrice, unifiée et première, l'invention/innovation scientifique et technologique.

En voyant les choses ainsi, en général, il y a, toutefois, une particularité à considérer. C'est que, dans les sociétés a-puissantes, l'accélération de la dynamique de constitution et d'évolution des pratiques et des traditions est plus bouleversante qu'elle l'est dans les sociétés puissantes. Dans les sociétés a-puissantes, dont celles d'Afrique, l'accélération des choses désarticule les modes de vie, les pratiques sociales, les traditions morales et religieuses, parce qu'elle résulte d'une double tension. Du dedans la tension, dont les sociétés africaines font l'objet, est celle qui vient de leur propre dynamique d'auto-transformation. Du dedans, « le monde s'effondre » (pour reprendre l'expression du romancier nigerian Chinua Achebe, 2013). En effet, dans le monde rural ou urbain, les us et coutumes sont constamment bouleversés, les religions claniques se transforment, la démographie galope, l'éducation change vite, de nouveaux besoins s'expriment, etc. Du dehors, la pression forte qu'elles reçoivent vient des économies libérales globalisées (leurs biens, services et mécanismes de reproduction). Soumis à cette tension, essentiellement chaude, que les économies libérales exercent sur eux, les us et les coutumes, en Afrique, sont bousculés, les métiers se transforment, les loisirs changent vite, etc. Sous le poids de cette double tension, reçue du dedans et du dehors, les sociétés africaines, désarticulées (Y. Akakpo, 2009), s'empêtrent dans des crises multiformes. Des crises qui expriment l'incohérence entre droit et projet d'Etat (crises politiques, guerres tribales et djihadistes), finances, économie et programmes de développement (entreprises en difficulté, chômage endémique), citoyenneté et projet d'intégration républicaine, etc. Dans la mesure où ces crises sociales affectent les fondements de la vie collective, on peut penser que l'accélération sociale, en les marquant de caractères particuliers, met aussi en honneur la fonction de la fondation des choses et celle de l'innovation sociale. Entre ces deux dimensions de l'histoire, le rapport est étroit et dialectique.

Relativement aux sociétés désarticulées, où les choses vont vite et rendent difficile le vivre, où les traditions sont déconstruites et privées de significations sociales (S. B. Diagne), l'innovation sociale est d'abord une initiative de l'acteur, un geste libre, citoyen et démocratique. Car elle est dans les solutions initiées par des acteurs sociaux eux-mêmes (agriculteurs, commerçantes, jeunes chômeurs, entrepreneurs, etc.), sans la permission de personne. C'est en réponse à la pauvreté endémique que jeunes urbains et ruraux inventent de nouveaux métiers (métiers de "poubelliste" de quartier, de *zémidjan*) et développent des solidarités innovantes (groupes ou associations d'assistance financière, groupes de tontine, groupes de prêt usurier, etc.). Il en est de même pour les commerçantes, les ouvriers et les travailleurs. Contrairement à l'innovation technologique, œuvre de l'ingénieur, l'innovation sociale, elle, vient des acteurs et du peuple. Elle est une catégorie principale à partir de laquelle, peut se mesurer la capacité des peuples à être souverains et libres, à porter le développement.

Mais, penser l'innovation sociale peut servir à débrouiller les solutions populaires bricolées, l'agir bricolé par les acteurs sociaux. En raison du vertige social ou collectif qui vient de l'accélération des choses et des repères, l'initiative rationnelle de solutions sociales nouvelles est sans doute de la prérogative de la science.

L'appropriation de la notion d'innovation sociale dans la recherche sur les sociétés africaines se justifie, d'abord, des conséquences dévastatrices du vertige social, qu'entretient le rythme accéléré et effréné de la relativisation (déconstruction ou bouleversement) des fondements et des repères sociaux et culturels. Les us et coutumes des traditions claniques n'inspirent plus en Afrique, ni le droit, ni la politique, ni l'économie. Il se justifie, ensuite, des difficultés persistantes, des sociétés africaines à se montrer capables d'autonomie ou d'initiative, en raison du rythme effréné de leur désarticulation.

Il est alors intéressant de noter, à partir de l'issue malheureuse de la double tension que subissent les sociétés africaines, que l'accélération sociale est une chose bien différente de l'innovation sociale. L'accélération sociale, chez nous, c'est bien sûr les Afriques qui bougent vite. Elles sont bougées, parce que bousculées par et pour les agendas des économies et des puissances libérales. Les

Afriques bougent, sans être résolument des chantiers d'innovations sociales cohérentes et rationnelles. La question majeure de cet ouvrage, à ne pas sous-estimer, revient à interroger, dans la constitution des modernités africaines, le décalage entre la dictature planétaire de l'accélération sociale et l'enjeu d'autonomie des peuples, enjeu mesurable par la capacité d'innovation sociale, rationnelle ou cohérente. Ce décalage est largement, dans les modernités africaines, une catégorie principale par laquelle l'on doit reconnaître le sous-développement économique et social, les crises sociales et politiques, les crises culturelles.

Il n'y a pas, alors, de réponse crédible à la désarticulation des sociétés africaines, réponse qui pourrait se passer de la cohérence du rapport dialectique entre l'accélération sociale et l'innovation sociale. Entendue comme solution sociale nouvelle, initiative de solution sociale, la notion d'innovation sociale peut servir à interroger la capacité pratique des Afriques à être authentiquement modernes. Inutile d'envisager une telle interrogation, en l'orientant avec le présupposé idéologique classique de l'africanisme, présupposé essentialiste, selon lequel il y aurait des cultures hostiles à l'histoire. Interroger la capacité pratique des Afriques à être modernes, peut revenir plutôt à s'intéresser aux chantiers multiformes où elles éprouvent et jouent leur capacité d'autonomie (le développement, le droit et l'Etat, l'économie, les pratiques sociales et les traditions, les cultures, etc.).

En considérant cette façon, bien orientée, d'interroger l'innovation sociale dans les Afriques en accélération, les sciences sociales (y compris le droit, l'économie, la gestion) et les sciences littéraires doivent ouvrir des *sentiers de penser démocratique* et *des sentiers de penser l'horizon* sur les bouleversements sociaux entretenus par le technocolonialisme, instrument principal par lequel, désormais, la politique et l'économie libérales font l'histoire et tiennent le monde.

Sentiers de penser démocratique, au sens où, à propos des hypothèses relatives à ces chantiers sur lesquels les Afriques jouent leur devoir d'exister libre ou autonome (Y. Akakpo, 2014, 2016), les sciences sociales et littéraires doivent rester attentives à la société elle-même, aux initiatives des acteurs, aux manières effectives dont se déploient la rationalité de l'accélération sociale et des innovations sociales. Il importe de mobiliser les sciences sociales et littéraires pour une certaine herméneutique des choses en accélération et des nouveautés, une herméneutique des choses affectées par cette tension essentielle chaude dont j'ai parlé (Y. Akakpo, 2019).

Sentiers de penser l'horizon, au sens où une certaine vocation des vérités sur la société est de repérer ce qui arrive et son horizon. Pour interroger l'innovation sociale, dans les Afriques en accélération, suivant cette orientation, l'option méthodologique globale est la tendance à penser, de façon critique, les enjeux de l'accélération des choses et ceux de l'innovation sociale, en soumettant les théories y afférentes à l'épreuve de la logique des faits ou des données.

Dans l'orientation d'une telle option méthodologique globale, il s'agit, pour les chapitres de cet ouvrage de mettre en débat, avec une référence particulière à l'évolution des sociétés africaines, les notions d'accélération et d'innovation.

Références bibliographiques

ACHEBE Chinua, 2013, *Le monde s'effondre*, trad. P. Girard, Paris, Actes sud.

AKAKPO Yaovi, 2009, La rationalité technologique à l'épreuve, *Le cahier philosophique d'Afrique*, 7, p. 61-77.

AKAKPO Yaovi, 2015, Tension essentielle à l'ordre social et autonomie de l'histoire, *Nunya*, 3.

AKAKPO Yaovi, 2019, *Le technocolonialisme. Agir sous une tension essentielle*, Paris, L'Harmattan.

ROSA Hartmut, 2012, *Accélération et aliénation. Vers une théorie critique de la modernité tardive*, Paris, La Découverte.

ROSA Hartmut, 2013, *Accélération. Une critique sociale du temps*, Paris, La Découverte.

CHAPITRE 1

Le technocolonialisme comme une théorie éthique d'innovation sociale

Souglouman BAMPINI
Université de Kara

Résumé : La notion de technocolonialisme, ainsi que Y. Akakpo en fait usage, traduit la rupture de la rationalité technoscientifique avec le paradigme anthropologique des valeurs éthiques ou du modèle traditionnel de régulation de la condition humaine, sociale et historique. Ce paradigme octroyait à la magie, à la religion, aux symboles métaphysiques, un pouvoir fonctionnel essentiel. La rationalité technoscientifique atteste qu'elle a désormais une fonction analogue, celle de réguler effectivement la condition humaine, sociale et historique. Le technocolonialisme est la tendance à la colonisation ouverte que l'univers technicien exerce sur l'espace social et sociétal. Dans ce chapitre, en partant de cette double idée qui traverse les œuvres du philosophe togolais Yaovi Akakpo, notamment *Le technocolonialisme*, il s'agit de montrer que l'idée selon laquelle la technique surdétermine l'être et l'avoir, le faire et l'être, doit inspirer une théorie éthique d'innovation sociale.

Mots-clés : innovation sociale, paradigme anthropologique, rationalité technoscientifique, technocolonialisme, valeurs éthiques.

Abstract: Technocolonialism is an expression of the rupture, through technoscientific rationality, with the anthropological paradigm of ethical values or the traditional model of regulation of the human, social and historical condition. This paradigm granted magic, religion, metaphysical symbols, an essential functional power. Technoscientific rationality indicates that it has now a similar function, that of effectively regulating the human, social and historical condition. Thus, technocolonialism, as a new philosophical approach which expresses the project of overturning the anthropological paradigm of ethical values, also translates the open colonization that the technical universe exercises on the social and societal space. The present work, starting from this double idea which runs through the scientific works of the Togolese philosopher Yaovi Akakpo, especially his work *Technocolonialism*, shows that this philosophical approach of the fact that it codetermines being and having, doing and being, is also an ethical theory of social innovation.

Keywords: social innovation, anthropological paradigm, technoscientific rationality, technocolonialism, ethical values.

Introduction

Les sociétés modernes et contemporaines font un front avec les sociétés traditionnelles[1] par le fait qu'elles se veulent de plus en plus socialement innovantes. Dans leur quête d'innovation sociale, elles ont besoin d'une théorique éthique. Ce besoin qui apparaît plus puissant, mais sans doute également plus problématique qu'il ne l'a jamais été dans les sociétés traditionnelles, dérive essentiellement de ce qui les catégories : elles deviennent continuellement plus techniciennes que symboliques. Elles sont emplies de biens de plus en plus performants de la haute technologie. Mêmes les sociétés africaines, les Afriques en accélération que l'on considère légalement et légitiment, mais aussi idéologiquement, comme des sociétés en développement du fait même de leur faible contribution à l'inventivité technologique et à l'innovation sociale (sans occulter d'autres facteurs), se trouvent dans l'incapacité de s'isoler de la structure technicienne qui s'impose à elles. Une telle imposition ou plutôt cette colonisation sans borne qu'exerce la structure technicienne ou l'univers technicien sur les sociétés actuelles est ce que le philosophe togolais, spécialiste de l'histoire, philosophie et sociologie des sciences et technologies Yaovi Akakpo (2016, 2019) nomme volontiers la technocolonisation dont le « technocolonialisme » est précisément l'expression.

[1] Nous reviendrons, dans cette section, sur ce que nous entendons par sociétés traditionnelles que l'on distingue généralement des sociétés modernes et contemporaines ou des sociétés actuelles.

Ainsi, le « technocolonialisme » est un néologisme que Y. Akakpo a forgé pour traduire une la tendance à la technocolonisation (à distinguer de la technologisation[2]), qui renvoie à « la colonisation ouverte que l'univers technicien exerce sur l'espace sociétal » (Y. Akakpo, 2019, p. 41). Cette colonisation ouverte dénote un « renversement du modèle traditionnel de régulation de la condition humaine et sociale » (Y. Akakpo, 2019, p. 43). Ainsi, le technocolonialisme traduit, dans le monde moderne et contemporain, la rupture du paradigme de la rationalité technicienne avec le modèle traditionnel de régulation de la condition humaine, sociale et historique qui est celui que « l'anthropologie » (B. Malinowski, 1989) attribuait « à la magie, à la religion, aux symboles métaphysiques, un pouvoir fonctionnel central » (Y. Akakpo, 2019, p. 45).

La science technicienne ou plutôt la rationalité technoscientifique, en renversant un tel modèle traditionnel par sa colonisation ouverte, indique désormais qu'elle a « une fonction analogue dans la condition humaine, sociale et historique » (Y. Akakpo, 2019, p. 45). L'élément, parmi d'autres, qui justifie cette réalité est le rapport entre la science et la politique, la science et l'économie, mais aussi la science et l'éthique, et surtout, dans le cadre de l'innovation sociale, l'importance des valeurs éthiques nouvelles et/ou renouvelées que porte le technocolonialisme du fait précisément de ce rapport. La question que nous nous posons alors est : en quel sens le technocolonialisme peut-il se définir comme une théorie éthique d'innovation sociale ?

---

[2] La technologisation est comprise comme le fait de rendre dépendant de la technologie, d'accorder une place maîtresse aux technologies. Ici, à la différence de la technocolonisation, il s'agit d'une dépendance qui relève du choix du sujet ou des sujets qui s'intéressent à la technologie. De plus la technologisation est inhérente à l'emprise numérique sur le travail, les relations familiales et amicales, les loisirs, l'existence humaine, aussi bien individuelles que collectivement (voir Nikki Sullivan et Samantha Murray, 2009, *Somatechnics. Queering Technologization of Bodies*, Londre, éd. Routledge ; Brigitte Munier, 2014, *Technocorps. La sociologie du corps à l'épreuve des nouvelles technologies*, Paris, François Bourin). Elle est aussi « une idéologie » d'après Joseph Henrotin, 2008, *La technologisation militaire en question : le cas américain*, Paris, Economica.

L'objectif du présent travail est d'indiquer que le technocolonialisme est une théorie éthique d'innovation sociale. En effet, nous estimons que le technocolonialisme, en tant qu'une approche philosophique nouvelle, est porteur de valeurs éthiques nouvelles et /ou renouvelées. Ces valeurs peuvent favoriser l'innovation sociale, comprise comme le fait d'introduire des nouveautés dans l'espace social et sociétal. À partir des travaux du philosophe Y. Akakpo, notre analyse procède en trois étapes. Premièrement, nous montrons que le technocolonialisme est essentiellement une expression de la rupture avec le paradigme anthropologique des valeurs éthiques ou de son renversement. Ensuite, nous indiquons qu'il traduit aussi l'exercice d'une colonisation ouverte, par la rationalité technologique, sur l'espace sociétal. Pour finir, nous montrons, particulièrement, que l'approche technocolonialiste est aussi une marque porteuse des valeurs éthiques nouvelles et/ou renouvelées, sans lesquelles aucune véritable innovation sociale ne peut être réalisable.

1. De la rupture avec le paradigme anthropologique des valeurs éthiques

Le concept de « technocolonialisme » est apparu dans l'ouvrage récent du philosophe togolais Yaovi Akakpo, *Le technocolonialisme. Agir sous une tension essentielle* (L'Harmattan, 2019). Auteur de plusieurs autres ouvrages, notamment *L'horizon des sciences en Afrique* (Peter Lang, 2009), *La recherche en philosophie. De l'intuition du thème à la soutenance de la thèse* (L'Harmattan, 2012) et *Science et reconnaissance. Entre la puissance et la solidarité* (Présence africaine, 2016), mais aussi de plusieurs articles scientifiques, Y. Akakpo inscrit ses recherches dans plusieurs axes dont les principaux concernent essentiellement les transmutations scientifiques et techniques en Afrique, les enjeux de l'invention et de l'innovation, l'histoire des sciences des archives orales et des manuscrits africains, arabes et ajami, l'imagination en science, les pouvoirs du corps, Science et reconnaissance, mais aussi le technocolonialisme.

Le technocolonialisme est une expression de la rupture avec le paradigme anthropologique des valeurs éthiques traditionnelles ou tout au moins comme une expression de sa dénégation. Concrètement, il est une expression du rejet des valeurs morales mises en honneur par les sociétés traditionnelles pour négocier leur identité. Dans les sociétés traditionnelles, n'a de valeur essentielle que la société. L'individu y apparaît tout simplement comme un être en relation avec les réalités transcendantales. Il est un être intimement lié aux autres. Il n'est pas pensé par rapport à lui-même en tant qu'individu. Mais il est pensé par rapport au tout dont il n'est qu'une partie. Le paradigme anthropologique des valeurs éthiques se définit dès lors en fonction de l'occultation de l'individu comme valeur absolue, mais aussi suivant le modèle des repères normatifs anciens. Ceux-ci fondent, en effet, la métaphysique, la théologie, le culte de l'ancêtre commun, le pouvoir d'État divinisé, etc.

Pour Y. Akakpo (2019, p. 65), le paradigme anthropologique des valeurs éthiques renvoie au « modèle traditionnel de régulation de la condition humaine, sociale et historique ». Un tel modèle de régulation, dit-il par la suite, en reprenant en substance une idée de B. Malinowski (1989), est celui que l'anthropologie, à ses débuts, a cru trouver dans les sociétés où elle a fait ses premiers pas. Il s'agit de ce modèle qui octroie à la magie, à la religion, aux symboles métaphysiques, un pouvoir fonctionnel essentiel. Ce modèle est au soubassement des connaissances métaphysiques, théologiques, religieuses et ancestrales qui consolident, dans les sociétés traditionnelles, les valeurs éthiques qu'il porte. Autrement dit, les connaissances issues d'un tel paradigme rendent disponible la maîtrise de la structure du cosmos, de la nature humaine et de l'histoire.

Le modèle traditionnel de régulation de la condition humaine, sociale et historique constitue et justifie ainsi les doctrines et les prototypes de vie que les êtres humains et les communautés entières choisissent de mener dans les sociétés traditionnelles. Ce paradigme dispose d'un pouvoir de guide et d'orientation de la vie individuelle et des communautés politiques. La vie de tout individu, son sens et son orientation ainsi que l'action humaine, d'une manière générale, s'appréhendent uniquement par rapport à ce modèle anthropologique. Celui-ci ramène dès lors tout à l'harmonie sociale avec la totalité, avec la hiérarchie de tout ce qui existe justement dans le monde concret ou sensible. Et c'est la recherche de cette harmonie sociale qui détermine toute action humaine dans les sociétés traditionnelles.

Le paradigme anthropologique des valeurs éthiques subordonne également toute action humaine sous l'autorité sociale, lui conférant sens et légitimité. C'est pourquoi, il est considéré, dans les sociétés traditionnelles, comme le seul modèle qui fournit le moyen de connaître et d'inculquer la manière d'agir adéquatement dans la vie. C'est l'unique modèle devant aider les êtres humains à résoudre leur problème de sens et d'orientation de la vie quotidienne. Cet unique modèle est centré essentiellement sur ce que Georges Gusdorf a appelé « la symbolique universelle ». Sur cette notion, il a écrit ce qui suit : « la connaissance du monde et de soi-même, [...], apparaît ainsi non pas comme une résolution intelligible selon le mode euclidio-cartésien, mais comme une symbolique universelle, se donnant pout tâche de retrouver partout l'ordre de Dieu, dans sa création. » (G. Gusdorf, 1974, p. 47).

Le paradigme anthropologique des valeurs éthiques est aussi ce que le spécialiste de l'histoire de la science chinoise, Joseph Needham qualifie de « matérialisme organique » (J. Needham, 1973, p. 14). Car, il s'agit d'un paradigme qui inscrit tout le savoir dans la rationalité organique, dans une vision intégrale ou totalisante du monde sensible. La rationalité organique renvoie notamment à la figure cosmobiogico-sociale dont G. Gusdorf (1974, p. 34-35) estime qu'elle avait a fait ses preuves dans le monde entier, notamment en Occident antique et médiéval, en Orient et même en Afrique. Elle sous-tend et inspire la cosmologie et la métaphysique de Platon et d'Aristote qui avaient tous deux une conception holiste et organique de la société.

La conception platonicienne de la société comme société holiste est, en réalité, l'expression même du paradigme anthropologique des valeurs éthiques. En effet, Platon (2004) estimait qu'il est philosophiquement impensable de parler de l'homme individuel. Selon lui, l'homme est plutôt une partie de l'ordre social hiérarchisé. De cette façon, il a défendu une représentation de l'homme en fonction de l'idée qu'il a de la société. Le philosophe togolais Komi Kouvon, en commentant cette conception philosophique de la société chez Platon, écrit ce qui suit :

> Platon a une conception holiste et organique de la société. La philosophie platonicienne, telle qu'on la retrouve dans *La République*, privilégie le tout social par rapport à l'individu. La société n'est pas une multiplicité d'individus. Elle n'est pas non

> plus l'œuvre des hommes. La société véritable des hommes est reflet du monde intelligible. Ainsi, comme le monde intelligible, le monde des hommes est un monde ordonné, hiérarchisé (K. Kouvon, 2019, p. 152).

En effet, la société de Platon est considérée comme un ensemble hiérarchisé de différentes classes sociales : en-dessous de la belle totalité sociale hiérarchisée, Platon (2004, p. 227-235) place notamment les producteurs, au milieu figurent les guerriers qui s'occupent de la sécurité sociale alors qu'au sommet ou au-dessus de cette hiérarchie sociale sont les philosophes appelés à gouverner la cité.

La cité de Platon, dans *La République*, est réagie par le principe de l'ordre qui fonde essentiellement la notion de justice. Selon Platon, la justice est le devoir universel de l'exerce de la fonction propre de l'homme. Elle invite chaque individu de la cité à accomplir au mieux sa fonction propre et la vertu correspondante : « la justice consiste à s'occuper de ses tâches propres et à ne pas se disperser dans des tâches diverses » (Platon, 2004, p. 237). Ainsi, aux gens de métiers, Platon (2004, p. 237-258) fait correspondre la vertu de la tempérance ou de la modération, aux guerriers, il leur attribue la vertu du courage et aux philosophes, il leur octroie la vertu de la sagesse.

Platon développe, en fait, l'idée selon laquelle l'être n'a de sens qu'en rapport avec la valeur suprême, transcendante. Concrètement, il soutient que l'être est le reflet de la valeur suprême et unifiante. Cette valeur suprême et unifiante est le Bien qui est considéré comme la source même de l'être, la condition de l'harmonie sociale dans le monde sensible. L'auteur de *La République* distingue deux mondes : le monde intelligible et le monde sensible. Cette distinction est reprise par Emmanuel Kant : « De là nécessairement une distinction [...] entre un monde sensible (Sinnenwelt) et un monde intelligible (Verstandeswelt), le premier pouvant beaucoup varier selon la différence de la sensibilité chez les divers spectateurs, tandis que le seconde qui sert de fondement au premier, reste toujours le même » (E. Kant, 2008, p. 179-180).

Il faut préciser que le monde intelligible de Platon, contrairement à celui de E. Kant, est un monde multiple du fait même que les idées d'un tel monde sont diverses : carré, triangle, courage, prudence, tempérance, etc. Tous ces éléments apparaissent à Platon comme des essences distinctes et multiples. En dépit de cette multiplicité, le monde intelligible platonicien est compris comme un monde harmonieux, ainsi que le conçoit plus tard E. Kant. À la différence de ce dernier, Platon soutient que l'harmonie ou l'ordre du monde intelligible résulte transcendantalement du Bien. Tout demeure entièrement et harmonieusement orienté vers le Bien, la valeur suprême. Et, la personne, dans le monde sensible susceptible essentiellement d'élucider cette harmonie ou de contempler la vraie essence de l'être, d'après Platon, est le philosophe. C'est d'ailleurs l'une des raisons pour laquelle il considère qu'il ne revient qu'aux philosophes seuls de prendre la direction ou le gouvernement des affaires humaines.

Cette cité platonicienne est discutée plus tard par Karl Popper (2018). Celui-ci reproche, en effet, à Platon d'idéaliser une cité dirigée par une élite omnipotente et omnisciente. Pour lui, dans cette cité platonicienne l'individu perd sa liberté : il n'est rien du tout. Par contre, la collectivité est tout. Une telle cité, en conséquence, est sans progrès. Elle soumet simplement le cours des évènements à la fatalité historique. K. Popper qualifie d'ailleurs cette cité platonicienne d'une société close et immuable, fondée sur le tribalisme et la magie. Aussi l'oppose-t-il à la société ouverte, établie sur la raison, et qui permet à l'individu d'exercer librement sa volonté pour le progrès.

Aristote (2004), disciple de Platon, partagera pourtant cette manière d'organiser la cité chez son maître. Car, même s'il développe quelques divergences remarquables avec la théorie philosophique de celui-ci, il s'inscrit aussi, comme son maître, dans la logique du paradigme anthropologique des valeurs éthiques, dans cette rationalité organique du savoir. Sa vision philosophique est de concevoir le monde, la société comme un ordre dont l'individu n'est tout simplement qu'une partie. Tout apparaît hiérarchisé aussi chez Aristote. Au sommet, il place Dieu, premier moteur, acte éternel et absolument immobile, qui donne la plénitude aux autres êtres et par rapport auquel ils s'ordonnent. De la sorte, ainsi que le commente si bien K. Kouvon (2019, p.152), les « lois, les normes et les valeurs qui règnent dans la société humaine ne sont pas des constructions purement humaines ».

Dans le monde moderne et contemporain, il existe des sociétés qui sont régies dès lors par le modèle anthropologique des valeurs éthiques, par la rationalité organique. Il s'agit précisément des sociétés que Y. Akakpo (2016, p. 20) qualifie de « sociétés traditionnelles ». C'est notamment, les « pays en quête de développement », des « sociétés fragilisées par leur désarticulation, leur désorganisation », des pays qui « se structurent, se gèrent et se projettent comme des pièces détachées superposées », des pays « n'ayant pas de « fin fonctionnelle », pays dont les « sous-systèmes fonctionnent comme des monades ». Il est question, en d'autres termes, des « sociétés désarticulées » (Y. Akakpo, 2016, p. 21), des « sociétés à « la périphérie » » du monde en accélération (Y. Akakpo, 2016, p. 25) ou encore des « sociétés a-puissantes » (Y. Akakpo, 2019, p.33). Bref, ce sont concrètement les sociétés dont « les savoirs traditionnels conduisent l'individu à redécouvrir son unité anthropologique avec la société, la nature, la réalité surnaturelle » (Y. Akakpo, 2009b, p. 87).

Les sociétés traditionnelles peuvent aussi se comprendre comme « le monde clos » d'Alexandre Koyré (1973, p.10-11). Il s'agit des sociétés hiérarchisées et finies où la normativité découle exclusivement de la connaissance de la structure ontologique du cosmos, de la nature humaine, de l'histoire sacrée ou universelle. L'homme y croit dériver de la connaissance prétendument assurée, de la structure de l'univers, de la nature humaine, de l'orientation et du sens qu'il faut accorder à la vie individuelle et collective. Ainsi distingue-t-on de telles sociétés des sociétés dites modernes. Et partant de cette distinction, d'aucuns en viennent à présenter, à partir de l'étude des savoirs traditionnels d'Afrique, des recherches qualifiées d'« ethnoscience » dont la configuration paradigmatique, si l'on en croit à A. M. K. Adotevi (2019, p. 22), « est celle de l'ethnographie classique, fortement marquée par le *Great Divide* ».

Toutefois, il faut dire, en pensant, que Y. Akakpo a pris le revers de ce *Great Divide*, et à partir de ce qu'on pourrait appeler le *Great Meeting* , il estime clairement qu'au lieu de partir de l'idée du grand partage, une recherche épistémologique des sociétés africaines et de ces sociétés envisagées comme primitives ou traditionnelles, devrait poser comme point de départ heuristique l'idée qu'il est « des rencontres intellectuelles significatives que l'histoire a ménagées et ménage » entre les sociétés » (Y Akakpo, 2013, p. 707, voir aussi 2018, p. 179-199). Le mérite revient, sans doute, à A. M. K. Adotevi d'avoir exploré cette critique des ethnosciences chez Y. Akakpo, pour en saisir le sens et la portée. Pour lui, « le sens de la critique des ethnosciences chez Y. Akakpo consiste dans le tournant historiciste dont la portée est une nouvelle critique du Great Divide » (A. M. K. Adotevi, 2019, p. 21)

Par ailleurs, il faut dire que la rupture de la technoscience avec les sociétés traditionnelles ou plutôt avec le paradigme anthropologique des valeurs éthiques est caractérisée aussi par l'invalidation des références transcendantes, métaphysico-théologiques, qui ont toujours servi de fondement à la normativité. Ainsi, le recours à ces bornes, à ces données substantielles, est désormais invalidé, injustifié pour l'esprit humain, dès lors que la conquête technoscientifique oblige à ne plus voir dans l'espace sociétal aucun dessein, aucune finalité, aucun sens.

Désormais, aucune société dite moderne n'a plus de centre, c'est-à-dire de références transcendantes. Elle n'est plus sacrée. De ce fait, le technocolonialisme, en tant qu'une approche philosophique nouvelle, apparaît comme une articulation de la rupture avec le paradigme qui régit les sociétés en question. Il critique et rejette essentiellement un tel paradigme. Ce renversement, voire rejet qui n'est pas totalement radical[3], est caractérisé sous la forme de substitution progressive de l'univers technicien à l'univers anthropologique. La science et la technique, sinon les technosciences, devenues une catégorie essentielle du projet moderne, indiquent désormais, qu'elles peuvent assumer la fonction analogue que celle qu'assumait le paradigme anthropologique des valeurs éthiques dans les sociétés traditionnelles, notamment la fonction de régulation de la condition humaine, sociale et historique.

[3] Nous disons que ce rejet n'est pas totalement radical du fait que la rationalité technologique, tout en apparaissant comme un réseau structuré et structurant qui dicte sa propre logique, ne conquiert l'espace sociétal que d'une manière progressive, et non brusquement et brutalement. Cette idée peut se comprendre chez Jean-Antoine-Nicolas de Caritat Marquise de Condorcet (1970), dans son *Esquisse d'un tableau historique des progrès de l'esprit humain*, Paris, Vrin.

Le concept de technocolonialisme est donc employé « pour noter que la rationalité technoscientifique met en honneur un projet de renversement du modèle traditionnel de régulation de la condition humaine, sociale et historique ». Concrètement, il est utilisé « pour exprimer ce qui, dans les sociétés contemporaines, est la tendance à la surdétermination ou « la co-détermination » de « l'ordre de l'avoir » et du pouvoir par la science et la technique » (Y. Akakpo, 2019, p. 65). Bref, il se catégorise comme une expression de la technocolonisation ouverte sur l'espace sociétal.

2. Expression de la technocolonisation ouverte sur l'espace sociétal

Le modèle traditionnel des valeurs éthiques se traduit au moyen de la rationalité organique du monde. Si le technocolonialisme est une expression de la rupture avec une telle rationalité, ou plutôt avec un tel modèle ou encore s'il est une expression de sa dénégation, il se comprend aussi comme une locution de l'exercice d'une colonisation ouverte par la technoscience sur l'espace sociétal. L'expression de cette colonisation sans borne qu'exerce l'univers technicien ou plutôt la rationalité technologique moderne est précisément ce que Y. Akakpo entend par technocolonialisme. Celui-ci renvoie, pour ainsi dire, à cette formule de la manœuvre colonisatrice de la technoscience.

Ainsi, le sens fort de la vocation colonisatrice de la technoscience est celui de la dynamique de la culture technoscientifique qui ambitionne de conquérir, à son réajustement permanent, « la vie, la culture, la société et l'histoire » (Y. Akakpo, 2009b, p. 107). La conquête permanente de l'espace sociétal par la rationalité technologique ou par la « rationalité instrumentale » (K. Kouvon, 2019, p. 54) ou encore par « la rationalité d'une mise en œuvre de moyens efficaces par rapport à une fin donnée » (J. Habermas, 1973, p. 23), Y. Akakpo l'appelle justement la « technocolonisation ».

La « technocolonisation » désigne la « colonisation sans limite que la science technicienne exerce résolument sur l'espace social » et, dans cette perspective, « aucun aspect du système social n'échappe à sa rationalité » (Y. Akakpo, 2016, p. 17). Il s'agit donc de cette colonisation de la rationalité technologique dont le technocolonialisme est l'expression, la traduction, l'interprétation ou la désignation. Tous les domaines ou aspects du système social sont désormais conquis par cette rationalité technologique. Celle-ci manœuvre fortement et au quotidien une colonisation sans borne sur tout l'espace social. L'exercice d'une telle colonisation ouverte par la rationalité technologique s'articule fondamentalement, selon Y. Akakpo, autour d'une double idée : l'idée selon laquelle la technoscience octroie au pouvoir politique, sa puissance et assume à l'agenda économique sa fonctionnalité.

De ce qui précède, disons donc que la première formule de la médiation par laquelle la technoscience exprime son agenda est la conquête de la puissance par les institutions politiques, notamment l'État. L'univers technicien exprime sa colonisation ouverte de l'espace sociétal par la puissance qu'il confère à l'armée, gage du pouvoir politique. Le potentiel technologique octroie à l'armée, au politique, la puissance. Car,

> La puissance d'une armée repose désormais sur le pouvoir dissuasif et réel que lui donne le potentiel technologique national. De même, il n'y a pas de bataille économique que les firmes transnationales gagnent avec l'appui politique, diplomatique ou militaire sans compter avec leur potentiel technologique (Y. Akakpo, 2016, p. 49)

Cela va sans dire que le patrimoine scientifique et technique confère à l'État, au pouvoir politique, qui le développe et en fait l'appropriation, la puissance. Selon Y. Akakpo (2019, p. 45), « c'est par la médiation de la science que la puissance souveraine accroît son pouvoir coercitif, de contrôle et d'intervention ».

Aujourd'hui, tout pouvoir politique, dans le monde réel, beigne dans un univers technicien. Et c'est pourquoi, chaque État est tenu de rechercher techniquement et institutionnellement les instruments de son pouvoir de contrôle et d'intervention. Car, les obligations de protéger et de défendre le territoire, le peuple, le citoyen, la communauté des citoyens, les États amis et d'entrer en croisade contre les États rivaux requièrent de tout pouvoir étatique, les preuves de sa puissance technoscientifique. Et c'est seulement la rationalité technologique qui offre à l'État une telle puissance ou un tel pouvoir. Ainsi, la technocolonisation est aussi une colonisation technoscientifique ouverte sur l'espace politique où l'information scientifique et les produits techniques sont devenus des éléments constitutifs de la condition politique humaine.

La deuxième expression de l'exercice de la colonisation sans limite de l'univers technoscientifique est la conquête économique de la société et des nations. Selon Y. Akakpo (2019, p.45), le « rapport actif entre la science et l'économie donne aujourd'hui à l'univers technicien d'exercer sur l'homme et la société un pouvoir de colonisation ». Ainsi, la technoscience assure à l'agenda économique sa fonctionnalité ; elle lui donne « une fin fonctionnelle » (Y. Akakpo, 2016, p. 22). Désormais, l'univers de l'information scientifique, des produits techniques, des possibilités qu'affichent les résultats scientifiques et techniques exercent par la puissance que l'économie doit à la science une forte pression sur les traditions économiques. À ce sujet, Y. Akakpo (2009a, p. 68-69) écrit, dans un article intitulé *La rationalité technologique à l'épreuve*, ce qui suit :

> Instrument de l'économie dominante, la rationalité technologique prend corps dans le monde des consommateurs comme structure puissante, réseau structuré et structurant, qui dicte sa propre logique. C'est parce qu'elle entre dans la société comme réseau structuré et structurant qu'elle crée aussi chez le consommateur la dépendance psychologique.

Dans les sociétés auxquelles le paradigme anthropologique des valeurs éthiques avait attribué le monopole de la pensée symbolique, « la radio, le téléphone mobile, l'internet, le matériel roulant pénètrent les lieux sacrés, entrent dans l'organisation du système du sacré et du système culturel, de la vie familiale et communautaire, du système politique et économique » (Y. Akakpo, 2019, p. 46).

Cette manière de voir est appelée la « technostructuration » sociale par des informations technoscientifiques et des artefacts. Une telle technostructuration, à valeurs économique et commerciale, Y. Akakpo (2019, p. 46) l'appelle encore la « technocolonisation de l'espace sociétal, mais aussi une colonisation économique de l'espace sociétal ». C'est la colonisation de la structure et du fonctionnement des sociétés, de toutes les sphères sociales. Dans cette logique,

> La société contemporaine devient continuellement plus technicienne que symbolique. Les sociétés sont inondées de biens de plus en plus performants de la haute technologie. Le pouvoir qu'ont acquis les biens technologiques d'imposer leur logique à la structure et au fonctionnement de la société est réel. Les TIC (technologies de l'information et de la communication), pour ne donner qu'un exemple, colonisent la structure et le fonctionnement des sociétés. Même les sociétés africaines en développement se trouvent de plus en plus dans l'incapacité de se mettre en marge de la structure technicienne que les TIC leur imposent (Y. Akakpo, 2016, p.79).

Cela implique évidemment que les biens technologiques se complexifient de façon croissante. Cette complexification induit derechef une complexification de la structuration et du fonctionnement de la société. Elle induit également la croissance de la puissance des groupes privés. Il existe, de la sorte, des groupes économiques ou idéologiques qui rivalisent avec la puissance publique grâce aux moyens mis concrètement à leur disposition par le savoir et le savoir-faire.

Cependant, il convient de le souligner, Y. Akakpo (2014) ne montre pas seulement que la science technicienne a une figure de domination ou plutôt que la technoscience n'a comme vocation que celle de coloniser toute société d'une manière ouverte. Il indique aussi que la technoscience, même si elle a la capacité d'assujettir, a également la capacité de libérer. Il est vrai, il faut le souligner, que cette colonisation n'est plus accentuée essentiellement que sur les sociétés sans fin fonctionnelles, c'est-à-dire sur les sociétés désarticulées. Dans le sens de cette idée, il écrit justement : « la vocation de la technoscience à coloniser porte un mécanisme d'assujettissement des sociétés désarticulées surtout » (Y. Akakpo, 2016, p. 17).

Ainsi, la technocolonisation s'articule foncièrement dans les sociétés désarticulées. Celles-ci, en effet, sont bien évidemment connectées au réseau de production et de communication des biens et services qui dominent le monde. Parlant en effet de ces sociétés sans fin fonctionnelle et de la colonisation technicienne qu'elles subissent fortement et distinctement, Y. Akakpo écrit :

> Elles fournissent à l'industrie des matières premières, abritent des usines délocalisées, se laissent envahir par les biens de l'industrie

> et des offres performantes de prestation de service. Mais tout en étant ainsi ouvertes au monde, elles consomment les technologies du monde dominant sans pouvoir s'approprier résolument les mécanismes de leur production, ni supporter le rythme de développement des compétences nécessaires à leur entretien, à leur production, à leur reproduction, à leur procès (Y. Akakpo, 2009a, p. 68).

Cet argument sous-tend donc que c'est dans les sociétés dites désarticulées que le paradigme anthropologique des valeurs éthiques joue remarquablement ses cartes. C'est dans ces sociétés aussi que la colonisation de l'univers technicien apparaît de plus en plus structurée et structurante. Ces sociétés subissent plus qu'elles ne participent à la réalisation du potentiel technologique. C'est une raison majeure pour laquelle elles sont qualifiées de sociétés « a-puissantes » (Y. Akakpo (2019, p. 18), puisqu'elles sont catégorisées aussi par « un déficit de « fin fonctionnelle du système social » ». Du fait, par ailleurs, qu'elles n'incarnent pas fortement le paradigme qui oriente les sociétés modernes et contemporaines qui mettent « en honneur un paradigme d'organisation de la rationalité par rapport à une fin », qui se structurent « par rapport à une fin fonctionnelle » (Y. Akakpo, 2016, p. 21).

La technoscience exercice sur l'espace sociétal, en particulier, des sociétés sans fin fonctionnelles, des sociétés « a-puissantes » ou des pays en quête de développement, une forte pression au point où elles ont du mal à se positionner convenablement sur la carte économique et politique du monde. Du fait de cette pression ou plutôt de cette colonisation ou encore de cet assujettissement de la technoscience, ces sociétés désarticulées s'affirmer difficilement. À ce propos, Y. Akakpo (2016, p. 21) écrit :

> Dans ce modèle de société, le droit formel, tel qu'il est régulé par les lois de la république, n'a pas de rapport ferme avec la culture et les réalités vécues. L'économie est très peu soucieuse du droit, du savoir et du savoir-faire. La croissance démographique rime avec les contre-performances économiques. Le passé instruit peu le présent, le présent n'est pas tenu par l'obligation de cohérence et ne projette pas forcément dans l'avenir. La gouvernance ne s'affirme pas essentiellement comme organisation rationnelle de la société. La gouvernance, qui est en principe le *summum* de l'organisation sociale, devient un rite politique de passage du coq-à-l'âne.

Ainsi, la technoscience confère à l'État qui la développe puissance et reconnaissance. Car, la capacité d'un État à affronter les défis se trouve dans sa supériorité technoscientifique.

Selon Y. Akakpo (2016, p. 114), la souveraineté d'un État fait de la technoscience et l'activisme économique qui est l'émanation, les instruments essentiels qui garantissent sa légitimité première, son droit et son devoir d'exister. Il estime qu'aucun État ne peut nourrir la prétention d'avoir le monopole de l'action solidaire. Car, la solidarité dans une nation concerne tout le monde. C'est d'ailleurs dans cette perspective que les groupes d'actions humanitaires et de charité, les catégories sociales, liées par les mêmes intérêts (économie, travail, foi, provenance, appartenance), peuvent exprimer la solidarité dans sa forme la plus pure. « Mais dans la constitution d'un espace national de solidarité, il y a une place qui revient à l'État et à l'État seul, celui d'être l'espace public duquel se reçoit la nécessité d'être attentif aux autres » (Y. Akakpo, 2016, p. 127).

Grâce à la technoscience, la possibilité de communiquer et d'élaborer le savoir par-dessus les frontières ne constitue plus un souci pour l'humanité[4]. La technoscience favorise aujourd'hui le débat public mondial. Le dialogue planétaire est devenu très facile via la technologie de l'information et de la communication. Il ne passe plus seulement par des institutions comme les Nations unies ou l'Organisation mondiale du commerce, mais comme le dira Amartya Sen, « beaucoup plus largement, par les médias, l'agitation politique, le travail et l'engagement d'associations citoyennes et de nombreuses ONG, ainsi que par le travail social, qui ne s'appuie pas seulement sur les identités nationales mais aussi sur d'autres types de solidarité » (A. Sen, 2010, p. 194).

---

[4] Il n'y a sans doute le plus séduisant et bel exemple que la pandémie de l'heure qui ébranle le monde entier : le COVID-19 ou le Coronavirus. Grâce à la technoscience, notamment aux moyens d'informations technologiques, l'on fait véhiculer les modes de prévention collectifs et individuels, les mesures de sécurité sociale, territoriale et globale. Par la même occasion, l'on arrive aussi à créer de la panique psychologique et spirituelle, l'apanage ou la fonction propre qu'assumait la rationalité organique.

Il faut ajouter que grâce la technoscience, tous les hommes du monde entier deviennent de plus en plus liés les uns des autres. Notre voisinage s'étend dans le monde actuel. Nous sommes quotidiennement liés plus qu'auparavant, aussi bien par nos échanges économiques, sociaux et politiques que par des vastes préoccupations qui nous concernent tous, de près ou de loin. L'inhumanité qui défie notre monde, la violence et le terrorisme qui nous menacent, la technoscience nous permet de nous sentir tous concernés. Dans la même logique, Sougloumam Bampini écrit : « Même les frustrations communes des hommes, leur sentiment partagé d'impuissance face aux enjeux globaux unissent les hommes plus qu'ils ne les divisent » (S. Bampini, 2019, p. 35). Ainsi, nous pouvons dire qu'avec la technoscience, pour reprendre A. Sen (2010, p. 220) « il est peu de non-voisin dans le monde d'aujourd'hui ».

Il est vrai que plus les États et les nations extériorisent une attention solidaire les uns envers les autres, plus ils se reconnaissent mutuellement. Cependant, la reconnaissance, étant la prise en compte d'une relation dissymétrique par des volontés libres, son affermissement demeure lié à la fois au désir de dominer et au projet de liberté. Nonobstant la permanence du désir de coloniser, la liberté demeure la cheville ouvrière des rapports que des parties reconnaissent entre elles, rapports qui deviennent légaux et viables par cette reconnaissance. S'agissant, en effet, de la lutte politique pour la reconnaissance, Y. Akakpo (2016, p. 254) affirme qu'elle ne peut être dissociée, à l'extérieur des frontières, de la conquête de la liberté, qui n'est pas sans le déploiement réel de la vocation à la puissance.

C'est d'ailleurs la raison pour laquelle, dans le monde contemporain, la technoscience et l'économie sont les principaux instruments par lesquels se déploie la vocation à la puissance. Elles figurent en bonne place dans les agendas des luttes nationales pour plus de souveraineté des États. Elles contribuent à promouvoir des « rapports hiérarchiques » entre catégories sociales, entre États. Elles permettent aussi le projet de leur inversion et de leur démocratisation. Dans cette perspective, elles « ont vocation à dominer ou à libérer. La démocratisation de la légalité cosmopolitique paraît se nourrir, alors, de la pression qu'exerce sur elle, le projet moderne partagé de développement actif de la science et de l'économie » (Y. Akakpo, 2016, p. 154).

Le double exercice de la colonisation ouverte de l'univers technicien sur l'espace sociétal, notamment par la quête de la puissance étatique et par la conquête économique, indique précisément que le technocolonialisme peut s'appréhender également comme une théorie éthique d'innovation sociale, c'est-à-dire une théorie porteuse des valeurs éthiques nouvelles et/ constamment renouvelées et dont nos sociétés actuelles, en particulier les Afriques en accélération, requièrent pour innover socialement.

3. Valeurs éthiques, technocolonialisme et innovation sociale

L'innovation sociale, dans les sociétés actuelles, ne peut se passe des valeurs éthiques, surtout de celles que porte le technocolonialisme en tant que marque essentielle de ces sociétés. Parlant des valeurs éthiques, nous faisons précisément allusion à celles qui sont en construction, à partir de la colonisation de l'espace social par la structure technicienne. En effet, l'on parle aujourd'hui plus volontiers d'éthique que de morale, même si tymologiquement les deux concepts renvoient au même objet : la sphère des mœurs et des façons de vivre. Il fait préciser qu'« éthique » procède à ce renvoi à partir du grec *ethos* ou, au pluriel, *ethè*, qui désignait précisément les mœurs. À cette référence aux mœurs, « morale » procède à partir du latin *mos* ou, au pluriel, *mores*. Et le second terme, celui de morale a été utilisé, dans la philosophie romaine, pour traduire le premier, c'est-à-dire l'éthique. Ainsi, les deux concepts semblent dire exactement la même chose. Elles s'occupent indistinctement des valeurs (R.-P. Droit, 2009, p. 18 ; J.-C. Billier, 2010, p. 2-3 ; A. Renaut, 2011, p. 28). Néanmoins, il existe une différenciation tranchée, considérée parfois comme d'ordre conventionnel. De ce fait, « le terme « éthique » s'emploie plutôt pour les domaines où les normes et règles de comportement sont à construire, à inventer, à forger au moyen d'une réflexion qui est généralement collective ». (R.-P. Droit, 2009, p. 19-20). La présente analyse tient compte de la distinction entre les deux termes. Elle s'inscrit dans la perspective de R.-P. Droit (2009, p. 21), mais aussi de P. Ricoeur (2004, p689-694) pour dire que la « morale » renvoie au côté des valeurs héritées, alors qu'« éthique » du côté des valeurs en construction. Autrement dit, la morale désigne essentiellement, même si cela peut paraître discutable, les valeurs existantes et transmises. Par contre, l'éthique relève du travail d'élaboration ou d'ajustement rendu nécessaire par les mutations qu'impose l'univers technicien à l'espace social et sociétal.

L'innovation, en revanche, apparaît comme un concept qui, à en croire Olivier Bomsel et Gilles Le Blanc, traduit la « notion de nouveauté, du jamais vu » (O. Bomsel & G. Le Blanc, 2003, p. 453). C'est le fait d'introduire du nouveau dans une situation. En ce sens, on peut parler d'innovation scientifique, économique, juridique, éducative, culturelle, sociale, etc. (Y. Akakpo, 2016, p. 72) pour traduire l'introduction du nouveau dans ces diverses sphères. De la sorte, l'innovation se comprend comme un concept qui évoque simplement l'idée de changement, de rupture, de mutation, etc. Elle est une réplique effective au besoin du monde ou au monde des besoins. D'après Bruno Latour,

> L'innovation se présente toujours comme une expérience au cours de laquelle on échange des moyens humains et matériels contre de l'information sur les états du monde. Comme dans toute recherche scientifique, il faut d'abord risquer, monter une épreuve, avant d'apprendre, en tâtonnant, ce qu'on aurait dû chercher ainsi que le chemin qu'on aurait dû suivre pour le trouver. Au début on peut tout, mais on ne sait rien. À la fin de l'expérience, tous les crédits étant épuisés, on sait à quoi s'attendre, mais on peut plus bouger ni pied ni patte (B. Latour, 2003, p.14).

Cette définition de B. Latour pour qui, *Nous n'avons jamais été modernes*[5], nous semble réductionniste. Car, non seulement elle

[5] Titre de l'un de ses ouvrages, intitulé précisément *Nous n'avons jamais été modernes. Essai d'anthropologie symétrique*, publié chez La Découverte en 2007. Pour Bruno Labour, nous n'avons jamais été modernes du fait que, non seulement il n'admet pas la dichotomie entre sociétés traditionnelles et sociétés actuelles, mais aussi, d'après lui, les savoirs modernes ne sont pas différents des traditionnels. Il estime, en effet, que les savoirs modernes échapperaient à la tyrannie du social, mais ajouteraient beaucoup plus d'hybrides afin de recomposer le lien social et d'accroître encore son échelle. Cette position nous permet, il est vrai, de comprendre comment les innovations prennent place et sens dans nos sociétés.

traduit tout simplement l'innovation technique ou technologique, mais aussi elle ne dit pas concrètement l'idée que nous nous faisons de l'innovation sociale. Néanmoins, si l'on se fit à sa pensée, innover socialement serait compris aussi bien comme imaginer et réaliser un bien nouveau que, et surtout, définir et faire exister de nouveaux acteurs humains et non humains, des demandes inédites. Dans cette perspective, la création technoscientifique paraît, sans doute, indissociable de la création sociale. Autrement dit, la recherche est une coproduction de la technique et la société. Même si ce lien ne semble pas être très explicite dans la pensée de B. Latour, du fait qu'il a tendance à mettre l'accent sur l'innovation technologique au détriment de la sociale, sa pensée nous permet de comprendre que les sociétés actuelles sont « un composé d'hommes et d'hybrides, de réseaux sociotechniques complexes qu'il n'est plus possible de séparer ou d'isoler » (B. Latour, 2007, p. 63).

Ainsi, si nous partons de la définition latourienne de l'innovation, y compris le premier sens donné, nous pouvons dire que l'innovation technologique est partie liée à l'innovation sociale. Celle-ci serait dès lors le fait d'introduire du nouveau ou une autre manière d'introduire quelque chose de nouveau (ici des valeurs éthiques) dans l'espace sociétal, pour satisfaire les besoins sociaux. Elle requiert un ensemble de dispositifs sociaux caractérisés principalement par une propriété collective et des formes de délibération partagées et un usage partagé d'un lieu, d'une technologie ou d'un outil.

Précisément, nous pouvons dire, avec Jacques Pradès (1992) que l'innovation sociale est une caractéristique fondamentale à double sens : elle caractérise le travail humain collaboratif et coopératif. En tant que telle, elle demeure un fait social ou plutôt une expérience sociale toujours nouvelle. Elle est l'introduction permanente des valeurs nouvelles et/ou renouvelées dans le but de répondre aux besoins moraux des individus, des communautés sociales, d'un ensemble de communautés sociales, etc. De ce point de vue, l'approche technocolonialiste, en tant qu'expression de la colonisation de l'espace sociale et sociétal par la structure technicienne, est une théorie éthique d'innovation sociale, c'est-à-dire une théorie porteuse des valeurs éthiques nouvelles ou constamment renouvelées qui s'introduisent permanemment dans cet espace techniciennement structuré pour répondre aux besoins moraux des individus.

Concrètement, ce qui nous permet de dire que le technocolonialisme est une théorie éthique d'innovation sociale nous apparaît divers. Tout d'abord, la technoscience substitue la structure traditionnelle du cosmos par la géométrisation de l'espace sociétal, modifie les fondements et les cadres de la pensée humaine. L'une des expressions caractéristiques du technocolonialisme qui apparaît comme une mutation de la pensée humaine est qu'il marque l'abandon de toute explication téléologique, substantielle de la matière, une empreinte du rejet de toute approche fondée sur des valeurs éthiques traditionnelles. Cette mutation consacre, à en croire Alexandre Koyré, le divorce entre le monde des valeurs éthiques anciennes et le monde des valeurs éthiques modernes et contemporaines, celles de la technoscience.

La colonisation de la technoscience sur l'espace sociétal est guidée sitôt par un impératif : l'impératif de la liberté de la recherche. D'après Gilbert Hottois (1998, p. 35) :

> Cet impératif refuse toutes les contraintes a priori que le symbolique cherche à lui imposer : ontologie, métaphysique, vérité révélées, axiologies, cadres transcendantaux, cadres linguistico-sémantiques, lois universelles. L'impératif technicien affirme qu'il n'y a pas d'essences naturelles, et pas de nature sacrée, qui ne pourraient être manipulées en raison d'interdits éthiques ou d'impossibilités ontologiques.

Il en résulte dès lors que la technoscience est destitution et transgression des limites et bornes de l'espace sociétal. Elle est cette aptitude qui consiste à outrepasser les limites, les « montres abstraits » (Paul Feyerabend, 1979, p. 197), comme dieux, l'être, moralité, nature, etc. Et si tel est vraiment le cas, la technocolonisation est une condition essentielle du progrès, de l'innovation sociale. Elle fait progresser et évoluer la société et le technocolonialisme en est donc la marque qui concilie l'être et l'avoir.

D'ailleurs, au sujet cette idée susmentionnée, Y. Akakpo a pris acte du trait caractéristique selon lequel le technocolonialisme exprime ce qui, dans les sociétés contemporaines, est la tendance à la surdétermination ou à « la co-détermination » de « l'ordre de l'avoir » et du pouvoir par la science et la technique » et s'oppose vigoureusement et d'une manière critique à Gabriel Marcel (1935) et à Martin Heidegger (1958). Il soutient, contrairement à ces deux philosophes, que le technocolonialisme comme marque essentielle des sociétés modernes et contemporaines n'installe pas forcément « un abîme entièrement consommé entre l'être et l'avoir, le faire et l'être » (Y. Akakpo, 2019, p. 66).

Deuxièmement, en tant qu'expression de la rupture avec le paradigme traditionnel de la régulation de la condition humaine, sociale et historique, mais aussi locution de l'exercice d'une colonisation ouverte, par l'univers technicien, sur l'espace sociétal, le technocolonialisme est une théorie porteuse de valeurs éthiques nouvelles et/ ou renouvelées du fait que, dans sa rupture avec les symboles anciennes placées sous les prémisses métaphysico-théologiques et dans sa conquête de l'espace sociétal, la technoscience n'est jamais anéthique. Au contraire, selon nous, elle porte toujours en elle et avec elle des valeurs éthiques sur la base desquelles elle s'introduit pour coloniser l'espace social. Elle est porteuse des valeurs éthiques nouvelles ou qu'elle renouvelle et dont aucune innovation sociale ne peut se passer, occulter, encore moins ignorer.

Jacques Monod soutient, dans cette logique une position peu réductrice. Il affirme, en effet, que la technoscience est porteuse d'une éthique : « l'éthique de la connaissance » (J. Monod, 1970, p. 220). Cette éthique est caractérisée par l'objectivité ou la vérité objective. Elle refuse toute confusion entre valeurs (propres à la rationalité organique) et la connaissance (dérivée de la rationalité technologique). Il affirme que, pour être authentique, la science moderne ou la technoscience doit occulter les valeurs et se régler exclusivement sur les faits. G. Hottois, en discutant l'appel d'Espagnat, suivant le commentaire de Y. Akakpo (2019, p. 44-45), se propose de nuancer la donne. Selon lui, il y a bien désuétude des symbolisations. Mais il s'agit de « la désuétude la domination des symbolisations traditionnelles » ou plutôt des « anciennes symbolisations ». Il considère par la même occasion que « la volonté de maîtrise » qu'abrite la technoscience requiert « continuellement de l'accompagnement d'une « bonne symbolisation » » (G. Hottois, 1996, p. 9 ; Y. Akakpo, 2019, p. 44)

L'innovation sociale apparaît dès lors un fait sociétal. Mais la technocolonisation l'est également. Et c'est une chose évidente qu'un fait social ne peut aucunement se passer des valeurs éthiques. Tout fait social est porteur des valeurs normatives, qu'elles soient éthiques, politiques, juridiques, etc. En tant que telle, la technocolonisation permet de comprendre les implications philosophiques des rapports entre la technoscience et l'éthique dans l'espace sociétal. Elle ne consiste pas à décrire ou à dénoncer tout simplement la conquête technoscientifique sur l'espace sociétal. Mais elle permet aussi, et c'est sans doute une troisième raison, d'interroger la dialectique constante ou permanente entre la science et la technique et ses conséquences éthiques dans nos sociétés actuelles, y compris les Afriques en accélération. Ainsi, l'idée de technocolonisation a une vertu à la fois dénonciatrice et révélatrice des valeurs éthiques. Si elle dénonce le fait de la colonisation technoscientifique, elle révèle des valeurs éthiques qui contrôlent et orientent moralement l'agir humain à l'avenir. À ce propos, le technocolonialisme serait une expression de ces valeurs éthiques, une théorie porteuse de ces valeurs éthiques susceptibles de booster l'innovation sociale.

Par ailleurs, une autre raison est que le technocolonialisme renouvelle précisément le sujet de la colonisation. Il indique désormais que le sujet de la technoscience qui colonise n'est plus le sujet moderne, c'est-à-dire au sens cartésien et kantien. Ce sujet-ci, d'après G. Hottois (2017), a disparu. Il n'existe plus. Il n'est pas non plus le sujet du paradigme anthropologique traditionnel, c'est-à-dire ce sujet ontologique, fondu dans la collectivité et dont la survie ne dépend exclusivement que de la société à laquelle il appartient. Le sujet de la technoscience, voire de la technocolonisation n'est pas non plus la technoscience elle-même à proprement parler. Il est essentiellement autre que la technoscience.

Le sujet qui est au cœur de la technoscience et, par ricochet, de la technocolonisation est un sujet devenu pluriel. Concrètement, il est une foule d'acteurs : « Action et produits technoscientifiques sont le résultat d'une collaboration, inégale et très diverse d'une foule d'acteurs : chercheurs de nombreuses disciplines, techniciens et entrepreneurs, bailleurs de fonds et actionnaires, juristes et économistes, commerciaux et publicistes, etc. » (G. Hottois, 2005, p. 50). Ainsi, le sujet de la conquête technoscientifique sur l'espace sociétal est pluriel, différent du sujet cartésien et kantien. Il n'est plus question de cogito, de *tabula rasa,* de révolution copernicienne opérée par la découverte du sujet transcendantal et de son appareil *a priori.*

G. Hottois note encore le caractère pluriel du sujet de la technoscience et, par conséquent, de la technocolonisation en ces termes : « Le sujet, - acteur, moteur et, même, concepteur -de la Recherche & Développement est devenu irréductiblement pluriel. Il est très différent du sujet (cartésien ou kantien) de la science moderne, supposé rationnel, universel et animé par une intention fondamentalement cognitive » (G. Hottois, 2005, p. 51 ; confère aussi G. Hottois, J.- N. Missa & L. Perbal, 2015 ; G. Hottois, 2017). S'inscrivant dans cette perspective, Bernadette Bensaude-Vincent (2009, p.69) estime que la technoscience désigne « un changement de « régime » -au sens à la fois politique et diététique du terme-, marqué par l'entrée en scène des politiques scientifiques et des agences de moyens qui « nourrissent » la recherche »

Ce changement de régime, il faut le reconnaître, a des implications éthiques. La pluralité du sujet de la technocolonisation imprime en effet une nouvelle donne éthique : la finalisation du projet scientifique est comme assumée et organisée, mais aussi le financement de la recherche instaure un nouveau type de rapport à la connaissance. En effet, selon que le financement de la recherche est privé ou public, celle-ci est déjà accompagnée d'une certaine idéologie correspondante au privé ou au public. De la sorte, le sujet pluriel de la technoscience n'est pas axiologiquement neutre du fait qu'il est structuré par une finalisation croissante de ses recherches, mais ses sources de financements l'écartent encore davantage de la neutralité. À ce sujet, on peut même lire utilement le philosophe belge G. Hottois (2005, p. 51) en ces termes :

> Le sujet de la technoscience [...] n'est axiologiquement ni neutre ni univoque : pluriel, il est aussi conflictuel. Le financement de la recherche, lorsqu'il est privé impose de tenir compte d'une axiologie capitaliste, avec le profit comme valeur et le marché comme norme (le citoyen achète ou non) ; lorsque le financement est public, il introduit une axiologie inspirée par le « bien public », mais aussi dic[2]tée par la perception du public, les pressions des lobbies et les stratégies des partis.

De ce qui précède, il apparaît donc que la technoscience produit un nouvel appel à la réflexion éthique. C'est dans cette perspective que B. Bensaude-Vincent (2009, p.163) écrit ce qui suit : « Trouver des repères, invoquer des valeurs, des principes, des normes : voilà que la morale, éclipsée par la science moderne qui avait imposé son amoralisme, son indifférence au bien comme au mal, revient sur le devant de la scène ». En d'autres termes, la science moderne ou la technoscience, dans sa conquête du monde, de l'espace sociale, recherche aussi les repères normatifs. Elle invoque des valeurs, des principes, des normes éthiques. Elle s'évite sincèrement d'être anéthique.

Plus loin, l'on peut aisément évoquer encore une raison selon laquelle la technoscience, par la transformation dont elle est issue, celle du passage d'une civilisation de la *théoria* à celle de la *technè*, dispose de nouveau la capacité de refaire le monde à son image et avec ses propres valeurs éthiques. Sur ce point, il apparaît évident de dire que sa conquête de la société n'est pas seulement économique et politique. Elle est aussi et surtout éthique, puisque :

> Elle transforme continuellement, suivant sa propre rationalité, l'avoir, l'être, le faire, le dire, etc. … Cette capacité transformatrice de la technoscience lui donne le pouvoir d'entretenir la dissymétrie relationnelle qui caractérise les rapports entre les nations, entre États. En effet, l'existence d'États plus puissants que d'autres, plus souverains que d'autres, repose largement, dans le monde contemporain, sur les fractures technoscientifiques, i.e. les différences quant aux capacités nationales à s'approprier et à développer la technoscience (Y. Akakpo, 2016, p. 136).

Dans cette capacité transformatrice, la technoscience suscite des valeurs éthiques nouvelles et/ ou qu'elle renouvelle. Elle fait de nouvelles valeurs éthiques ou renouvelle parfois les anciennes valeurs éthiques dans sa propre rationalité qui demeurent toutes aussi diverses que nécessaires pour l'organisation sociale.

Nous savons, aujourd'hui, que la production des biens, au moyen de la technoscience, suppose à la fois une relation entre des matières premières et des produits finis, et une organisation sociale. Celle-ci permet, en réalité, d'utiliser des techniques de production spécifiques dans des usines, des ateliers ou des champs. Car, les activités que l'on qualifie le plus souvent de « productives » peuvent s'écussonner sur l'exécution d'autres travaux, tels que l'entretien du foyer et la préparation des repas, les soins apportés aux enfants ou le transport de la nourriture vers les champs où travaillent les cultivateurs. De ce fait, comme l'écrit l'économiste et philosophe A. Sen, (2012, p. 237) « la technologique ne concerne pas seulement le matériel et ses caractéristiques de fonctionnement, mais aussi l'organisation sociale qui permet d'utiliser ce matériel et de mener à bien les processus dits productifs ». C'est pourquoi, envisager l'organisation sociale sous l'angle plus large de la technologie et de la production a des effets importants sur l'innovation sociale.

Premièrement, ce point de vue nous oblige à examiner les aspects éthiques de ce qu'on traite souvent comme des phénomènes culturels dans les sociétés dites « a-puissantes ». Il met aussi en évidence les contributions éthiques effectivement apportées par la technoscience consacrée aux activités qui ne sont pas directement incluses dans la production technologique. Deuxièmement, il met en lumière, en vue d'exciter à les résoudre, la stabilité et la survie des inégalités de l'organisation sociale en général et des divisions sociales profondément asymétriques en particulier. Troisièmement, on peut considérer que la division entre sociétés puissantes et sociétés a-puissantes dont l'Afrique fait partie, dans le contexte des arrangements productifs généraux, introduit des distorsions systématiques dans la perception des valeurs éthiques. Quatrièmement, certains schémas spécifiques de division sociale peuvent être considérés comme reflétant en partie la possession de la technologique liée à l'organisation établie, qui influent de façon différenciée sur le perfectionnement des compétences et tendent à perpétuer l'asymétrie des opportunités d'acquérir des compétences pour toute innovation sociale. Ainsi, l'expression de la technocolonisation exerce un effet profond sur l'établissement d'une relation éthique entre d'une part, les individus et les sociétés, et d'autre part, la répartition de ces gains entre les sociétés.

Les valeurs éthiques que porte donc l'approche technocolonialiste sont nécessaires. Cette nécessité réside dans le fait que lesdites valeurs sont au cœur même de toute innovation sociale. Au nombre de ces valeurs, nous pouvons parler de l'autonomie, de la responsabilité sociale, de la reconnaissance, de la solidarité, de la justice sociale, de l'interdépendance, de l'ouverture à l'autre et au monde, de la liberté comme pouvoir effectif ou comme capabilité etc. Nous ne donnerons pas une élucidation conceptuelle et théorique de ces valeurs éthiques non exhaustives, avec la nouvelle approche qui les porte : cela pourrait, bien entendu, faire l'objet de nos recherches ultérieures. Néanmoins, nous insistons encore et surtout en disant que toute innovation sociale, aussi bien dans le monde « puissant qu'a-puissant », pour reprendre les termes de Y. Akakpo, les requiert nécessairement, sans quoi, elle ne peut effectivement se réaliser. Autrement dit, aucune innovation sociale ne peut aboutir, sans la prise en compte des valeurs éthiques, et même politiques, dont est porteur le technocolonialisme en tant que théorie philosophique, mais aussi expression moderne et contemporaine.

Conclusion

Au demeurant, le technocolonialisme est une théorie éthique d'innovation sociale en ce sens qu'il est un paradigme philosophique nouveau. Il exprime concrètement la rupture avec le paradigme anthropologique des valeurs éthiques. Ce paradigme oriente encore fortement la plupart des sociétés traditionnelles, encore appelées les sociétés désarticulées, sans fin fonctionnelles, les sociétés a-puissantes. Celles-ci renvoient plus ou moins aux pays en quête de développement et au nombre desquels figurent les Afriques en accélération. Dans de telles Afriques et ailleurs, le paradigme du modèle traditionnel de régulation de la condition humaine, sociale et historique, gage de la rationalité organique ou plutôt de la figure cosmobiogico-sociale, donnait à la magie, à la religion, aux symboles métaphysiques, leurs fonctionnalités.

Le paradigme technocolonialiste, fondée par la rationalité technoscientifique, s'appréhende comme une double expression : celle de rupture avec le modèle traditionnel de régulation de la condition humaine, sociale et historique et celle de l'exercice d'une colonisation ouverte par la technoscience sur l'espace sociétal. La technoscience dans sa conquête de l'espace sociétal, montre que, par sa rationalité organisatrice, une rationalité qui vise une fin fonctionnelle, elle a un pouvoir central pour exercer une colonisation sans borne sur l'espace sociétal. Ensuite, elle montre qu'elle peut assumer la fonction analogue qu'assumait le modèle traditionnel de la régulation de la condition humaine, historique et sociale.

De ce point de vue, le technocolonialisme est aussi, et c'est ce qui fait la particularité de la présente recherche, une théorie éthique, c'est-à-dire une doctrine philosophique porteuse des valeurs éthiques dont toute innovation sociale, dans nos sociétés actuelles, requiert nécessairement. Les valeurs éthiques dont la technoscience, dans sa conquête ou colonisation sociale, est porteuse sont des valeurs nouvelles et/ou qu'elle renouvelle et que nos sociétés actuelles, en accélération, ont besoin pour innover socialement. En effet, que soit dans les sociétés « puissantes » ou dans les sociétés « a-puissantes », il est impossible d'innover socialement, sans prendre véritablement en compte ces valeurs éthiques. Celles-ci peuvent, il est vrai, entrer le plus souvent en conflits avec d'autres valeurs éthiques, surtout du paradigme traditionnel de régulation de la condition humaine, sociale et historique, mais aussi avec les situations concrètes. Néanmoins, il faut reconnaître que la résolution de ces conflits des valeurs éthiques reste l'apanage constant des éthiques appliquées, telles que la bioéthique, l'éthique environnementale, l'éthique professionnelle, etc.

Références bibliographiques

ADOTEVI Akue Mawusse Kpakpo, 2019, « La critique des ethnosciences chez Y. Akakpo : le tournant historiciste dans l'étude des sciences d'Afrique », in *Cahiers épistémo-logiques, Science et bioéthique en Afrique*, (sous dir.), Ignace Ayenon Yapi et Marcel Nguimbi, Vol. 8, Paris, L'harmattan, pp. 21-40.

AKAKPO Yaovi, 2019, *Le technocolonialisme. Agir sous une tension essentielle*, Paris, L'Harmattan.

AKAKPO Yaovi, 2018, « Ethnographie comparée de pratiques savantes. Une approche d'histoire des savoirs de l'oralité en Afrique », *Cahiers François Viète*, série III, 4, pp. 179-199.

AKAKPO Yaovi, 2016, *Science et reconnaissance. Entre la puissance et la solidarité*, Paris, Présence Africaine Editions.

AKAKPO Yaovi, 2015, « Tension essentielle à l'ordre social et autonomie de l'histoire », in *Nunya. Philosophie, patrimoine scientifique et technique*, Vol. 3, p. 125-144.

AKAKPO Yaovi, 2014, « La faculté d'imaginer et l'histoire dans son univers de sens » in Y. Akakpo, *Imagination et univers de sens, Nunya. Philosophie, patrimoine scientifique et technique*, Vol. 2, p. 49-67.

AKAKPO Yaovi, 2012, *La recherche en philosophie. De l'intuition du thème à la soutenance de la thèse*, Paris, L'Harmattan.

AKAKPO Yaovi, 2013, « Pour une approche historique des sciences en Afrique » in S. B. Diagne, *Philosopher en Afrique, Critique*, 771-772, Paris, Minuit, p. 700-709.

AKAKPO Yaovi, 2009a, « La rationalité technologique à l'épreuve », in *Le Cahier philosophique d'Afrique : Revue internationale de philosophie*, Ouagadougou, Presses Universitaires de Ouagadougou, n° 007, p. 61-77.

AKAKPO Yaovi, 2009b, *L'horizon des sciences en Afrique*, Paris, Peter Lang.

ARISTOTE, 2004, *Éthique à Nicomaque*, trad. Fr. R. Bodéüs, Paris, Flammarion.

BENSAUDE-VINCENT Bernadette, 2009, *Les vertiges de la technoscience. Façonner le monde atome par atome*, Paris, La Découverte.

BILLIER Jean Cassien, 2010, *Introduction à l'éthique*, Paris, PUF.

CONDORCET Antoine-Nicolas de Caritat Marquise de, 1970, dans son *Esquisse d'un tableau historique des progrès de l'esprit humain*, Paris, Vrin

FEYERABEND Paul, 1979, *Contre la méthode. Esquisse d'une théorie anarchiste de la connaissance*, trad. fr. Baudouin Jurdant & Agnès Schlumberger, Paris, Seuil.

GUSDORF, Georges, 1974, *Les sciences humaines et la pensée occidentale*, Paris, Payot.

Habermas Jürgen, 1973, *La technique et la science comme idéologie*. Trad. J-R Ladmiral. Paris, Gallimard.

HEIDEGGER Martin, 1958, *Essais et conférences*, Paris, Gallimard.

HOTTOIS Gilbert, 2017, *Philosophie et idéologie trans/posthumanistes*, Paris, Vrin.

HOTTOIS Gilbert, MISSA Jean-Noël & PERBAL Laurence (sous dir.) 2015, *Encyclopédie du trans-humanisme et post-humanisme : l'humain et ses préfixes*, Paris, Vrin

HOTTOIS Gilbert, 2005, *La Science entre valeurs modernes et postmodernité*, Paris, Vrin.

HOTTOIS Gilbert, 1998, « La science postmoderne », in F. Gaillard, J. Poulin & R. Schusterman (dir.), *De Richard Rorty à Jürgen Habermas. La modernité en question*, Paris, Cerf, p. 23-47.

HOTTOIS Gilbert, 1996, *Entre symboles et technoscience. Un itinéraire philosophique*, Paris, Champs Vallon.

KANT Emmanuel, 1987, *Fondements de la métaphysique des mœurs*, trad. fr. V. Delbos, Paris, Delagrave.

KOUVON Komi, 2019, *La responsabilité éthique dans les sociétés postcommunicationnelles*, Paris, L'Harmattan.

LATOUR Bruno, 2007, *Nous n'avons jamais été modernes. Essai d'anthropologie symétrique*, Paris, La Découverte.

LATOUR Bruno, 2003, « L'impossible métier de l'innovation technique », in Ph. Mustar et H. Penan (dir.), *Encyclopédie de l'innovation*, Paris, Economica, p.9-26.

MARCEL Gabriel, 1935, *Être et avoir*, Paris, Aubier.

NEEDHAM Joseph, 1973, *La Science chinoise et l'Occident. Le grand titrage*, trad. fr. E. Jacob, R. Dessureault et J. M. Rey. Paris, Seuil.

PLATON, *La République*, 2004, trad. fr. G. Leroux, 2è éd., Paris, Flammarion.

POPPER Karl, 2018, *La société ouverte et ses ennemis, tome 1. L'ascendant de Platon*, Paris, éditions Points.

PRADES Jacques, 1992, *La technoscience : les fractures des discours*, Paris, L'Harmattan.

RENAUT Alain, 2011, *Quelle éthique pour nos démocraties ?*, Paris, Buchet / Chastel.

SEN Amartya Kumar, 2010, *L'idée de justice*, trad. fr. Paul Chamla avec la collaboration d'E. Laurent, Paris, Flammarion.

SEN Amartya Kumar, 2012, *Éthique et économie et autres essais*, trad. fr. Sophie Marnat, Paris PUF.

CHAPITRE 2

Quand l'accélération dessert l'intelligence. La critique de l'application *WhatsApp* dans la chanson populaire togolaise « *Mimè tchatcha* »

Amatso Obikoli ASSEMBONI
Université de Lomé

Résumé : Ces dernières années, une chanson populaire des artistes « Maxfire et Juliano » fait beaucoup danser les jeunes Togolais. Le titre de la chanson est « *Mimè tchatcha* ». Bien que beaucoup de gens l'apprécient surtout parce qu'elle est rythmée et très entraînante, lorsqu'on prend le temps d'écouter cette chanson et de suivre la vidéo du clip, on se rend compte qu'il s'agit en réalité d'une critique ouverte sur les travers de la société togolaise en matière de communication à travers les réseaux sociaux. La société togolaise est en effet prise en flagrant délit de manque d'analyse des informations qui circulent à grande vitesse, grâce à la technologie notamment les smartphones, la connexion 3G, 4G, et les applications, à l'instar de *WhatsApp* avant leur exploitation. Cet article pose le problème de la communication mal exploitée dans la société et veut proposer des pistes de réflexions pour y remédier.

Mots-clés : « *Mimè tchatcha* », *WhatsApp*, chanson populaire, accélération, Intox, phénomène intermédial

Abstract: In recent years, a popular song by the Togolese artists "Maxfire and Juliano" has made Togolese dance a lot. The song's title is "*Mimè tchatcha*". Although young people especially appreciate it because it is very rhythmic, when we take the time to listen to this song and follow the video of the clip, we realize that it is actually talking about an open critic on the failings of the communication in the Togolese society. The Togolese society is indeed caught in the act of lack of analysis of the information that circulates at high speed thanks to technology notably smartphones, 3G, 4G connection, and applications, like "*WhatsApp*". This paper analyses the wrong exploitation of the communication in the Togolese society and wants to suggest some reflections to remedy it.

Keywords: « Mimè tchatcha», *WhatsApp*, popular song, acceleration, fake news, intermedial phenomenon.

Introduction

La technologie numérique, ou l'intelligence artificielle, pousse de nombreux jeunes férus des TICs dans le monde en général et en Afrique, au Togo en particulier, à innover : nous assistons dans notre pays depuis quelques années à la création d'applications spécifiques aux besoins des populations et jugées utiles à ces dernières, même si le constat général est que, de nombreuses applications, bien qu'elles soient jugées utiles, restent peu connues, voire méconnues des populations (*Togomatin*, 2016, p.5).

Par contre, en Afrique et donc aussi au Togo, l'application *WhatsApp* est très populaire. Dans un dossier de Jeune Afrique intitulé « Le phénomène WhatsApp en Afrique »[6], Mathieu Olivier (2016) affirme que cette application lancée en 2009 et qui fut rachetée en 2014 par Facebook, dépassait en 2016 le milliard d'utilisateurs, dont bien sûr de nombreux Africains :

> Lancé en 2009, WhatsApp compte aujourd'hui plus d'un milliard d'utilisateurs. Une performance de taille à laquelle l'Afrique est loin d'être étrangère : WhatsApp est l'application mobile la plus utilisée du continent et sa croissance est exponentielle.

On peut alors supposer qu'à l'heure actuelle, les utilisateurs seraient à plusieurs milliards. [7] Cependant, avec les nouvelles technologies de l'information et de la communication (NTICS) sont nés également les termes « Intox, Infox, fake news ». Loin d'être un problème spécifique à l'Afrique, les *infox* ont depuis

---

[6] Ce dossier se compose de nombreux articles sur la question : Technologie : comment WhatsApp a conquis l'Afrique », ou « Technologies : quand WhatsApp bouscule les codes de la communication politique en Afrique » https://www.jeuneafrique.com/dossiers/phenomene-whatsapp-afrique/

[7] Selon les dernières informations, l'application aurait maintenant dépassé 5 milliards d'utilisateurs, soit, plus de la moitié de la population mondiale.

longtemps existé dans le monde.[8] Mais ce sont les nouvelles technologies provoquant l'accélération de la communication qui les ont « boostées » et en font un problème planétaire. L'Afrique n'est pas, elle non plus, épargnée par ce phénomène. En effet, séduites par la facilité d'accéder à l'information que leur procure le smartphone, les populations africaines tombent facilement dans le piège de *l'intox*. Pourtant, il faut reconnaître que l'Afrique et ses sociétés a-puissantes[9], subissent plus l'information qu'elles n'en produisent :

> L'information, soutenue par la puissance de l'invention/innovation technologique, prend une part active et activiste dans ce que nous avons appelé l'ascendance de l'évolution sociale sur les traditions. De là vient, également, que la puissance de l'information est plus bouleversante pour les sociétés a-puissantes (Yaovi Akakpo, 2019, p. 30).

Pourquoi les sociétés a-puissantes semblent-elles subir la colonisation technologique actuelle ? Cette question est d'autant plus importante, qu'en réalité, ces populations peuvent lutter contre cette hégémonie technologique.

Prenons l'exemple du Smartphone qui a inondé l'Afrique : bien qu'on puisse juste se contenter de téléphones portables simples,

---

[8] Selon Pierre Ancery, (2018) « Dans la première moitié du XIXe siècle, alors que la presse française commence à prendre son essor, les « fausses nouvelles » font déjà couler beaucoup d'encre. Au point d'aboutir à un « *délit de fausses nouvelles* » en 1849. » Dans « Début XIXe : premières agitations autour des « fausses nouvelles » Consulté sur le site : https://www.retronews.fr/histoire-de-la-presse/echo-de-presse/2018/06/25/debut-xixe-premiere-agitation-autour-des-fausses#

[9] « L'on doit se rendre compte que, par cette tension essentielle à l'ordre social, le technocolonialisme est tel que la puissance des uns (liberté d'avoir, d'être, de faire) va avec l'a-puissance (ce mot pour mieux refléter l'idée qu'il s'agit de l'extension contraire du terme puissance) des autres (rétrécissement de l'horizon de l'avoir, de l'être et du faire). (…) L'a-puissance est, pour l'homme ou la société, la détérioration de son pouvoir autonome sur les choses et l'histoire. (…) Les sociétés a-puissantes ont du mal à articuler et avoir une maîtrise autonome de l'histoire. C'est le cas des sociétés connectées au « système-monde » et qui peinent à suivre et à maîtriser l'ordre établi et bouleversant d'un monde puissant. » Yaovi Akakpo, .p. 31-33.

servant à communiquer uniquement, les populations sont séduites par les produits innovants dans le domaine de la téléphonie mobile, qui les poussent à acquérir coûte que coûte un smartphone. Si pour les jeunes, cela leur permet d'être à la page, pour des personnes âgées par exemple vivant loin de la ville, cela permet juste d'utiliser *WhatsApp*. Cette application séduit beaucoup, car elle permet de communiquer oralement et d'échanger *rapidement* des données et ceci avec une connectivité réduite.

La présente étude, en se focalisant sur cette accélération dans la communication thématisée par la chanson populaire intitulée « *Mimè tchatcha* », remet en question son utilisation abusive et postule que dans le cas précis du Togo, cette accélération acquise dans la communication dessert l'intelligence. C'est une étude d'autant plus intéressante que le titre de la chanson reprend également une expression découlant de l'utilisation de l'application *WhatsApp* au Togo.

En effet, *« Mimè tchatcha »*, expression issue de la langue éwé du Togo, est une exhortation à partager rapidement, qui s'est exacerbée grâce à l'application *WhatsApp*, qui on le sait, permet de partager rapidement des informations. En soi, ceci est un avantage de pouvoir être rapidement informé grâce à ce canal lorsqu'un enfant par exemple a disparu et que par ce biais, on peut atteindre rapidement les populations. Cependant, lorsque grâce à cette action, l'enfant, pour rester dans l'exemple donné, est retrouvé, il n'y a plus de contre-information, ou bien, lorsqu'une contre-information est partagée, elle suit rarement le même canal par lequel la première information a circulé. Ce qui fait que la première information utile et urgente continue par circuler rapidement, parfois des années après. On peut alors dire à ce moment que l'intelligence sociale est desservie par cette accélération, bien que cette dernière soit en réalité le résultat d'une action ou d'une réflexion intelligente.

Elle est aussi desservie, car les utilisateurs sont souvent pris en flagrant délit de non-réflexion. En effet, avant de lancer un message d'alerte à partager, pense-t-on à comment « révoquer » ce message au cas où une solution serait trouvée ? Ou bien, pense-t-on à comment le supprimer, lorsqu'il est déjà mis en branle et qu'il se répand de façon exponentielle ? Comment mieux réguler ces partages intempestifs ? E que dire alors des messages venant d'autres pays ?

C'est ainsi que ce phénomène qui est devenu un réel problème de société, et qui a servi de sujet de la chanson populaire togolaise portant le titre « *Mimè tchatcha* » attire l'attention. En se focalisant sur cette chanson, notre présente étude, bien que révélant surtout un phénomène intermédial assez particulier[10], poursuit d'une part l'objectif de montrer que les chanteurs thématisent les travers qui découlent de la mauvaise utilisation des informations, notamment, du *partage rapide* de celles-ci et d'autre part, veut présenter quelques solutions pour lutter contre ces travers, car ils représentent un important défi d'éducation en Afrique[11].

1. La Chanson « *Mimè Tchatcha* »[12]

1.1. Contexte de prise de la parole

Lorsqu'en 2017, l'engouement que les Togolais avaient pour l'application *WhatsApp* était déjà considéré par la spécialiste de la

---

[10] Ce phénomène est particulier, car l'application *WhatsApp* n'est pas à proprement parler un médium. Ce sont les outils dont elle dépend, c'est-à-dire le téléphone, Internet ou l'ordinateur, qui sont des médias. Une analyse intermédiale au sens que lui donne Irina Rajewsky (2002), notamment les concepts de combinaison médiatiques « Medienkombination » et de références intermédiales « intermediale Bezüge », peut être envisagée. Cependant, cela peut servir de sujet d'études ultérieures plus approfondies, car la présente étude se focalise sur le contenu de la chanson.

[11] Ces propos entrent dans le cadre du colloque international portant sur l'innovation sociale dans les Afriques en Accélération, plus précisément sur l'axe : « Révolution numérique et défis d'innovation sociale et éducative en Afrique ».

[12] Les paroles de la chanson sont en Ewé. Pour des raisons pratiques de la présente étude, nous avons pris la liberté de traduire des passages ciblés en français. Le Clip de la chanson est consultable sur: https://www.youtube.com/watch?v=5e6gJvkU6nA

communication Yao Namoin comme une « addiction »[13], la chanson « *Mimè Tchatcha* » n'était pas encore connue ou plus précisément, pas encore composée. En parler déjà en termes d'addiction est la preuve qu'il y avait un problème : la population togolaise développait déjà une dépendance malsaine par rapport à cette application. Un an plus tard, les chanteurs togolais MaxFire et Juliano [14] sortent la chanson qui a pour titre « *Mimè tchatcha* », c'est-à-dire, « partagez rapidement » ou « partagez séance tenante ».

Si « *Mimè tchatcha* » est aussitôt associée à l'application *WhatsApp*, c'est parce que tous les utilisateurs au Togo ont au moins une fois reçu un message via l'application qui se termine par cette expression. Ce faisant, le message peut être d'une importance capitale, comme il peut juste être une mauvaise blague, ou encore, la délation envers une personnalité, une vidéo ou une photo truquée.

A titre d'exemple, le plus récent[15] message qui a circulé et que quasiment tous les Togolais connectés ont reçu au moins trois fois de différentes personnes, faisait justement état de comment lutter contre le test d'alcoolémie qui devait entrer en vigueur au Togo à partir de Janvier 2020. Le message indique qu'en consommant beaucoup de gingembre et en l'ayant tout le temps avec soi, le test se révélerait négatif. Information utile ou plutôt futile ? Est-il que nombreux ont donné du crédit à ce « conseil », dont nul ne connait réellement le point de départ. De ce fait, il est clair que par le biais de cette application, les utilisateurs ont découvert une opportunité : celle de pouvoir raconter une histoire, inventer des faits, associer des images à des messages audio, injurier des gens et les balancer séance tenante sur la toile, tout ceci, dans le plus grand anonymat. Ceux qui reçoivent ces messages à leur tour, sans chercher à en

---

[13] Elle est citée dans l'article de Slim Jerbia: « Whatsapp, la nouvelle addiction des Togolais » datant du 13.06.2017 : https://www.aa.com.tr/fr/afrique/whatsapp-la-nouvelle-addiction-des-togolais/840612#!

[14] De leurs vrais noms, respectivement, Assiakoley Séwa et Julien Amegnran.

[15] Moins récent que les derniers évènements sur la pandémie du COVID 19 qui a encore déclenché ce processus de partage frénétique des informations, fausses ou vraies.

connaître l'origine, aident parfois inconsciemment à répandre des propos parfois haineux, sans modération.

C'est justement cette manie de partager frénétiquement qui est critiquée dans la chanson. Il suffit pour ce faire de plonger dans son contenu et même de considérer le clip qui l'accompagne.

La chanson de près de 04 mn 30 secondes présente des situations et ou évènements futiles qui occupent les gens la plupart du temps et que ces derniers aiment partager à tout bout de champ. Par exemple, les ragots du quartier à propos des visites nocturnes d'un tel homme à une telle jeune fille, de l'inondation qui sévit dans tel quartier, à propos de la rivalité prétendue entre tel artiste et tel autre, à propos des Togolais de la diaspora que l'on taxerait d'avares. Il suffit juste que quelqu'un qui s'ennuie, ait vent d'une quelconque information ou tombe sur un fait divers pour qu'il sorte son téléphone et filme, puis fait un commentaire et le termine par « *Mimè* », c'est-à-dire, « partagez ». Mais aussi, ils font mention d'un fait marquant comme celui de la baleine échouée sur les côtes togolaises le 08 avril 2018 et qui a fini dans les marmites des populations riveraines.[16]

Pourtant, ce n'est qu'après environ 2 mn 30 dans le déroulement de la chanson qu'intervient le message important des chanteurs : « lorsque vous n'analysez pas l'information que vous avez reçue avant de la partager, on vous arrête. » Ou même ce que les chanteurs disent à un moment : « si l'info vous parvient, partagez-là, mais moi je vais l'analyser avant de la partager »[17], ou encore pour finir, l'injonction : « Partagez les informations justes », ou « ne partagez pas sans analyse. »

Dans le clip également, à un moment donné, on voit clairement à plusieurs reprises que tous les figurants de la scène tiennent un téléphone à la main, et filment on ne sait trop quoi.

Au regard de ces quelques phrases disséminées dans la chanson, nous pouvons affirmer que l'objectif poursuivi par les chanteurs est

---

16 https://togotribune.com/news/togo-une-baleine-morte-echouee-sur-la-plage-daneho-finit-dans-les-assiettes/

17 Phrases traduite par nous-même

de sensibiliser la population sur le danger qu'il y a à partager trop rapidement des informations, sans analyse préalable.

Un constat général aussi sur cette chanson, c'est qu'elle a fait « mouche » et est très appréciée des Togolais. Tout le monde la fredonne volontiers et tout le monde ne peut s'empêcher de se surprendre à esquisser des pas de danses à son rythme. A quoi un tel succès est-il dû ? Pour un informaticien de la société togolaise C.A.F.E. Informatique & Télécommunication, « *Mimè Tchatcha* » est devenu entretemps un concept que justement la chanson a renforcé :

> Pour les Togolais, l'extension du concept « Mimé tcha tcha tcha » a été corsée par la diffusion d'une musique. C'est la chanson titrée « Mimè Tcha Tcha » de deux artistes locaux Maxfire et Juliano. Très vite, tout le Togo a été emballé par la tendance et la musique associée. (Youdi Raymondo, 2018).

Si en effet tout le Togo s'emballe pour une chanson qui, selon toutes vraisemblances, a pour objectif de critiquer la société sur ses travers, cela signifie-t-il que le phénomène est désormais sous contrôle ou bien, au contraire, que le message n'est pas passé ? Ce phénomène a-t-il plutôt augmenté d'ampleur ? Les auteurs de cette chanson eux-mêmes, quels étaient leurs objectifs en produisant cette chanson ?

1.2. De l'intentionnalité des artistes

Le principal initiateur du projet de la chanson avoue avoir choisi cette thématique dans un but précis : « Le phénomène "mimètchatcha" prenait de l'ampleur et devenait trop sérieux. J'ai donc pensé faire une chanson pour sensibiliser mes fans à plus d'attention. » (H. L. *Togoréveil* 2018)

A en croire l'artiste MaxFire, son objectif était de sensibiliser ses fans à plus de prudence, car il a lui aussi vu les ravages qu'un tel phénomène produisait au sein de la population. On peut donc dire avec assurance que le message principal qu'il adresse aux fans est l'analyse des informations, avant de les partager. Quant au style utilisé pour donner ce message, le chanteur dit :

> J'ai préféré être plus philosophique dans mon chant et utiliser un peu d'humour pour attirer l'attention de la population afin de passer le message qui aujourd'hui fait tube.
>
> Ce son a permis à bon nombres de Togolais de savoir que ce phénomène de fausses infos est une drogue d'information qui nuit. Aujourd'hui, je suis fier qu'on ne partage plus ces audio. (H. L. *Togoréveil* 2018).

Selon lui, l'objectif qu'il poursuivait est atteint, car, il estime que sa chanson qui a emballé tant de Togolais, aurait poussé les gens à ne plus partager de fausses informations. On ne peut malheureusement pas vérifier par un sondage auprès de la population, si oui ou non, grâce à cette chanson, les mauvaises habitudes du début ont changé.

En réalité, une telle affirmation de l'artiste n'est pas objective. Ce résultat est impossible à mesurer, car c'est le style utilisé par l'artiste pour donner son message qui en est la cause. Ce qu'il appelle en effet « l'humour et la philosophie » se révèle être en réalité une injonction paradoxale, surtout à cause du titre et du refrain de sa chanson « *Mimè Tchatcha* ». Selon Anne Laure Buffet (2013) : « On nomme double contrainte (double-bind) une paire d'injonctions paradoxales consistant en ordres explicites ou implicites intimés à quelqu'un qui ne peut en satisfaire un sans violer l'autre. »

Si l'injonction paradoxale est comprise comme une consigne en contradiction avec une autre injonction consigne, alors, on comprend que donner la consigne « *Mimè* T*chatcha*», en voulant dire le contraire, peut provoquer de l'incompréhension chez les gens qui ne saisissent pas forcément la subtilité du réel message. De même, le refrain qui se veut ironique et qui dit : « Dès que l'info vous parvient, partagez-la, partagez-la, partagez-la » s'ajoute à la confusion générale de l'injonction réelle qui apparait vers la fin de la chanson qui dit : « moi je ne vais pas la partager, je vais l'analyser avant de partager ».

Nous pouvons même aller plus loin dans notre réflexion en disant que, loin de pousser les gens à la réflexion, ce concept a conduit paradoxalement à la création innovante d'une application, qui pourrait exacerber le partage frénétique des informations :

> Inspirés par le principe du concept « Mimé tcha tcha tcha », des développeurs togolais ont conçu une application baptisée « mimé ». Cette plate-forme de partage de données permettrait d'échanger rapidement des fichiers de tous types de formats. En effet, l'appli « mimé » permet de faire des transferts de lourds fichiers. Par ailleurs, on peut s'en servir (…) pour envoyer des messages sans utiliser les données mobiles. A priori, l'application « mimé » a été également conçue pour servir d'espace de discussions instantanées. Cette application est l'œuvre du groupe SKS constitué de quelques développeurs togolais. (Y. Raymondo, 2018).

Ainsi donc, malgré la pertinence de ces injonctions contenues dans la chanson, il semble que ce message pertinent ait été brouillé par le paradoxe du contenu même de la chanson, car ce que l'on en retient finalement, ce qui amuse les gens et qui fait danser tout le monde, en plus du rythme, c'est bien : « *Mimè tcha tcha tcha* », c'est-à-dire : « partagez séance tenante ». Les conseils donnés par les chanteurs dans la chanson se retrouvent malheureusement noyés par le paradoxe du message qui se voulait ironique et qui finalement semble avoir provoqué l'effet contraire.

Cette chanson populaire illustre bien ce problème réel des sociétés en général et de la société togolaise en particulier, qui est tombée dans le piège de la désinformation. Les chanteurs n'ont ainsi donc pas atteint l'objectif escompté, qui était de sensibiliser la population sur ses travers. Même si on peut également comprendre que le concept « *Mimè* » est porteur d'innovation sociale et peut favoriser le partage rapide d'informations importantes pouvant sauver des vies, il est tout de même nécessaire de ne pas ignorer le revers de la médaille du phénomène, lui, dangereux des intoxications des informations et d'en faire un défi d'éducation en Afrique, car sur ce point justement, la rapidité de transmission est nuisible.

2. Les défis de l'innovation sociale et éducative en Afrique

2.1. Défis de l'éducation en Afrique

De quelle éducation rêvons-nous pour l'Afrique ? Comment la révolution numérique que nous vivons actuellement peut-elle aider les Africains à mieux progresser dans l'acquisition des savoirs et à s'émanciper ? Comment réussir à mieux réguler ce phénomène ? Dans certains cas, au Togo, il est arrivé qu'à plusieurs reprises, des personnalités publiques ou non, soient victimes d'infoxs qui se répandent très rapidement. Ces dernières sont parfois obligées d'intervenir sur les media pour démentir et donner leurs versions des faits. Si ces réactions sont des solutions circonstancielles, comment lutter durablement contre ces phénomènes au Togo par exemple ?

En cherchant à savoir comment deux États puissants de l'information[18], en l'occurrence la France et l'Allemagne, procèdent pour faire face à ce fléau, nous faisons le constat général qu'ils ne donnent pas de solutions toutes faites à la question. Les propositions sont cependant quasiment identiques : ils misent sur la vérification des sources et sur l'éducation. Sur le site de la Bibliothèque nationale de France, on peut lire :

> Comment s'informer dans un monde où les fake news semblent proliférer ? Sites dédiés au fact-checking, émissions de télévision ou de radio, de nombreuses ressources sont proposées au public pour repérer les fausses informations. Du côté de l'école, l'éducation aux médias vise à développer l'esprit critique des élèves et à les doter d'outils de compréhension du monde de l'information.[19]

En effet, les médias jouent un rôle important pour aider les populations à mieux s'informer. Dans son émission *les dessous de l'infox, la chronique*[20] que propose RFI tous les vendredis, on y revient constamment. Les auditeurs sont invités à contacter les animateurs de l'émission pour vérifier la véracité d'une déclaration, d'une photo ou même d'une vidéo. Pour cela, il suffit de les contacter sur un numéro *WhatsApp*.

---

[18] Au sens donné par Y. Akakpo.

[19] https://bnf.libguides.com/presse_medias/fake_news_infox

[20] « Info ou intox ? Chaque semaine, RFI épingle une de ces tentatives de manipulation de l'information, pour en expliquer les ressorts. Vous souhaitez que « Les dessous de l'infox » vérifie la véracité d'une déclaration, d'une photo ou d'une vidéo... qui circule sur les réseaux sociaux, joignez-nous sur notre numéro WhatsApp + 33 6 89 07 61 09 ». Cf. https://podtail.com/fr/podcast/les-dessous-de-l-infox-la-chronique/

De même, *France 24* y consacre les lundis une émission intitulée « Info ou intox », pour la vérification des images sur Internet et éviter les fausses informations.[21]

Toutes ces émissions pour ne citer que ces deux petits exemples, se font pour décrypter l'actualité au quotidien. C'est d'autant plus important qu'il s'agit dans ces cas de journalistes qui, pour éviter de perdre leur crédibilité, ont l'obligation de toujours vérifier les sources des informations qui circulent très rapidement grâce à Internet.

Toujours en France, nous notons l'existence d'un centre chargé d'éduquer aux médias : CLEMI (centre de liaison de l'enseignement et des médias d'information) logé au sein du ministère de l'éducation nationale, de l'enseignement supérieur et de la recherche.

On lit sur le site qui y est dédié ce qui suit :

> Le CLEMI est chargé de l'éducation aux médias dans l'ensemble du système éducatif. L'éducation aux médias et à l'information (ÉMI) permet aux élèves d'apprendre à lire, à décrypter l'information et l'image, à aiguiser leur esprit critique, à se forger une opinion, compétences essentielles pour exercer une citoyenneté éclairée et responsable en démocratie. L'ÉMI a également pour objectif d'accompagner la parole des élèves dans le cadre scolaire, pour les former à la responsabilité et à l'exercice de la liberté d'expression. L'essentiel de la formation de terrain, formation initiale et formation continue en éducation aux médias et à l'information, est pris en charge par les académies.[22]

Nous constatons donc qu'il y a des mécanismes en France permettant de quadriller la gestion des informations. En Allemagne par contre, si le constat est le même qu'avec la France, aucune structure officielle n'est encore créée pour mieux la contenir, et comme le dit le journaliste Ulrich Schnabel (2017) de *Die Zeit* :

---

[21] « Comment vérifier les images sur Internet et éviter les fausses informations ? Info ou Intox est l'émission de vérification par les Observateurs de France24. Elle est animée par Alexandre Capron avec un nouvel exemple décrypté chaque lundi à 9h45. » Cf. https://www.france24.com/fr/emissions/info-intox

[22] https://www.clemi.fr/

> Peut-être la plus importante recommandation que pratiquement tous les chercheurs font, s'adresse aux systèmes de l'éducation. Dans les écoles et dans les universités, on doit d'urgence se former plus et s'exercer sur l'analyse critique des Information. (…) Ainsi, celui qui veut savoir comment lutter contre les fake-News trouvera ici comme réponse possible : les bases d'immunisation doivent se poser à l'école. Il est grand temps que cela commence. [23]

L'impatience se ressent dans ce commentaire, surtout, et laisse entrevoir qu'en Allemagne, ce phénomène ne bénéficie pas encore d'une gestion officielle. Si l'Afrique doit s'inspirer des modèles, ce sera ainsi essentiellement au niveau de l'éducation.

Quelles propositions peuvent alors marcher dans le contexte du Togo ?

2.2. Quelques pistes de solutions, le cas du Togo

Déjà, au Togo, les journalistes sont sensibilisés et formés sur la gestion des informations et sur les fake news[24]. Si justement ce phénomène est incontrôlable, c'est parce qu'il est répandu dans la population qui n'a pas le réflexe du journaliste qui est un professionnel des médias :

> La circulation et la diffusion des informations, jadis domaine 'réservé' des médias et des journalistes, est devenue l'apanage de tout individu banalisant et occultant, du coup, le rôle salutaire de médiation que jouaient les journalistes dans le traitement de l'information (vérification, recoupement et filtrage). (Hervé Awïdê Pana, 2019)

---

[23]Version originale: „Die vielleicht wichtigste Empfehlung, die nahezu alle Forscher teilen, richtet sich an Bildungseinrichtungen. In Schulen und Universitäten muss der kritische Umgang mit Informationen dringend mehr gelehrt und geübt werden. (…) Wer also wissen will, wie man Fake-News bekämpft, findet hier eine mögliche Antwort: Die Grundlagen der Immunisierung müssen in der Schule gelegt werden. Höchste Zeit, damit zu beginnen." In: https://www.zeit.de/2017/40/fake-news-falsche-informationen-verstaerkung-umgang. DIE ZEIT ONLINE Nr. 40/2017/ 28 septembre 2017.

[24] « Formation des journalistes sur les fake news » : http://tvt.tg/formation-des-journalistes-sur-les-fake-news/

Ainsi, en plus des journalistes qui sont formés à reconnaitre le vrai du faux avant toute divulgation d'information, la population a également besoin d'être formée. Un groupe de journalistes a d'ailleurs lancé une initiative de vérification des informations qui circule sur *WhatsApp* nommée *TogoCheck.*[25] Certes, l'Etat aussi a réagi face au fléau grandissant en se dotant d'une loi[26] réglementant ces usages, mais, combien de Togolais savent qu'ils risquent la prison en partageant une information qui peut se révéler fausse ? [27]

---

[25] TogoCheck est une initiative lancée par Noël Kokou Tadegnon, Fafa Folly, Florent Tiassou et Sylvain Combey. Ce dernier a expliqué à Info ou Intox comment l'équipe de ce média traque les fausses informations et y répond. In Togo/ Info ou Intox Emission du 20/01/2020.
In : https://observers.france24.com

[26] En date du 6 décembre 2018, l'assemblée nationale togolaise a adopté une loi sur la cybersécurité et la lutte contre la cybercriminalité. (...) Elle vient donc en complément d'un dispositif cohérent et réfléchi, dont les composantes sont, entre autres, la Loi d'orientation sur la société de l'information au Togo (LOSITO), adoptée le 22 juin 2017 ainsi que le projet de loi sur la protection des données à caractère personnel, en cours d'adoption. Il s'agit non seulement d'assainir et de sécuriser cet environnement cybernétique, garant de son utilisation sereine par le citoyen, mais d'assurer également une transparence et une traçabilité des milliers de transactions de tout genre qui s'y opèrent, chaque jour via le e-commerce. In : « Le Togo se dote d'un arsenal juridique et institutionnel pour sécuriser son environnement cybernétique » (H. A. Pana, 2019).

[27] Prenons par exemple l'article 25 (**Diffusion de fausses nouvelles tendant à faire croire à une situation d'urgence)** de cette loi : Quiconque communique ou divulgue par le biais d'un système informatique, une fausse information tendant à faire croire qu'une destruction, une dégradation ou une détérioration de biens ou une atteinte aux personnes a été commise ou va être commise ou toute autre situation d'urgence, est puni d'un (1) à trois (3) an (s) d'emprisonnement et d'un million (1 000 000) à trois millions (3 000 000) de francs CFA d'amende ou de l'une de ces deux (2) peines.
Toute personne complice de la commission de l'infraction prévue au premier alinéa du présent article est punie des mêmes peines. Pour plus d'informations sur d'autres sujets et articles de cette loi, cf : Bernard Yao Adzorgenu (2018).

C'est la raison pour laquelle la sensibilisation populaire semble être une des meilleures pistes à exploiter, afin de toucher un maximum de gens.

Pour en revenir à la chanson « *Mimè tchatcha* », n'oublions pas qu'à un moment dans la chanson, le chanteur dit qu'on peut arrêter ceux qui divulguent des fausses informations, mais c'est une information très brève, et donc, qui n'a pas impacté comme cela devrait le faire.

Ainsi donc, les États africains peuvent s'inspirer de ces modèles et expériences occidentaux pour lutter durablement contre les fausses informations. Les sociétés africaines en perpétuelles mutations (en accélération) ont besoin d'être formées sur les questions essentielles relatives à l'information. Cela concerne aussi bien l'enseignement primaire et secondaire que l'enseignement supérieur. Les professionnels des médias également doivent proposer des méthodes/ émissions de « désintoxication » et enfin, les ONGs qui sont spécialisées dans les formations/ éducations des populations analphabètes devraient être sollicitées.

Conclusion

Ce qu'il faut retenir c'est donc qu'un défi est lancé aux acteurs du secteur de l'éducation : il revient aux enseignants de penser à un mécanisme d'éducation aux médias avec l'aide des professionnels des médias, qui formerait sur l'analyse critique des « consommateurs » des informations, afin qu'une nouvelle génération puisse mieux cerner l'enjeu contenu dans la désinformation érigée en système.

L'État également devrait appuyer ces initiatives, voire, en être l'initiateur, en s'appuyant par exemple sur des chanteurs populaires. Pour que cela soit une réussite, il est nécessaire que les sensibilisations délivrées soient des messages clairs et non brouillés, des messages dont l'intentionnalité ne devrait pas être mal interprétée, à l'instar de la chanson qui a fait l'objet de cette étude. Ce faisant, c'est pour une collaboration générale que l'on plaide.

Nous pouvons supposer que ce sont des collaborations plausibles, qu'il faut renforcer. D'ailleurs, que la chanson « *Mimè tchatcha* » soit sortie en début d'année 2018, soit quelques mois avant le projet de loi en décembre de la même année, relève-t-il d'une coïncidence, ou plutôt d'une volonté commanditée par l'État, dans le but de sensibiliser, et qui a finalement produit l'effet contraire ?

Référence bibliographique

ADZORGENU Bernard Yao : « Togo/ Saviez-vous que la diffusion des fake-news sur les réseaux sociaux est passible de 3 ans de prison ou 5 000 000 FCFA d'amende ? (Voici des articles de la nouvelle loi adoptée) » L-Frii. Le média du jeune Africain. https://l-frii.com/togo-saviez-vous-que-la-diffusion-des-fake-news-sur-les-reseaux-sociaux-est-passible-de-3-ans-prisons-ou-5-000-000-fcfa-damende-voici-des-articles-de-la-nouvelle-loi-adoptee/ Consulté le 31/03/2020.

AKAKPO Yaovi (2019) : *Le technocolonialisme. Agir sous une tension essentielle.* Paris, l'Harmattan.

ANCERY Pierre (2018): « Début XIXe : premières agitations autour des « fausses nouvelles » In RETRONEWS : Le site de presse de la BnF https://www.retronews.fr/histoire-de-la-presse/echo-de-presse/2018/06/25/debut-xixe-premiere-agitation-autour-des-fausses# Consulté le 11/01/2020. La Bibliothèque Nationale de France (BnF) est sur :
https://bnf.libguides.com/presse_medias/fake_news_infox/ Consulté le 11/01/2020

BUFFET, Anne Laure (2013) : « Double contrainte et injonction paradoxale.» https://harcelementmoral.blog/2013/02/06/double-contrainte-et-injonction-paradoxale/ Consulté le 25/03/2020.

CENTRE DE LIAISON DE l'ENSEIGNEMENT ET DES MEDIA d'INFORMATION (CLEMI). Sur : https://www.clemi.fr/ Consulté le 20/03/2020.

H. L. (2018): « Zoom sur le tube « Mimè Tcha Tcha » - Maxfire allie ambiance et sensibilisation. », *Magasine Togo Réveil*, http://www.togoreveil.com/singlepost-zoom-sur-le-tube-mime-tchatcha---maxfire-allie-ambiance-et-sensibilisation-25-356-8925 Consulté le 24/03/2020.

INFO OU INTOX. Emission de *France 24* :

https://www.france24.com/fr/emissions/info-intox; De même le site des Observateur de France 24 : https://observers.france24.com Consulté le 25/03/2020

JERBIA Slim (2017) : « Whatsapp, la nouvelle addiction des Togolais. » https://www.aa.com.tr/fr/afrique/whatsapp-la-nouvelle-addiction-des-togolais/840612#! Consulté le 11/01/2020

KODOLAKINA Motchosso (2016): « Applications « made in Togo ». Innovantes mais peu connues ». - *TOGOMATIN* – N° 0084 du 28 avril 2016, p. 5.

LES DESSOUS DE L'INFOX, LA CHRONIQUE. Emission radiodiffusée. Podcast à télécharger sur : https://podtail.com/fr/podcast/les-dessous-de-l-infox-la-chronique/

MAXFIRE & JULIANO (2018): « *Mimè Tcha Tcha* ». Le Clip de la chanson consultable sur: https://www.youtube.com/watch?v=5e6gJvkU6nA

OLIVIER Mathieu (2016): « Technologie : comment WhatsApp a conquis l'Afrique » https://www.jeuneafrique.com/dossiers/phenomene-whatsapp-afrique/ Consulté le 11/01/2020

PANA, Hervé Awïdê (2019) : « Le Togo se dote d'un arsenal juridique et institutionnel pour sécuriser son environnement cybernétique »

https://smartafrica.org/2019/spip.php?page=article&id_article=241. Consulté le 31/03/2020

RAYMONDO Youdi, 2018 : « Mimé tcha tcha tcha : Du concept à l'application.» Consulté sur http://cafe.tg/mime-tcha-tcha-tcha-a-application/ Consulté le 11/01/2020

SCHNABEL Ulrich (2017): „Falsche Informationen: Wie stoppt man Fake-News? Wer über Lügen aufklärt und sie widerlegt, gibt ihnen oft noch Auftrieb. Es gibt bessere Strategien." *DIE ZEIT Nr. 40/2017*, 28. September 2017

TOGOTRIBUNE (2018): « Togo : Une baleine morte échouée sur la plage d'Aného finit dans les assiettes ? » https://togotribune.com/news/togo-une-baleine-morte-echouee-sur-la-plage-daneho-finit-dans-les-assiettes/ Consulté le 20/03/2020

TVT (Télévision Togolaise) : « Formation des journalistes sur les fake news » à consulter sur le site : http://tvt.tg/formation-des-journalistes-sur-les-fake-news/. Consulté le 31/03/2020.

CHAPITRE 3

Civilisation numérique : innovation dé-socialisante ou espace des oxymores ?

Roland-Rodrigue MOUTOUMBOU NDJOUNGUI
Université Omar Bongo

Résumé : Notre temporalité et notre sociabilité sont investies par Internet et les nouvelles technologies de la communication. Le numérique devient l'espace où se joue, au-delà des usages ludiques qu'en font les jeunes, une nouvelle civilisation et se construisent des innovations identitaires, des affiliations culturelles nouvelles et même les sentiments d'être et d'appartenance. Les nouveaux médias constituent des modalités techniques innovantes pour entretenir les liens en prolongeant la sociabilité dans une sorte d'existentialité platonicienne dé-substantialisant la vie elle-même. Ainsi, s'opère non seulement un vidage du réel et du lien social au profit du relationnel virtuel, des nouvelles codifications linguistiques mais aussi une transgression des valeurs, une perte des identités filiales et nationales, etc. Seulement, face à ce dualisme du réel et du virtuel, la civilisation numérique, prise au sens de ce qui améliore une situation ou résout un problème social, peut produire « une réalité augmentée » (Antonio Casilli). Car, si notre vie quotidienne se donne à lire comme l'espace même où l'informatique a lieu, alors le dualisme de la rupture entre espace physique et espace numérique devient impensable. C'est pourquoi, la cyberculture, pour être une civilisation numérique, doit être accompagnée par une éducation et une codification axiologique humaniste basée sur un « monisme numérique » (Stéphane Vial) pouvant consolider une communauté et une citoyenneté numériques augmentées.

Mots clés : Désocialisation, réalité augmentée, citoyenneté numérique, humanité augmentée, monisme numérique.

Abstract: Our temporality and sociability are invested by the Internet and new communication technologies. Digital becomes the space where, beyond the playful uses of it by young people, a new civilization is built and identity innovations, new cultural affiliations and even feelings of being and belonging are built. New media are innovative technical ways to maintain the links by extending sociability in a kind of Platonic existentiality de-substantializing life itself. Thus, there is a shift from reality and social connection to the virtual relational, new linguistic codifications, a transgression of values, a loss of subsidiary and national identities, etc. Only, in the face of this dualism of the real and the virtual, digital civilization, taken in the sense of what improves a situation or solves a social problem, can produce "an augmented reality" (Antonio Casilli). For if our daily life is given to read as the very space where computing takes place, then the dualism of the rupture between physical and digital space becomes unthinkable. Therefore, cyberculture, in order to be a digital civilization, must be accompanied by a humanistic axiological education and codification based on a "digital monism" (Stephane Vial) that can consolidate a community and a citizenship increased digital networks.

Key words : desociization, augmented reality, digital citizenship, enhanced citizenship, augmented humanity, digital monism

Introduction

> « Je crains le jour où la technologie dépassera les interactions humaines. Le monde risque alors de voir une génération de parfaits idiots. » Albert Einstein.

C'est un truisme de rappeler que notre quotidien est devenu de plus en plus informatique au sens où il est connecté aux dispositifs technologiques d'électronique produisant des données numériques (entendu comme une série de caractères et de nombres constituant une représentation discrète de quelque chose ou d'un fait) et susceptibles de construire une réalité dite « virtuelle ». Au – delà de l'outil informatique, le numérique élargit pour intégrer et recouvrir dans son champ de priorité les télécommunications (radio, télévision, ordinateur, téléphone, smartphone, tablettes digitales) et

Internet avec son lot des réseaux sociaux. L'intégration de ces nouveaux outils dans notre vie a conduit à la numérisation des divers éléments physiques constitutifs de nos différentes cultures (textes, imageries, arts, langage, habitudes, mythes, etc.) au point de néantiser les frontières entre des domaines culturels autrefois séparés. Cette transversalité généralisée, née de la création et de l'émergence accélérée des nouvelles formes de culture, nous autorise à parler d'une « civilisation numérique ».

Dans les faits, la civilisation numérique se traduit et s'interprète diversement. Entre espoirs et craintes, le numérique, dans l'inconscient collectif, par l'effet médiatique, est synonyme de virtualité et d'immatérialité fictive, ce qui lui confère finalement un caractère illusoire et imaginaire. Car, ce qu'on peut qualifier de "réalité virtuelle" se construit par les progrès technologiques à l'aide d'une simulation informatique interactive. Se présente donc le premier risque de vidage de la réalité. Selon Philippe Rigaut, cité à ce propos par Maria Maïlat (2008, pp. 90 à 91) : « la médiation numérique organise tout une dématérialisation de l'action dont l'individu peut à présent faire l'expérience dans la quasi-totalité des contextes cognitifs auxquels il peut être contraint de s'adapter, tant dans sa vie professionnelle qu'au travers de ses tâches domestiques ou de ses activités de divertissement ». Comme conséquence, inconsciemment : « peu à peu nous nous familiarisons avec l'idée d'une continuité entre le réel, tel que nous l'éprouvons physiquement et sensoriellement, et sa reproduction numérique. Au robot et au cyborg succède aujourd'hui la figure fantasmatique de la vie virtuelle. (Ibid)

À travers le déploiement de cette civilisation numérique, se joue une crise plus profonde, celle de notre présence au monde réel et du rapport de notre conscience aux différentes formes de réalité et de la réalité. Dans son ouvrage intitulé *Promesses et mirages de la civilisation numérique* (2018) Jean-Paul Lafrance soulève des interrogations majeures concernant notre rapport aux technologies et à la civilisation numérique. Sans pour autant développer un sentiment technophobe, sa réflexion relève quelques faiblesses et dangers liés à la trop-présence de l'informatique dans nos faits et gestes aussi bien individuels que collectifs. Entre autres aspects ignorés ou minorés par les technophiles, il pose l' « uberisation[28] » des métiers qui provoquent la précarité et l'assujettissement des employés, la déshumanisation du rapport aux autres, les techniques d'évasion fiscale effrontées des GAFAM (Google, Apple, Facebook, Amazon, Microsoft), la déresponsabilisation des services publics au bénéfice de « l'usager actif-passif », etc. À cette liste, on peut ajouter les nouvelles codifications linguistiques brouillant la manière classique de communiquer, la transgression des valeurs sociales et sociétales, la perte des identités filiales et nationales, les carences citoyennes liées à l'incivisme d'une société virtuelle sans foi ni loi. En effet, l'univers symbolique, sémiotique et sémantique d'Internet ne tarit pas de métaphores invitant à penser ce dualisme informatique comme, à la fois, un nouvel océan de déterminités sur lequel « surfer », une superficie vide à explorer et exploiter, mais aussi comme un habiter autre dans lequel pratiquer l'« accueil » est synonyme de trouver un « hébergement » et un « hébergeur ». Le tout, dans une relation réelle – virtuelle. Cette dernière rend concret un Paradis utopique dans lequel régnerait l'harmonie sociale d'une socialité représentativement désincarnée ; faisant fi des conflits et contradictions existentiels pour mobiliser virtuellement des métaphores d'amour et d'amitié comme les « amis » et les « j'aime », les « Likes » et les « supprimer » ou « confirmer » auxquels sont habitués les membres de Facebook. L'inventeur du concept de cyberespace, William Gibson (1988, p. 64), parlait d'une visualisation hypnotisante perçue comme « hallucination consensuelle » que vivent « quotidiennement » des centaines de « millions d'opérateurs en toute légalité ». Cette hallucination se manifeste par ce qu'il qualifie de « traits de lumière disposés dans le non-espace de l'esprit », constitués « des amas et des constellations de données ». Mais cette perception - interprétation, bien que remarquable, sera dépassée, vingt-trois ans après, dans son roman *Spook Country* (2008). Ici, il comprend que l'espace numérique cesse d'être associé exclusivement à des ordinateurs de

[28] Selon le *Petit Robert* définit le verbe ubériser par « déstabiliser et transformer avec un modèle économique innovant tirant parti des nouvelles technologies. » Le mot vient du nom de l'entreprise américaine *Uber*, qui développe et exploite des plateformes mettant en connexion des usagers via leurs téléphones portables avec des chauffeurs pour des services de transport.

bureau. De nos jours, les connexions sans fil et les terminaux mobiles de dernière génération ont rendu possible l'avènement d'une électronique ambiante et ubiquitaire. Ces nouvelles technologies *« encerclent le monde »* et ancrent l'information et l'agir numérique de notre monde. Désormais, elles aménagent dans nos vies un espace double d'immanence – transcendance qui cumule expériences physiques et cognitives, réelles et virtuelles. C'est suivant le même constat que la réflexion d'Antonio Casilli dédramatise la « crise du numérique » en parlant d'idées reçues sur Internet. Pour lui, le monde du numérique est victime de trois grandes idées reçues et partagées sans discernement : 1/ Les internautes forcenés n'ont pas de relations sociales 2/ Internet, territoire de la jeunesse3/ Internet est un monde à part, déconnecté du réel.

Si on peut s'accorder avec ces deux penseurs sur la caducité de la rupture entre espace physique et espace virtuel, entre civilisation humaine et civilisation virtuelle, on soutiendra la formule de Bernard Stiegler (1998, pp. 241-256) qui décrit ce phénomène par la formule « milieu humain techno-géographique » où l'informatique peut numériser la réalité sans la vider de sa substance matérielle, « virtualiser » les hommes sans les déshumaniser. C'est pourquoi, la nécessité d'harmoniser les milieux techniques et matériels, de créer de nouveaux couplages d'imaginaires et de pratiques sociales pourrait laisser entrevoir un espace civilisationnel des oxymores. Cette hypothèse oblige une reconstruction de l'homme et de la société qui nécessite une réinvention ou une définition de l'humanisme. S'impose, finalement, une remise en cause critique des formes traditionnelles de culture, de socialisation et de sociabilité, de ce qui peut faire loi dans ces nouvelles socialités et de son inscription symbolique et éthique dans les lois psychiques.

Notre analyse montrera, dans un premier temps, les conséquences du schisme désocialisant et déshumanisant né du dualisme Réel/Virtuel pour le dépasser, dans une seconde séquence, à travers la « Réalité augmentée » du monisme numérique qui interpelle, *in fine*, la perspective d'une réflexion sur des nouveaux codes d'humanisation et de « citoyennisation » elles - mêmes aussi en augmentation en Afrique notamment.

1. Dualisme Réel et Virtuel : Rupture, collision, conversation ou conversion ?

Selon le *Petit Robert*, l'étymologie du mot virtuel remonte à la scholastique au Moyen Âge. Mais l'usage de ce mot est surtout repéré au XVIIe siècle et dérive du latin *virtus* qui signifie vertu, force, puissance. Mais bien avant, on retrouve déjà le même sens chez Aristote dans sa dialectique de l'acte et de la puissance ; c'est-à-dire *ce qui n'est tel qu'en puissance ou qui est à l'état de simple possibilité donc potentiel. A priori, le virtuel n'a de réalité qu'en tant que possible et par conséquent comme réalité métaphysique. Vu au sens platonicien, ce dualisme oppose t-il le réel et le virtuel dans un face à face de rupture ou de collision excluant toute convergence sinon conversion possible ?*

1.1. Hypothèse d'une métaphysique numérique

Parlant du dualisme numérique, Stéphane Vial (2016) voyait une « métaphysique profane du réel et du virtuel ». C'est fort de cette conception que nous entendons qualifier de « métaphysique numérique » la mise en vie de cette existentialité virtuelle, à la manière platonicienne, qui dé-substantialise cette vie - ci. On retrouve dans cette dialectique du réel et du virtuel une norme commune ou un point de convergence entre le dualisme platonicien et le dualisme numérique. C'est aux États-Unis, à partir de la sociologie, que Nathan Jurgenson (2012, p. 84) a forgé le concept de « dualisme numérique » *(Digital Dualism)* basé sur la croyance selon laquelle « le numérique et le physique constituent des sphères séparées » Et dans les faits, la primauté donnée au monde des Idées semble agir par réfraction dans le monde virtuel. Comme pour Stéphane Vial (2016, pp. 135 – 146) :

> Par « métaphysique », il faut entendre ici une théorie de l'être qui propose un grand partage du monde. Se fondant sur une bipartition ontologique, cette métaphysique ordinaire postule que le monde contemporain est coupé en deux par une frontière invisible. De part et d'autre de cette frontière, s'organisent deux substances ou sphères : la première est la sphère numérique / en ligne / sur écran ; la seconde est la sphère dite physique / déconnectée / hors écran. Dans cette approche, *Virtuel* est le

terme utilisé pour désigner la première sphère, tandis que *Réel* est employé pour qualifier la seconde.

Cette bipartition conduit à justifier le vidage du réel au profit de ce qui apparaît comme une expérimentation du réalisme des idées de Platon. Le tout sous forme d'un « réalisme du virtuel ».

En se référant aux travaux de Sigmund Freud, Stéphane Vial montre que le numérique joue dans notre société le même rôle que la « pensée magique » dans la « psychologie des peuples » primitifs manifestant le besoin et la volonté de captation et de soumission du monde et sa complexité à son pouvoir. Or ce monde-ci rebondit toujours contre cette volonté. Le monde réel est indomptable au sens où on ne peut le mettre en épochè durablement ou définitivement. Par conséquent, la reproduction du monde par division en deux sphères devient un idéal allégorique par la puissance des pensées et de l'image. Dans *Totem et tabou*, S. Freud (1993, p. 201) soutenait que « le principe qui gouverne la magie [...] est celui de la toute-puissance des pensées. » Il assimilait cette puissance à la pulsion des désirs et la force de la volonté qui trouve leur pleine réalité dans la magie pour les hommes primitifs et pour les contemporains du numérique dans le réel-virtuel qui est aussi une forme de magie moderne. Ainsi, S. Vial (*op., cit.*) déduit que, « de même, pour le métaphysicien, tout ce qu'il conçoit en recourant à la métaphysique doit être réel uniquement parce qu'il le veut. La métaphysique est aux peuples occidentaux ce que la magie est aux peuples premiers. » (*Idem*) Le monde du numérique reproduit la logique des arrière-mondes de Friedrich Nietzsche comme fantasme métaphysique et refuge pour les esclaves (les faibles) ne pouvant exercer l'*amor fati* et accepter la dangerosité de l'existence par l'exercice de la volonté de puissance. C'est pourquoi le virtuel devient l'hypostase actuelle et l'objet d'un désir inconscient ontologiquement séparé de la réalité. C'est aussi ce dualisme de la séparation qui est traduit par Wikipédia qui définit le virtuel comme : « ce qui se passe dans un ordinateur ou sur Internet, c'est-à-dire dans un monde numérique par opposition au monde physique ». (http://fr.wikipedia.org/wiki/Virtuel). Seulement, ce qui nous intéresse dans la démarche de S. Vial, c'est le dépassement du caractère populiste et non heuristique du dualisme numérique tendant à accroître l'ignorance et constituer un obstacle épistémologique au point de devenir une innovation dé-socialisante. C'est pourquoi une analyse d'archéologie philosophique permettrait de cerner les mécanismes cognitifs de sa pertinence intellectuelle. En quoi le dualisme numérique peut-il être considéré comme un platonisme désocialisant, déconnecté du réel et, en définitive, dangereux ?

1.2. Civilisation numérique ou métaphysique de la dé-connexion : des stéréotypes aux pathologies invisibles

L'actualité de notre imaginaire moderne se lit en termes de numérisation ou d'informatisation. Seulement, notre rapport à ces nouveaux outils-chimères et à sa population d'étranges créatures immatérielles mais vivantes n'est pas des moins complexes. Au-delà de l'accoutumance, s'opère, sans cesse, une déterritorialisation de nos habitudes, amours, mœurs, langages et de nos normes constitutives du vivre-ensemble social : c'est un néo-environnement ou un méta-environnement transfrontalier qui impose une nouvelle subjectivation et une resocialisation. Comme toute vie possible, encore incertaine, celle de la civilisation numérique présente aussi des craintes, des espoirs et des risques possibles. De façon générale, se dessine le spectre de la dépendance ou d'assuétude (transformant les outils informatiques en drogue), l'enfermement dans un univers parallèle déconnecté (supposé vrai monde) ou encore la confusion de prendre le réel pour virtuel et réciproquement. Dans ce dernier cas, le sens même de la Réalité devient équivoque. Au niveau socio-anthropologique, on constate une déchirure du lien social par une mise à l'écart, inconsciemment, des internautes vis-à-vis de leurs proches au profit du relationnel fictif qui conduit, dans la plupart des cas, à une désocialisation non voulue mais assumée. De cette constatation découlent plusieurs conséquences : nouvelles codifications linguistiques tendant au verbiage et à la mort des langues et de la linguistique classique, transgression des valeurs notamment avec le phénomène de la cybercriminalité et la vulgarisation de l'économie du sexe et de l'impudeur, perte des identités filiales et nationales, non-respect des règles, droits et devoirs régissant le vivre-ensemble, etc. A. Casilli (2019) résume ces risques (qui, pensons – nous, concourent à la désocialisation et même à la déshumanisation) en trois catégories de ce qu'il qualifie, pour sa part, d'idées reçues ou stéréotypes : 1/ Les internautes forcenés n'ont pas de relations sociales 2/ Internet, territoire de la jeunesse 3/ Internet est un monde à part, déconnecté du réel.

Sur la première idée, partant des témoignages de certains jeunes internautes, le constat montre que le portrait de l'internaute compulsif qui n'a de vie que dans et pour son ordinateur s'adapte à un nombre croissant de jeunes. Et avec les connexions domestiques et les téléphones Androïds le phénomène tend à se généraliser sur toutes les couches sociales. C'est la « figure du geek solitaire » et socialement devenu paria qui imprègne notre imaginaire. Mais A. Casilli rappelle que « ce stéréotype a été introduit il y a plus de trente ans, soit bien avant l'arrivée du Web, et renvoyait alors simplement à la « figure de l'informaticien. » Il précise que c'est en 1976 dans *Computer Power and Human Reason*, que Joseph Weizenbaum avait dessiné le portrait de celui qu'il qualifia de « *forcené de l'ordinateur* », à « la mise *négligée* » et à « l'hygiène *approximative.* » L'informaticien est donc le prototype du solitaire solidarisé à l'invisible multipliant les solidarités en ligne : le « *no life* ».

Mais cette image reste, selon A. Casilli, un simple cliché, une idée reçue. Car, de son point de vue, le numérique devient une culture et une civilisation traversant toutes les générations et transcendant la caricature « d'être l'apanage d'adolescents boutonneux ou d'introvertis névrosés. » Mais pour notre part, c'est bien plus qu'un bouleversement. Ce que A. Casilli semble dédramatiser sur fond d'optimisme aigu est pourtant une révolution qui « ressemble à un glissement progressif des pratiques et des rythmes de vie. » S'impose alors la question de notre adaptation à ce glissement par des lois et des comportements positifs qui passent par une remise en cause spéculative des formes traditionnelles de notre exister. En effet : «[...]les interactions informatiques se concentrent dans les moments de plus intense socialisation des usagers. » (*Idem*)

La seconde idée reçue est celle qu'on qualifie de « *Digital natives* » ou « Natifs du numérique » qu'on appelle encore « génération Androïde. » Les faits montrent qu'il est rare et même risible de voir un adulte de plus de 60 ans passer plus d'une heure de connexion Internet. Le stéréotype de *Digital natives* a été rendu célèbre par Marc Prensky (2001) depuis l'essor de la microinformatique de masse. Dans le magazine *Time* de 2006, la formule « *digital natives* » avait déjà « annoncé la genèse de la « génération de l'ordinateur » (*computer generation*) en 1982 et, en 1999, un numéro était consacré aux « enfants en ligne » (*kids online*). » Dans ces publications, l'accent était mis sur une représentation fantasmatique des déclassés des classes moyennes mettant en avant-plan des jeunes victimes des publicités commerciales sous le prétexte d'une initiation à l'éducation aux N.T.I (Nouvelles Technologies de l'Information.) Ici, les parents restent presque insensibles parce que préoccupés par des sollicitudes domestiques du quotidien. Les travaux de Pierre Bourdieu, prolongés par Laura Robinson (2009, vol. XII) dans le concept d' « habitus informationnel », confirment et confortent un certain « Jeunisme » de la civilisation numérique. Mais, selon Laura Robinson, l'attrait informatique dépend aussi de la situation sociale des parents. En effet, les enfants de classes moyennes seraient plus attirés par les échanges en ligne alors que ceux issus des familles pauvres, condamnés par la nécessité, cherchent d'abord à satisfaire les besoins primaires. Ces derniers sont plus proches des adultes qui, au-delà du ludisme des jeux et autres sites de rencontre et de socialisation recherchent plutôt l'information et la messagerie pouvant soulager de « la tyrannie de la nécessité » dont parle Kathryn Zickuhr (2010). Cette division justifie, à la fois, la différence entre les « Natifs » et les « Immigrants » d'Internet mais aussi et surtout « des scènes de l'exclusion sociale » qui font des jeunes de la génération Androïde des désocialisés. Car, dans les faits, c'est la conscience des besoins juvéniles qui tire la plus grande satisfaction dans la « réalité virtuelle. En reprenant la thèse de Claire Lobet – Maris (2011, p. 9), A. Casilli montre que ce n'est pas par un manque de prédisposition naturelle que les personnes âgées ne sont pas connectées au monde virtuel, mais plutôt parce que « les avantages culturels et sociaux de ce moyen de communication semblent plutôt réservés aux plus jeunes qui s'en servent pour renforcer leur capital culturel et ainsi améliorer leur image auprès de leurs égaux, de leurs enseignants, d'employeurs potentiels. »

Le troisième stéréotype est traduit dans cette phrase pamphlétaire distribuée en supplément au magazine altermondialiste canadien *Adbusters* de mars/avril 2001 : « Branchez-vous dans l'Internet et votre corps s'évanouit de l'espace de la matière charnelle de votre bureau pour surgir dans un monde plus vaste. » Et ce monde plus vaste est un monde métaphysique ou les virtualités sont plus vivaces que les vitalités mondaines. Ce platonisme des temps postmodernes dématérialiserait l'usager numérique pour se réincarner sous la forme d'un être dont l'intelligibilité se mesurerait en Méga octets et s'exercerait dans *« un monde plus vaste »*, c'est-à-dire dans l'étendue du cyberespace et les principes, non encore déterminés, de la civilisation numérique. Nous citons W. Gibson, dans son texte de 1984, *Neuromancien* (Ace Books, 1995), qui traitait la civilisation numérique comme une « hallucination consensuelle ». Mais, plus tard, il finit par comprendre que le numérique devient plus qu'une simple réalité en puissance mais un vécu et une culture rendant « possible l'avènement d'une électronique ambiante, ubiquitaire », selon les termes de Antonio Casilli (*op.*, *cit.*) qui, sur un ton conditionnel, dit : « Internet serait une sorte de sphère céleste dématérialisée, un espace d'information pure. Nous vivrions, autrement dit, dans un dualisme numérique. Séparé de la matérialité de la vie « réelle », cet espace transcendant serait un endroit ouvert à tous les possibles, à la fois immense et familier. » Les mots « surfer, naviguer, explorer, tchater, etc., traduisent bien l'étendue quasi infinie de cet espace qui analogiquement préfigure un « Paradis utopique » et un « accueil » dans un « hébergement » où s'harmonisent tous les contraires (Oxymorôn) et se réalisent toutes les rêveries de l'ordre du sublime. Cette représentation désincarnée du Net transcende les conflits et incompréhensions des humains dans l'osmose de l'action et du non-agir ou du non-là. Mais, si on peut dédramatiser les risques que fait courir la civilisation numérique à l'homme aujourd'hui, en considérant ces quelques méfaits comme des simples stéréotypes, la réalité et l'observation des dérives de cette métaphysique numérique sur la sante, l'éducation, la socialité, la socialisation et l'humanité à venir suscitent des inquiétudes et des questionnements épistémologiques, éthiques, sociopolitiques voir juridiques.

Dans certaines sociétés, notamment en Afrique, l'usage du numérique garde encore cette fascination magique (au sens de S. Freud) qui transpose la vie dans le rêve et la fantasmagorie dans l'existence réelle. Si, comme on peut le noter, ces nouvelles « réalités » peuvent parfois détenir des vertus de médiation créative, thérapeutique ou préventive défiant la temporalité, il faut souligner que la sémiotique des mots composés comme « réalité-virtuelle », « civilisation numérique », « image-objet » ou « objet-image »,

« cyberespace » montre que la puissance de l'image n'a pas encore réussi la transition de la représentation vers la présentation. Ce qui dénote encore notre dépendance au monde de la représentation et de la métaphysique bipolaire de l'Un/l'autre, l'avant/l'après, le vrai/le faux, le visible/l'invisible. Si le monde virtuel devient l'un, l'avant et le vrai, le monde réel serait l'autre, l'après et donc le faux. Au-delà de ce constat purement théorique, la civilisation numérique a aussi ses pathologies et ses conséquences aussi bien positives que négatives.

Au-delà du projet ou de la perspective d'une possible «Humanité augmentée » ou en augmentation (nous reviendrons sur cette expression), l'usage incontournable et non-maîtrisé des outils informatiques et la trop-présence active de l'homme actuel sur les réseaux sociaux est à l'origine de ce qu'on peut qualifier de « pathologies invisibles » ou « handicaps invisibles » au sens où l'invisibilité est relative à ce qui est perceptible par soi-même et par son entourage : c'est une forme d'anosognosie. Les symptômes vont des douleurs des doigts liées aux *textos*, les lordoses, cyphoses et autres problèmes de dos, au syndrome de la vision artificielle ou fatigue oculaire causée par l'usage des appareils à écrans pendant les heures de sommeil. Les troubles du sommeil empêchent le cerveau de se mettre en mode repos sans oublier que le reflet de la lumière des écrans bloque la production de la mélatonine (hormone qui déclenche le sommeil). Conséquence, dépravation et dysfonctionnement de l'horloge biologique qui entraîne une déstabilisation du rythme de vie et des maux de tête.

Au plan cognitif, une étude de l'université de Columbia montre que le fait de savoir que toutes les informations sont accessibles en ligne est aujourd'hui la cause de la perte du système de mémorisation et de mentalisation. À l'école, le calcul mental, la rédaction et la dictée démontrent le lien incestueux entre les adolescents et la mathématique, l'orthographe et la linguistique au sens large. Socialement, on note une « cyberdépendance » ou « nomophobie » ; C'est-à-dire une addiction au téléphone dont les symptômes se manifestent par l'anxiété et la dépression lorsque vous avez oublié votre téléphone à la maison ou au bureau. Cette forme de psychotropie est proche du phénomène de la toxicomanie et surtout d'une volonté de marginalisation produisant un sentiment de solitude et une baisse d'estime de soi. Dans cette situation, le *surfer* vit dans un mal être existentiel qui conduit à la « cybercondrie » produisant une anxiété extrême. En s'abandonnant aux mondes technologiques, la conscience de l'internaute perd la frontière et la différence entre la sphère existentielle privée et la sphère publique : Facebook est l'illustration la plus éloquente. Au lieu de produire un « homme augmenté », le dualisme numérique devient un piège domestique et la manufacture d'un homme plutôt diminué. Cette diminution à pour conséquence l'introversion et la phobie ou la négation de la présence des autres ou une virtualisation de l'autre. Par exemple, dans la relation amoureuse et dans la vie sexuelle, on note une forme de castration psychologique conduisant à l'abandon dans la pornographie numérique ou la sexualité virtuelle. Les réseaux sont devenus des marchés du sexe facile et chaque téléphone portable constitue une cinémathèque pornographique ou érotique. Cette passion peut entrainer des troubles de la sexualité, de la sentimentalité et de la sociabilité.

C'est pourquoi, l'humanisation de la civilisation numérique, pour éviter ces pathologies invisibles du virtuel, doit dépasser ce dualisme, non pas simplement en proclamant un monisme numérique conceptuel mais en intégrant les codifications régulatrices de la socialité dans le cyberespace et dans la conscience des générations numériques. Bien évidemment, il s'agit d'abord d'un travail heuristique qui permettra de comprendre que la réalité sociétale dans laquelle nous vivons a de tout temps été arrosée et nourrie d'une sève de virtualité, avant de trouver les moyens d'une conscientisation et socialisation pratiques de la civilisation numérique au service d'une humanité positivement et axiologiquement augmentée.

2. Monisme numérique comme Réalisme des oxymores : de la « Réalité augmentée » à l'« Humain augmenté »

Les mythes fondateurs des cultures, les contes de fées, la littérature, les films et la science-fiction, le cinéma et même le travail onirique qui réalise un désir dans une virtualité construite dans nos pulsions et expériences inconscientes (Freud) et toute l'activité psychique en tant que substitut d'un réel infini sont autant des univers virtuels constitutifs de notre socialité et de notre subjectivité. L'hypothèse d'un monisme numérique s'ouvre au problème de la façon dont les déférentes réalités sont composées entre elles et comment elles peuvent communiquer, faire monde commun pour construire un ailleurs de l'ici-bas habitable.

2.1. Permanence et rémanence du virtuel dans les différentes socialisations

Dans un article sur « Réel et virtuel », faisant un rapprochement entre les concepts réel et virtuel, Jean Louis Weissberg (1991) fait une présentation historiquement éloquente du rapport entre réel et virtuel. Il démontre que la simulation, c'est-à-dire « Faire apparaître pour réel ce qui ne l'est pas » a été de toutes les générations. Il prend l'exemple de la sculpture grecque comme de la perspective (la fameuse illusion de la profondeur) ou encore de la peinture dite en « trompe-l'œil » à l'apogée du mouvement baroque. Chaque époque a inventé ses simulacres. Seulement, la particularité de la nôtre réside en ceci qu'elle a créé des oxymores à travers des entités hybrides situées entre ce qui est réel (selon le mode de l'objet) et ce qui ne l'est pas (selon le mode de la représentation). Pour lui, la simulation informatique prolonge cette logique de la non-séparation entre image et objet, dans un mouvement circulaire qui mobilise un énorme appareillage technique, symbolique et conceptuel. C'est à partir de l'avènement de la photographie que va s'effectuer la première transposition vraisemblablement automatique de l'apparence ou de l'immatériel sur un support disponible. Ce fut, selon J. L. Weissberg (*Ibid.*) le déclic d'un

> [...] mouvement de naturalisation technologique de l'image visant à obtenir un double de plus en plus conforme à son référent, doté des mêmes caractéristiques et rendu ainsi déplaçable et expérimentable. Obtenir des représentations plus que ce qu'on y a déposé, creuser l'image pour briser son statut de dépendance ontologique avec l'objet est devenu progressivement un objectif poursuivi aussi bien par l'art moderne que par de multiples démarches scientifiques.

Le texte de Pierre Lévy (2007, Avant-propos), « Sur Les chemins du virtuel », montre qu' « un mouvement général de virtualisation affecte aujourd'hui non seulement l'information et la communication mais aussi bien les corps, le fonctionnement économique, les cadres collectifs de la sensibilité ou l'exercice de l'intelligence. » Revenant sur les travaux de Gilles Deleuze et Michel Serres, il montre que pour Deleuze, le virtuel est lié à l'actuel en ceci que « *Le virtuel possède une pleine réalité, en tant que virtuel* ». Le virtuel est relié au réel dans le processus de réalisation d'un acte, d'une fonction ou d'un rôle. Ce qui fonde l'essence et la puissance d'une réalité virtuelle, c'est le fait qu'elle transcende la structure physique et rationnelle dont use l'homme pour agir. Comme un corps réel, le virtuel a les potentialités de produire des effets concrets et engendrer des relations. Des individus, partageant des intérêts communs, peuvent se créer une communauté sociopolitique ou sentimentale, grâce aux réseaux technologiques, sans être contraints ni géographiquement ni par des rencontres physiques. C'est pourquoi Pierre Lévy, soutient que l'« *interaction entre humains et systèmes informatiques relève de la dialectique du virtuel et de l'actuel* ». Prolongeant la théorie aristotélicienne de la puissance et de l'acte, il définit le virtuel comme un être ou une chose qui n'a pas d'existence actuelle, c'est-à-dire tangible et concrète. L'actuel et le virtuel sont comme la graine et l'arbre : si on prend l'image d'un arbre, l'arbre est présent dans la graine et il constitue son actualisation. Mais la forme de l'arbre n'est pas complètement déterminée par la graine. Pour que la graine devienne arbre, il faut qu'elle soit dans son milieu naturel intégrant la fertilité du terrain, le climat, etc. C'est dire que le virtuel est intrinsèquement lié à l'existence et à l'histoire des sociétés humaines et à leur imaginaire. Il est le signe d'une vie active et d'une présence de l'esprit de créativité : c'est l'expression de la liberté et du devenir. Le virtuel marque la volonté, toujours renouvelée, d'être dans le temps et l'espace tout en imprimant ses marques sur l'espace-temps en dépassant le rapport d'exclusion entre le réel et le possible, le lointain et l'ici-là. C'est dans la virtuose de la virtualité que l'homme se recrée et s'invente l'autre de lui-même. En projetant l'actuel dans le virtuel, l'homme devient sa propre volonté et son projet ; sans tenir compte des enjeux heuristiques et épistémologiques. C'est pour cela que le virtuel est appelé à se renouveler. Il ne se transmet pas, faute de fixité, mais chaque communauté et chaque génération doit inventer son virtuel et s'y accommoder. Le nôtre est numérique ou informatique et nécessite une codification numérique pour être une « réalité augmentée ».

Dans son article « Trois idées reçues sur Internet », A. Casilli (2011) déclare :

> La rupture entre espace physique et espace numérique devient caduque, impensable, tandis que notre quotidien s'affiche comme l'espace même où l'informatique a lieu. Les données qui circulent d'une borne wifi à l'autre pénètrent notre réalité en saturant l'espace concret des villes, des maisons, des corps mêmes des usagers. [...] L'informatique actuelle est capable de numériser la réalité non pas en la dématérialisant, mais au contraire en l'augmentant : les objets ne se dématérialisent pas, mais ils produisent et transmettent des fichiers, des textes, des sons et des images digitales.

Dans cette logique, nous pouvons déduire de cette augmentation une amélioration technologique de l'homme d'aujourd'hui. Puisque, pour lui, le numérique ne remplace ni la sociabilité « en face à face » ni la participation sociétale, mais s'y ajoute positivement sans fracturer l'humain. L'expression consacrée pour désigner cette amélioration technique des performances humaines, aussi bien physiques, intellectuelles, qu'émotionnelles est « Human Enhancement » (Humain augmenté). C'est pourquoi nous portons un regard sur la socialité et la citoyenneté de cet homme augmenté, au-delà de ce qu'on peut considérer comme innovation technique et intellectuelle ou mnésique.

2.2. De l'humanité et de la citoyenneté numériques du « Human Enhancement »

La première conférence sur *Augmented Human International Conferences* s'était tenue à Megève en France en 2010. Elle faisait le constat d'un marché à venir de près de 900 millions de dollars en dix ans. Elle se tenait parallèlement à une rencontre sur les produits *High tech* pour le bien-être dans le sport. Les travaux ont montré les interfaces homme-machine, la réalité augmentée, le *wearables*, les exosquelettes et autres inventions technologiques et numériques.

De façon classique, le concept d'« homme augmenté » est lié au phénomène du transhumanisme pour parler des modifications et réparations faites et réussies par la médecine réparatrice. Le concept s'applique aussi bien à la chirurgie esthétique, au dopage intellectuel, à l'ingénierie génétique qu'à la nano-médecine, etc. On parle aussi de *l'homo silicium* ou l'« homme prothèse » de Derrida ou homme hybridé possédant un corps qui n'est plus entièrement naturel parce que fait des parts mécaniques, des sens nouveaux et même des fonctionnalités nouvelles. Ainsi on peut produire un « homme fabriqué » vivant dans un corps artificiel ou partiellement "décorporéisé" et n'ayant de présence qu'uniquement résautée. Le but ultime étant de devenir meilleur. Comme le soutient Bernard Baertschi (2019, p.7) : « « Deviens meilleur ! » est un impératif pour l'être humain – certains aspirent même à devenir *le* meilleur. *De facto*, nous avons besoin de nous perfectionner sans cesse, de nous dépasser parfois, pour atteindre les buts que nous nous fixons ou que d'autres nous fixent, dans le monde du travail singulièrement. » Notons que ce projet devenu humaniste a pris dans l'histoire plusieurs sens. Pour Aristote, amélioration signifie *eudaimonia* ou recherche du bonheur par une vie vertueuse. Emmanuel Kant faisait de la perfection personnelle un « devoir moral » envers soi-même et envers les autres. Mais si s'améliorer est un impératif moral, on peut, de nos jours, s'interroger sur la moralité du *human enhancement* :

> Pourtant, ce projet d'amélioration, remis récemment au centre de notre attention sous le nom de *human enhancement* par des auteurs anglo-saxons, est actuellement reçu avec une certaine tiédeur, avec fraicheur même, voire parfois avec une franche hostilité. Dépasser ses limites serait-il devenu moralement discutable ? » (*Ibid*)

Dans, la présente réflexion, nous limitons l'amélioration à l'augmentation numérique pour parler de l'« Homme connecté » comme étant augmenté au sens d'améliorer. En effet, comme on peut le lire dans *Les cahiers de veille de la fondation Télécom* (2015, p.3) :

> L'Homme connecté est en permanence à deux doigts base de connaissances : il accède à des savoirs qu'il n'a plus besoin d'apprendre ou de mémoriser. Quand il se fait traduire un texte, quand il choisit la meilleure route pour éviter des ralentissements, quand il est guidé par le choix de ses amis, il augmente ses capacités intellectuelles et ses interactions sociales. Demain, en accédant aux capteurs de la *ville sensible,* il élargira encore plus son champ d'observation. Il aura externalisé à la fois sa mémoire et sa perception.

Le corps de l'homme est devenu un nouvel objet connecté. Et c'est là que se pose toute la problématique d'une nouvelle conception du vivre-ensemble, de l'humanisme et du sens à venir de la citoyenneté. Comment en tant qu'objet, l'homme virtuel peut-il être en augmentation ? Et, comment de cette augmentation rester humain et cerner son rang et son statut dans une société ou la réglementation reste encore primitive, c'est-à-dire collée à la réalité des faits et non à une existence connectée ? Puisque l'homme augmenté oscille dans un environnement mixant nature et technologie, comment, en tant qu'objet connecté, l'humain conserve – t-il la dimension sociale et politique de l'humain, trop humain ?

En tenant compte des risques et dérives signalées, non de façon exhaustive, dans les développements précédents, l'incorporation des nouvelles technologies de la communication et des réseaux sociaux dans la vie domestique des individus et dans le corps social soulève plusieurs problèmes. Ils sont éthiques, politiques, juridiques et épistémologiques nécessitant une régulation accommodative appropriée. Le bénéfice des accélérations et améliorations des performances humaines est conditionné par à un encadrement citoyen. Tout en respectant la Liberté et l'autonomie de chacun, celles-ci (accélérations) doivent être jugées au miroir de l'axiologie et des valeurs des autres navigateurs natifs ou immigrés occasionnels du net. Car, dans les faits, les technologies ne sont pas neutres. Elles naissent et s'installent toujours dans un contexte culturel et social en construisant une manière de « faire société qu'il importe d'interroger», comme le disent Nicolas Le Dévédec et Fany Guis (http://sociologies.revues.org/4409, 2013) pour éviter l'instrumentalisation et la « gadgétisation » de l'homme comme sujet et objet d'une civilisation donnée.

Tel que nous titrons cette sous-partie, le chantier est vaste et les horizons semblent toujours s'éloigner à mesure que croissent les analyses aussi bien sur l'humanisme numérique que sur la non moins complexe problématique de la citoyenneté numérique. Nous voulons modestement, reposer, après plusieurs autres réflexions, des interrogations sur le « comment vivre » une vie sociétale humainement équilibrée dans un environnement désormais augmenté ? Comment vivre sa propre connectibilité numérique et celle de ses voisins dans un écosystème non encore numérisé axiologiquement ?

Il s'agit, pour nous, de limiter cette analyse sommaire à une simple hypothèse de régulation et réglementation de la citoyenneté numérique permettant, non pas de se superposer aux principes de la citoyenneté classique mais de l'augmenter pour s'arrimer à la nouvelle humanité augmentée. La citoyenneté virtuelle doit pouvoir permettre de récupérer et conserver ce qui peut être conservé de l'humanisme classique au sens de Milad Doueihi (2011). Soulignons que, sur le plan politique, compte tenu de la polysémie des thématiques afférentes, notre point focal est la mise en concordance des droits et devoirs du citoyen avec les enjeux du nouveau monde virtuel en augmentation.

Au sujet d'un « humanisme numérique », en considérant le monisme numérique et la réalité de l'humain augmenté, « il faut investir le calcul numérique et non le déserter » (M. Doueihi (*Ibid.*). En faisant l'économie de la thèse de cet ouvrage lors d'un entretien réalisé par Laurent Etre, M. Doueihi montre que « Le numérique modifie en profondeur nos relations. À la fixité des supports de la culture de l'imprimé répond désormais une logique de convertibilité généralisée et de variation, qui affecte la personne et ses représentations, modifie notre rapport au temps et à l'espace. » Mais il prévient que ce point de vue n'est pas l'expression d'un romantisme nostalgique de « l'antique, d'une époque supposée plus stable, plus sereine et plus cohérente. » Pour lui, le numérique est la marque d'un « retour massif de la narration et du récit » qui offre des outils pour son appropriation comme culture totale, qui se donne au questionnement, à l'enrichissement et à l'évolution. C'est pourquoi, son impact civilisationnel doit obéir à une réglementation. Comment comprendre la notion de « citoyenneté numérique » et quelles limites entendons – nous lui donner dans cette approche ?

Avant d'être repris par les hommes de sciences et les politiques, les premières acceptions sur cette notion venaient des analyses des journalistes et essayistes qui travaillaient sur l'impact du Web dans le domaine politique et surtout au sujet des mouvements de revendication qui ont structuré le vocable de « cyberdémocratie » accompagné par le « *netizen* » ou « *cybercitoyen* ». Cette figure du citoyen idéal présente, à notre avis, un élément essentiel caractéristique du *netizen*, à savoir le rapport de l'individu à la communauté. C'est pourquoi, parmi les multiples interprétations et définitions, la citoyenneté numérique s'entendrait prioritairement d'abord dans la sphère sociale. Cette dernière soulève un ensemble de questions qui gravitent autour de la possibilité des « communautés virtuelles », d'une « intelligence virtuelle collective », du respect des institutions et des organisations politiques permanentes et structurées, etc. Mieux, il s'agit de s'interroger sur les modèles et l'efficience pratique des modes de collaboration, de coopération et sur la construction des collectifs plutôt que sur les rapports plus traditionnels à la politique instituée. Comme pour Fabienne Greffet et Stephanie Wojcik (2014, pp.125 à 159), le *netizen* « semble toujours renvoyer à la désinstitutionalisation des pratiques politiques ou, en tous les cas, à une réflexion sur la diversification et souvent l'individualisation des modes d'engagement qui peuvent transcender les frontières entre privé et public ». Donc la citoyenneté numérique est à considérer au sens le plus large du politique ; outrepassant

> La définition classique de la politique comme l'ensemble des normes, mécanismes et institutions attribuant l'autorité, désignant les leaders, réglant les conflits qui menacent la cohésion de l'ensemble intérieur et faisant la guerre à l'extérieur, ou encore l'instance où s'articulent depuis le début les rapports de commandement, d'obéissance (le droit) et de domination-soumission (la force). (*Ibid.*)

Il s'agit, plutôt, de faire coïncider les apports et supports juridiques et moraux de la citoyenneté politique institutionnelle avec l'exercice numérique de celle-ci. Mieux, penser la capacité d'Internet et des réseaux socio-numériques à revitaliser la citoyenneté – en associant les formes de la participation politique et la pratique de l'engagement civique. C'est pourquoi l'accès à la technologie apparaît aussi nécessaire pour la citoyenneté numérique comme la nationalité l'est pour la citoyenneté. Or, le cyberespace semble transcender les frontières territoriales des nations et des consciences nationales particulières dans l'objectif du village planétaire. Sur quoi et comment construire une citoyenneté virtuelle transnationale ?

Le texte de F. Greffet et S. Wojcik (*Ibid)* revient sur les différentes définitions de la figure du citoyen numérique et son lien à la démocratie, au libéralisme et à la gestion du numérique par le politique. Nous ferons l'économie de cette historicité pour insister sur le rapport d'une citoyenneté virtuel au Droit. En effet, comme ils le montrent, « est citoyen celui qui dispose du droit de participer à la vie de la collectivité […] ». La citoyenneté est régie par des droits et devoirs pouvant garantir, au-delà des appartenances filiales, familiales ou religieuses, une relation supérieure « d'allégeance au sein des État-nations. » Chronologiquement, le XVIIIe siècle a consacré l'affirmation des droits civils (respect des libertés individuelles), le XIXe siècle fait l'extension des droits politiques (le droit du suffrage et l'éligibilité, le XXe siècle le développement des droits sociaux et le XXIe siècle ajouta des nouveaux droits (droits environnementaux et culturels). C'est autour de ces codifications que se dessine et se détermine la figure du citoyen moderne. Or, au constat qui se dégage de la vie numérique, le cyberespace se donne à lire comme une zone privée-publique (réalité oxymore) de « non-droit » et le *netizen*, un « en-dehors-de-la-loi ». On peut donc s'interroger sur l'urgente opportunité de penser une législation augmentée qui rapprocherait, dialectiquement, la citoyenneté numérique et la citoyenneté classique. Mais un autre questionnement s'ouvre : comment et qui établirait les droits et devoirs civilement applicables pour un monde virtuel ? Quelle forme pourrait revêtir une civilité numérique universelle ? Comment penser juridiquement la citoyenneté numérique sans tenir compte de toutes les juridictions liées aux nations et républiques particulières et les arrimer aux questions de la propriété intellectuelle, de la protection des données à caractère personnel ou celle de l'invisibilité et de la "digitalité" des sujet-acteur-citoyen, etc. ?

Si, désormais, Internet nous impose une citoyenneté « au-delà de l'État » et hors des frontières territoriales, la citoyenneté numérique et ses principes-valeurs doivent être pensés dans la prise en compte d'un ordre juridico-politique transnational et s'appuyer sur des valeurs d'une universalité non contestable. En pratique, F. Greffet et S. Wojcik (*Ibid*) vont au-delà de l'hypothèse d'un gouvernement mondial et souligne l'hypothèse de Benkler qui, selon eux, semble « y inviter, les possibilités offertes par les technologies de maintenir une sphère publique en réseau, qui pourrait connecter une délibération civiquement inspirée et transglobale parmi une variété d'acteurs, de réseaux et de publics ». Dans cette perspective, les droits et devoir de chaque citoyen numérique peuvent être gérés et canalisés par un serveur facilitateur et censeur chargé de faire appliquer la délibération. Pour rendre effective l'augmentation de la citoyenneté, un code éthique aussi bien pratique que digital doit régenter les médiateurs chargés de veiller au sens de la vertu et du civisme des acteurs politiques connectés et définir les conditions de possibilité d'une collectivité politique réévaluée ou augmentée. Car, en pratique, on s'aperçoit qu'outre la fracture numérique qui marginalise une frange de la population de la citoyenneté numérique, l'engagement virtuel favorise et accentue une forme de démission politique ou de citoyenneté passive proche de l'apathie civique. Les forums des débats politiques virtuels conduisent à une forme de personnalisation de la sphère publique avec pour conséquence, le retrait de la scène politique réelle et de son actualité. L'espace numérique devient un lieu du retrait et du désengagement civique dans lequel chacun se sent investi d'une mission politique sans en avoir la légitimité et le niveau de connaissances politiques requis. Dans ce contexte, la citoyenneté numérique est non civique et contre-productive. C'est pourquoi, dans la logique des oxymores, nous parlons d'une citoyenneté augmentée ; celle qui tienne compte des droits et devoirs classiques pour s'améliorer par l'usage du numérique. Les potentialités du virtuel devraient élargir l'action et le potentiel des acteurs politiques au lieu de constituer un facteur de désintérêt au bénéfice des cadres de sociabilité virtuelle qui attirent toutes les couches sociales, souvent moins motivées par les appétits du pouvoir et les enjeux réels de la citoyenneté active. L'exercice d'une citoyenneté numérique déconnectée de la citoyenneté véritable peut favoriser le tout-politique (mélange d'incivisme, de ressentiment inavoués, de l'invective et même de la délation) et corrélativement une déconnexion du politiquement correct et de la *Real politic*. Pire, l'observation des messages Twitter et Facebook à l'endroit des hommes politiques montre, par exemple, que ces réseaux ont été transformés en « Théâtre » ou « carnaval politique » où la calomnie des hommes politiques, l'injure, la parodie ou le sarcasme humoristique remplacent la parole juste et le débat contradictoire fondateur de la démocratie.

Sur un plan purement moral et éthique, l'humanité augmentée soulève aussi des questions difficiles. Par exemple, sur le plan des valeurs, le *netizen* serait-il l'exemplaire de l'humain trop humain ou la réalisation d'une humanité par-delà bien et mal de Nietzsche ? L'homme augmenté serait-il l'incarnation *in vivo* du surhomme nietzschéen ou un posthumain (Homme transformé par la technologie) au sens où l'entendait Peter Sloterdijk qui, en 1999 lors d'un colloque consacré à *Heidegger et à la fin de l'humanisme*, postulait « que le développement des technosciences imposait d'envisager un nouveau système de valeurs accompagnant la production d'êtres nouveaux et légitimant le pouvoir de ceux qui bénéficieront des technologies d'augmentation de l'être humain. » Cette hypothèse était axée sur les débuts du transhumanisme qu'il considérait comme transition vers le posthumanisme. Bien évidemment, si l'augmentation numérique change la condition humaine, il nécessite conséquemment, une révision des comportements et surtout des conceptions idéologiques sociologiques, éthiques, politiques et culturelles. Mais l'ampleur et la polysémie de cette perspective ne saurait être analysée dans cette modeste réflexion. Celle-ci pourrait servir, par ailleurs, de propédeutique à un prochain article. C'est pourquoi la reconsidération de la place du droit, de l'éthique et de l'institution classiques dans la citoyenneté numérique, doit tenir compte de l'hybridité de notre réalité augmentée et des institutions dorénavant entre technologie et organisation classiques. Ce que nous qualifions de citoyenneté augmentée est une ouverture à une vision plus large des citoyens numériques comme des acteurs concrets opérant des choix et posant des actes individuels (bien que virtuels) pour la collectivité réelle ; mais aussi comme des sujets capables de créer des cadres d'organisation mettant en situation et alimentant les institutions républicaines existantes localement, d'une part, ou d'être éduqués à citoyenneté numérique par les contraintes à établir par un réseau régi par un ensemble de règles universelles et de cadres organisationnels dont la maîtrise échapperait à la volonté des *netizen* eux-mêmes, d'autre part.

Conclusion

À l'évidence, la vie connectée s'est inscrite, de nos jours, comme la continuité de la discontinuité de la vie elle-même. Les médias en réseaux constituent des nouveaux hébergements et localité nouvelles ou se déploient à la fois des relations nouvelles et des relations renouvelées. Au-delà du caractère relationnel, ce réseautage médiatique devient également l'un des outils les plus prisés pour l'éducation et la socialisation en général. Et comme toute société humaine responsable, le vivre-ensemble, nécessite une codification et une réglementation de l'agir communicationnel et des libertés individuelles. Or, les habitudes dévoilent que « le cyberespace » se donne à voir comme une civilisation de non - loi ou d'un en-dehors de la loi ou d'immoralité et d'impudeur, causes de désocialisation ou de déconnexion des individus de la réalité (dualisme numérique). De ce constat, est advenue une nouvelle forme de socialité et de citoyenneté dont les mécanismes et l'épaisseur socio-anthropologique nécessitent une analyse judicieuse globale permettant d'envisager un nouvel humanisme conforme à cette citoyenneté hybridée par une existence numériquement augmentée

Prenant appui sur les dangers de la civilisation numérique (Casilli), la présente réflexion constate plutôt le caractère irréversible et inexorable de la dénature humaine à travers son attachement non maîtrisé à la cybernétique et au monde numérique. Face à ce constat, la solution ne réside pas dans un pessimisme buté. Elle repose dans une tentative de conciliation, à travers la figure du *netizen*, des valeurs classiques de l'humanisme avec celles d'une éducation numérique à l'augmentation de l'humain actuel et à venir. Le tout, dans l'objectif de mettre un terme à la promotion d'une culture numérique extra sociétale (qui favoriserait l'épanouissement d'une existence métamorale du « sans foi ni loi ») et proposer les modalités d'une nouvelle législation augmentée gage d'une citoyenneté virtuelle transnationale crédible.

Ce projet passe par ce que nous qualifions « d'innovation par oxymore » matérialisant la réalité existentielle du numérique et l'existentialité de la vie humaine à travers la civilisation numérique. Cette perspective comblerait le fossé entre ce qui est de l'ordre du possible et ce qui est là. Ainsi donc deux perspectives s'ouvrent : resocialiser le *netizen* et mettre la citoyenneté numérique au service de la politique et du vivre ensemble réel. C'est pourquoi, nous pensons que cette nouvelle relation doit interroger les dimensions traditionnelles de la socialité que sont, par exemple, la problématique des droits et devoirs, de l'engagement civique, de la relation éthique entre vie connectée et existence hors ligne. Notre modeste contribution à l'analyse de cette nouvelle forme de virtualité pourrait être augmentée par des apports techniques du monde de la communication et des sciences de la communication ou encore par des études approfondies en sciences sociales pour dépasser la simple spéculation philosophique qui fait courir le risque d'une nouvelle métaphysique de la métaphysique numérique.

Références Bibliographiques

Baertschi Bernard (2019), *De l'humain augmenté au posthumain*, Paris, Vrin.

Casilli Antonio (2010), *Les liaisons numériques. Vers une nouvelle sociabilité*, Paris, Seuil.

(2011), « Trois idées reçues sur Internet », *Sciences Humaines*, 9 (N° 229).

Deleuze Gilles (1968), *Différence et répétition*, Paris, Presses Universitaires de France.

Guattari Félix (1991), *Qu'est-ce que la philosophie ?*, Paris, Minuit.

Doueihi Milad (2011), *Pour un humanisme numérique*, Paris, Editions du Seuil.

Freud (1993), *Totem et tabou*, Paris, Gallimard.

Gibson William (1988), *Neuromancien*, Ace Books, traduit de l'américain par Jean Bonnefoy, Paris, Edition J'ai lu.

(2008), *Spook Country*, traduit en français par Alain Smissi, Vauvert, Editions Au diable vauvert.

Jurgenson Nathan (2012), « When Atoms Meet Bits: Social Media, the Mobile Web and Augmented Revolution », *Future Internet.*

Kleinpeter Edouard (2013), *L'humain augmenté*, Paris, CNRS, coll. « Les Essentiels d'Hermès ».

Lafrance Jean-Paul (2018), *Promesses et mirages de la civilisation numérique*, Montréal, Éditions Liber.

Lévy Pierre (1995), *Qu'est ce que le virtuel* ? Paris, La Découverte.

(2007), *Sur les chemins du virtuel*, Paris, http/hypermedia.univ-paris8.fr.

Lobet-Maris Claire (2011), *in* « Âges et usages informatiques », Communications, n° 88, *Magazine Sciences humaines*, pp. 19 – 28.

Maïlat Maria (2008), *Informations sociales*, « Le virtuel, le réel et l'actuel », /3, n°147, pp. 90- 91

Prensky Marc (2001), « Digital natives, digital immigrants, part1 », *On the Horizon* (MCB University), vol. IX, n°5, October

Robinson Laura (2009), « *A taste for the necessary: A Bourdieuian approach to digital inequality Information* », *Communication & Society*, vol. XII, n°4.

Stiegler Bernard (1998), *« Temps et individuations techniques, psychique et collective dans l'œuvre de Simondon »*, Paris, *Intellectica*, pp. 241-256.

Vial Stéphane (2016), *La fin des frontières entre réel et virtuel : vers le monisme numérique. Frontières numériques et artefacts*, Paris, L'Harmattan.

Weissberg Jean Louis (1989), « Le concept réel/virtuel », *Introduction aux Chemins du virtuel*, Paris, Editions du Centre Georges Pompidou.

- (1991), *Téléprésence*, Art. Presse, n° Spécial *Nouvelles technologies, un art sans modèle* ? n° 12.

Autres Revues consultées

- *Les cahiers de veille de la fondation Télécom, Les cahiers de veille de la Fondation Télécom*, « L'Homme augmenté, Notre humanité en quête de sens », juin 2015, p.3.
- *Réseaux*, La citoyenneté numérique, 2014/ 2-3, n° 184-185
- *Time*, Numéro de 2006

Webographie

www.fondation-mines-telecom.org

www.researchgate.net

Zickuhr Kathryn, « Generations 2010 », Pew Internet & American Life Project, 16 décembre, 2010, www.pewinternet.org/Reports/2010/Generations-2010.aspx

Le Dévédec Nicolas et Guis Fany, « L'humain augmenté, un enjeu social », http://sociologies.revues.org/4409, 2013)

http//journals.openedition.

CHAPITRE 4

La théorie rationaliste de la tradition : une politique d'innovation dans *Conjectures et Réfutations* de Karl Raimund Popper.

Mahamane Rabiou MARI
Université Abdou Moumouni de Niamey

Résumé : Dans l'évolution sociale, diverses traditions se transmettent de génération en génération et continuent de déterminer les actions humaines. L'importance de la conception d'une tradition ne permet pas qu'elle soit en marge de la critique rationnelle. Pourtant, certains rationalistes de conviction la qualifient de « puissance irrationnelle ». Or, dans les réformes sociales, l'innovation se soumet inconsciemment à la tradition critique. C'est pourquoi, une tradition rationnellement conçue constitue un moyen efficace pour la modernisation sociale. Si la nécessité d'intégrer des traditions au sein de la société n'est pas toujours admise, la distinction entre les traditions favorables aux succès et celles qui mènent à la dérive s'avère indispensable. Cependant, les sciences sociales ont révélé que la tradition est un phénomène social inventé par les humains. L'hypothèse consiste à supposer la tradition comme une conséquence imprévue des actions humaines, eu égard à la forte emprise de la société sur les acteurs sociaux. Elle est considérée, au point de départ, comme une conjecture afin de devenir un guide social.

Mots-clés : discussion critique, innovation, rationalisme, science, société, tradition.

Abstract : In the social evolution, various traditions hand down generation to generation and continue to determine the human actions. The importance of a tradition's conception can't permit that it being on the fringes of rational criticism. Yet, some persons of rational conviction describe it to « irrational power ». Now, in the social reforms, the innovation submits unconscious to the critical tradition. That's why, a tradition rationally conceive constitutes an effective means for the social modernization. If the necessity to integrate some traditions within the society is not always admissible, the distinction between the favorable to success and those that lead to adrift prove indispensable. But, the social sciences have proven that tradition is a social phenomenon invented by the humans. The hypothesis consist in supposing the tradition like an unexpected consequence of the human actions, with a big hold of society on the social actors. It's considering to starting point as a conjecture in order to become a social guide.

Keywords: critical discussion, innovation, rational, science, society, tradition.

Introduction

Il n'est pas rare de voir les tendances des hommes contemporains à mépriser leurs traditions desquelles sont issus certains de leurs comportements. Le plus souvent, ils ignorent que c'est par l'intermédiaire de certaines traditions qu'ils bénéficient de la modernité d'une entreprise. Il arrive même que l'intellectualisme soit dressé contre la tradition pour la banaliser, au point de perdre sa valeur aux yeux de nouvelles générations. Cette attitude fausse tout raisonnement dans l'analyse de la conduite des personnes et de la gestion humaine.

Quelle mesure faudra-t-il donc entreprendre pour que l'usage de la tradition soit au diapason de la politique moderne de l'innovation ? A cette question centrale s'attache celle de savoir quels sont les moyens nécessaires pour rendre rationnelle la théorie de la tradition ? Et, dans quels buts certaines traditions peuvent-elles être fonctionnelles et utiles à la société moderne ?

Pour trouver des réponses à ces questions, il nous a suffi de voir avec Karl Raimund Popper, dans son œuvre *Conjectures et Réfutations*, la manière scientifique par laquelle il est possible de capitaliser les avantages que peuvent procurer certaines traditions. L'importance majeure de ce travail consiste à adopter une attitude critique envers la tradition, sur la base de l'argumentation rationnelle, en vue de l'admettre de manière méthodique comme utile à la société. Ainsi, lorsqu'il est possible de restaurer la noblesse de certaines traditions, la vie dans un environnement social sera meilleure et le développement, assuré.

1. La conception rationnelle de la tradition

La théorie de rationalisation de la tradition semble aborder un enjeu d'importance majeure. Sa théorisation n'a été possible que par une conception rationnelle discursive grâce aux méthodes scientifiques dont l'utilisation ne date pas d'aujourd'hui. Cependant, pour les opposants de la tradition, il est anodin qu'elle soit une préoccupation de la raison au point d'être théorisée. Ils la sous-estiment et la qualifient de « puissance irrationnelle », l'éloignant ainsi de toute discussion critique. Cette attitude n'honore pas les traditionalistes qui, pourtant s'apprêtent à faire de la tradition une théorie rationnelle en la soumettant à l'épreuve de la raison critique. Or, son intervention peut permettre à ce qu'un jugement émis soit réussi. Même les rationalistes qui s'y opposent ont une manière rationnelle de se référer à la tradition sans se rendre compte.

1.1. La théorie rationaliste de la tradition

Loin d'être un problème banal, l'antirationalisme de la tradition doit être pris au sérieux. C'est un problème scientifique qui interpelle beaucoup de consciences à en faire une préoccupation. Du fait même que la tradition soit une invention de l'homme, elle ne doit pas être dressée contre la raison. Certes, le climat ambiant d'un environnement social lui est particulier et peut changer à un moment donné selon le milieu. Mais, la perdition des traditions qui y véhiculent peut considérablement transformer cette ambiance pendant qu'il est difficile de les rétablir une fois perdues. Il n'est pas aussi facile d'implanter, dans un milieu social, une tradition importée d'ailleurs. Par exemple, dans des pays où la tradition scientifique n'est pas développée, il se pose des difficultés énormes de la recherche. De même, si une tradition importante vient d'être détruite dans un milieu social, ce dégât soulève des difficultés énormes de réparation. Le mépris et la méconnaissance d'une tradition ne facilitent pas non plus son intégration. Il ne suffit pas, donc, de convaincre de la nécessité ou de l'importance du rôle que peut jouer une tradition pour qu'elle s'installe et se développe dans les mœurs. En revanche, dès qu'une tradition manque dans l'exécution de certaines tâches, un incident fâcheux peut advenir. C'est pourquoi, selon Gabriel Gosselin (1975, p. 217) « La tradition est l'ensemble des procédures qui permettent d'empêcher l'apparition de discontinuités, de ruptures dans les systèmes existants ».

Il faut aussi noter que, même si certaines traditions s'assimilent aux habitudes de tous les jours de façon inaperçue, elles ont quand même une influence déterminante et forte sur les actions humaines sans qu'elles soient contrariées. Mais, lorsqu'il s'avère qu'elles sont irrationnelles, il est possible de les rejeter, bien qu'il soit difficile de s'en détacher. C'est en cela qu'il est important de mener une analyse critique sur le contenu des traditions, afin de distinguer minutieusement le rationnel de ce qui ne l'est pas. La théorie rationaliste de la tradition tente, à cet effet, d'effondrer « la société close », selon Karl Raimund Popper (1979, p. 154), par le fait « de substituer la croyance rationnelle à la croyance magique et remplace l'ancienne tradition par une tradition nouvelle : la mise en question et la discussion critique des théories et des mythes ». Ainsi, la tradition rationnelle peut faire son apparition par un examen critique des présupposés métaphysiques et irrationnels injustifiés et injustifiables. Ceci relève du schéma épistémologique de la croissance du savoir scientifique présenté, par exemple, par Marcel Nguimbi (2012, p. 12) à l'aide de la formule suivante : $P_1 \rightarrow TT \rightarrow EE \rightarrow P_2$. Ce schéma s'articule dans la troisième partie de sa thèse doctorale où son analyse se fonde relativement « à la méthodologie poppérienne avec ses deux principes régulateurs que sont le principe de réfutabilité argumentative et le principe d'éliminabilité d'erreurs » (M. Nguimbi, 2006, pp. 340-387).

En fait, un problème initialement résolu par des tentatives théoriques est soumis aux tests d'élimination d'erreurs pour n'aboutir qu'à un nouveau problème à résoudre et ainsi de suite. L'on peut alors, sans risque de se tromper, parler comme Giscard Kevin Dessinga (2017, p. 76), qu'« Il ne s'agit ni plus ni moins ici que de l'attitude critique, de l'acceptation de la discussion ». A cet effet, « La tradition n'est donc pas quelque chose d'acquis une fois pour toutes, à mettre au frigo, à surgeler pour s'en servir au temps de la famine, mais un état de tension et de conquête perpétuelle, permanente et sans fin » G. K. Dessinga (*ibidem*). En ce moment, la tradition rationaliste peut exercer une fonction libératrice de la captivité des dogmes et des interdits. Toutefois, l'abandon de certaines traditions implique nécessairement l'accession aux meilleures qui déterminent la réussite des actions humaines. Pour ce faire, il est nécessaire de soumettre leurs fonctions à la discussion critique, afin d'appréhender celles qui conduisent au succès.

Si l'on prend l'exemple de la tradition des rationalistes qui consiste à empêcher la critique de la théorie déterministe, on verra qu'elle est dénuée de tout fondement. Car, à titre illustratif, c'est à partir du simple fait d'avoir des discussions en théologie que ses partisans sont suspectés de pratiquer de la métaphysique ou de l'indéterminisme. Un tel argument non fondé ne mérite pas d'être soutenu, car il induit en erreur. Il est donc important que la tradition rationaliste soit débarrassée de ce déterminisme péremptoire, pour éviter d'être écrasée du mépris. Car, si elle ne s'adapte pas adéquatement à la réalité présente avec plus de détails, aucune considération ne lui sera accordée. Puisqu'elle ne sera pas différente des dogmes à stigmatiser en méthodologie scientifique. Un autre aspect négatif de la tradition rationaliste qui s'oppose à la critique est le fait de supposer connaître l'intégralité du monde, à partir des seules observations sensorielles. Cette attitude des rationalistes les met en dérive et leur fait perdre l'objectif essentiel du modèle scientifique.

En revanche, la théorisation rationnelle de la tradition révèle que celle-ci est un phénomène social qui peut être utilisé pour comprendre véritablement le but des sciences sociales. Il ne s'agit nullement de confondre son rôle aux objectifs de la « théorie sociologique du complot ». Celle-ci s'est, en effet, développée à la suite du rejet d'une divinité omnipotente exerçant souverainement une infinité de pouvoirs. Pour la remplacer « sa fonction est alors assumée par différents détenteurs de pouvoir, groupes ou individus : des groupes de pression malveillants que l'on accuse d'avoir manigancé la grande dépression et de tous les maux que nous endurons » (K. R. Popper, 1985, p. 188). La propagation de cette théorie du complot n'a rien de fondé. Même les partisans convaincus justifient l'existence des faits par des mythes. Cela veut dire que l'accession au pouvoir se fait par complot. Il n'y a aucune base solide pour rendre compte de la cause véritable des faits. Or, selon Eric Weil (1991, p. 115) « La transformation la plus radicale de la tradition consiste à passer de l'obéissance inconsciente à la justification consciente ». La prise de conscience de ces évènements malveillants pousse souvent ceux qui sont venus au pouvoir à se révolter contre les comploteurs. Ils vont ainsi procéder à leur tour par des manigances qui ne vont jamais réussir à démanteler le complot. Cela paraît embarrassant d'autant plus qu'ils conspirent contre ce complot qui les a amenés au pouvoir, en travaillant en leur défaveur. C'est le cas précis de certains dirigeants africains, que le complot européen a fait parvenir au pouvoir sans aucune justification légitime. Par la suite, certains cherchent à réparer le tort avec des actes révolutionnaires qui vont finir par les emporter. Leur défaite ne provient pas seulement de leur incapacité à se dresser contre ceux qui les ont forgés, mais surtout du caractère changeant et imminent des objectifs que se fixe une société, pendant que les faits sociaux évoluent diversement.

En effet, il n'est pas toujours évident que l'évolution des phénomènes sociaux se fasse sans « effets adventices ». Cela veut dire que, même si toutes les actions sont orientées dans le sens d'atteindre des buts prémédités, il est impossible d'empêcher l'avènement des phénomènes inattendus. L'on aboutit toujours à un constat qui n'a pas été envisagé, en se produisant par surprise. L'apparition de ces phénomènes imprévus permet d'expliquer clairement les tâches dévolues aux sciences sociales. Par exemple, les actions humaines sont conséquemment déterminées par leurs traditions. Il suffit de les interroger pour comprendre la manière par laquelle est conçu et produit un fait social. Mais, cela ne demande pas des analyses sociologiques, car aucune science ne peut s'activer en dehors des problèmes. Selon K. R. Popper (1985, p. 189), « Les problèmes spécifiques aux sciences sociales n'apparaissent que si nous désirons connaître les *effets imprévus* et plus particulièrement les *effets non voulus* qui peuvent se produire si nous agissons de telle ou telle manière ».

Il s'agit de certains phénomènes inédits qui se produisent hors du plan conçu. Quelquefois même, des précautions sont prises pour empêcher leur apparition, afin de maîtriser les effets immédiats et lointains du projet. Mais, le hasard fait qu'ils apparaissent en échappant à tout contrôle. C'est en cela qu'il y a problème et les sciences sociales en font leur cheval de bataille, pour délimiter leur sphère de compétence. Elles ne sont pas donc inutiles, comme le prétendent certains hommes des sciences exactes, puisqu'elles sont d'une importance capitale au sein de la société. La théorie sociologique du complot ne peut pas expliquer ces faits imprévisibles. Cette théorie a été auparavant mal comprise par les continuateurs d'un marxisme vulgaire, pour qui le complot joue un rôle important pour comprendre la manière par laquelle fonctionne la société. Or, Marx l'a lui-même critiquée, par une analyse des conséquences inattendues des actions humaines. En effet, des hommes posent des actes volontaires afin de dominer une situation sociale. Cependant, il se trouve qu'ils sont sous une forte emprise de la société, au point qu'ils en sont totalement dépendants, pour ne pas être en mesure de reconnaître les effets de leurs propres actions.

Les sciences sociales font donc de ces effets imprévus et de leurs conséquences l'objet d'étude sociologique de laquelle sont données des explications précises pour mieux saisir la substance sociale. C'est de la même manière que procède la théorie rationaliste de la tradition pour comprendre comment elle fonctionne au sein d'une société. Les traditions sont donc conçues au demeurant comme des conséquences imprévues des actions humaines par l'homme ordinaire. Pour le déterminer, l'attitude rationnelle consiste à les considérer au préalable comme des hypothèses. C'est ainsi que, par le biais de la critique, l'analyse scientifique de la théorie rationaliste découvre que les traditions sont un moyen d'orientation d'un environnement social particulier. C'est-à-dire qu'elles peuvent être utilisées pour donner sens aux phénomènes sociaux, afin non seulement de maîtriser le mouvement social mais aussi d'être capable de donner volontairement de direction à une société donnée. Les traditions permettent donc de connaître et d'agir sur les actions des hommes et leurs conséquences. Dans ce cas, elles quittent leur position de phénomènes imprévus, qui n'est qu'une hypothèse de départ réfutée par la critique, pour devenir de véritables évènements sociaux en connaissance de leurs causes et effets.

La tradition scientifique consiste donc à prendre source à partir des mythes pour en faire une réflexion rationnelle penchée sur les phénomènes naturels. Puis, elle supplante cette forme d'explication primitive à l'aide de nouveaux critères d'analyse. Mais, la complexité des explications scientifiques a rendu la compréhension de la procédure beaucoup plus difficile. Car, la transmission de certaines traditions peut être remise en cause et complètement interrompue. Mais, la discussion critique sur des phénomènes sociaux a permis d'innover, en utilisant ingénieusement les traditions dans un nouveau style, avec de nouveaux mythes à la place des anciens. Il ne s'agit pas, comme on le trouve chez Yaovi Akakpo (2019, p. 30), de l'extrême bouleversement de l'ordre social provoqué par la science et la technique, au point où elles colonisent la société pour instituer « une certaine ascendance de l'invention/innovation sur la tradition ».

Pour lui, en effet, « *l'univers de la nouveauté* différent de *l'univers de la tradition*, est celui où les sciences et les techniques, plus que jamais inventives et innovantes, surdéterminent la condition humaine et formatent en particulier la totalité sociale et la totalité du système social » (Y. Akakpo, 2019, p. 26). Pourtant, il poursuit à écrire que « L'invention et l'innovation, traits essentiels des sociétés modernes, ne concernent pas seulement les sciences et les technologies mais aussi les biens économiques et les services, le droit, la politique, la morale, la culture » (Y. Akakpo, *ibid.*, p. 26). Or, pour lui, « Du fait qu'ils sont surdéterminés par les sciences et les techniques et l'"ouragan perpétuel de destruction créatrice", les modèles économiques et financiers, les paradigmes juridiques et politiques, les traditions culturelles sont sous la pression constante du changement » (Y. Akakpo, *ibid.*, p. 26). Néanmoins, ce type de changement appelé « tension essentielle à l'ordre social » affecte les sociétés modernes de façon négative, à telle enseigne que la solution est recherchée dans « l'antidote contre la perte du sens de l'histoire », « dans la dialectique de la mémoire et de l'horizon » (Y. Akakpo, 2019, p. 33-34).

A cet effet, il est évident que le déterminisme scientifique et technologique sur les sociétés modernes est analogue à la conception historiciste de la sociologie qui, elle-même présente de ressemblance avec la dynamique sociale. En ce sens, K. R. Popper (1956, p. 40) écrit que « les auteurs historicistes ont souvent insisté sur le fait que la sociologie devrait d'une façon analogue être fondée sur une dynamique sociale, théories des mouvements sociaux en tant qu'ils sont déterminés par des forces sociales (ou historiques) ».

Cela veut dire que, si la statique, expliquant la non-production du changement par la neutralité de l'égalité des forces, celle-ci n'est qu'une « abstraction » de la dynamique qui « peut seule nous fournir les lois réelles universellement valables de la mécanique ; car la nature est changement ; elle se meut, change, évolue – bien qu'elle ne le fasse parfois que lentement, de telle sorte que certains changements peuvent être difficilement observables » (K. R. Popper, 1956, p. 40). Par conséquent, la nécessité d'expliquer les causes essentielles des évènements, tels que la guerre, relève de la sociologie qui, de la dynamique sociale « doit analyser les forces qui produisent les changements sociaux et créent l'histoire humaine » (K. R. Popper, 1956, p. 41).

La démarche critique, quant à elle, permet d'avoir une nouvelle conception des traditions. Elle fait créer de nouveaux éléments, à partir d'un mythe, soumis à la discussion rationnelle devant un auditoire pour lequel ne sera admise que la meilleure des explications. Ainsi, selon K. R. Popper (1990, p. 26), le véritable rationaliste est :

> [...] celui qui désire comprendre le monde et apprendre en échangeant des arguments avec autrui. [...] Par "échanger des arguments", j'entends plus précisément le critiquer, susciter ses critiques et tâcher d'en tirer des enseignements. L'art de l'argumentation est une variante un peu particulière de l'art du combat, dans lequel les mots tiennent lieu d'épées [...] et dont le modèle est l'intérêt pour la vérité et le désir de s'en rapprocher de plus en plus ».

De ce fait, même si un mythe présente deux explications différentes, seule la poursuite de la discussion permet d'approfondir les connaissances. Car, c'est la seule méthode susceptible de susciter la découverte des précisions qui vont les départager et étudier les faits dans une perspective sociologique. La tradition critique fait donc distinguer la science des mythes. En acceptant de discuter et en tirant des avantages, cette tradition fait exécuter la démarche scientifique, aujourd'hui encore en vigueur dans les temps modernes. L'attitude critique permet non seulement de faire une meilleure analyse, mais aussi de faire avancer la recherche scientifique à de nouveaux horizons. Grâce à l'impulsion de la théorie rationaliste des traditions, la description et l'explication des phénomènes sociaux sont systématiquement mises à l'épreuve de l'argumentation critique. Car, selon Alain Boyer (2007, p. 4), « La vérité n'est plus originaire, à dévoiler et à transmettre intacte, mais elle est l'attracteur exigeant et l'idée régulatrice de la quête sans fin qu'est l'aventure des idées ». Tous les récits mythiques sont donc éprouvés dans la pratique pour mesurer l'exactitude des faits. Il ne s'agit pas simplement d'avoir une documentation riche en informations et qui continue d'accumuler des documents selon les mêmes habitudes. Il est aussi et surtout nécessaire de les interpréter pour donner un nouvel élan et faire avancer la science. Les mythes peuvent ainsi se transformer en réalité.

Ce qui donne à la science un caractère nouveau, qui vise en même temps à analyser et à faire de nouvelles découvertes. Par conséquent, tout problème résolu par la science révèle un autre problème plus complexe à résoudre. Il ne s'agit pas donc d'arrêter l'évolution scientifique vers la vérité, une fois qu'un problème de la connaissance théorique est résolu, mais de procéder progressivement à la perfection pour faire accroître la science. Cette démarche exige, selon M. Nguimbi (2006, pp. 403-404), « l'élargissement de la formule poppérienne de la croissance de la connaissance scientifique », suivant la situation que peuvent produire les circonstances. En conséquence, Daniel Pimbé (2009, p. 166) écrit, à propos du rationalisme critique poppérien comme principe d'acquisition des connaissances scientifiques, à partir de la méthode « essais et erreurs » :

> [...] une nouvelle théorie n'est réfutée qu'après avoir fait la preuve qu'elle contient du vrai sur une région du réel auparavant inconnue et même insoupçonnée, cette réfutation sera instructive : au lieu d'être dans l'incertitude complète sur ce qu'il convient alors d'incriminer, nous saurons situer l'échec en question dans le domaine précis de la réussite qui l'a rendu possible, ce qui guidera nos efforts futurs.

Du coup, cela incite toujours à renouveler les analyses sur le contenu des traditions, particulièrement les données des mythes, en les soumettant à la critique. Celle-ci leur permet davantage de faire une meilleure explication des phénomènes sociaux plus conforme à la réalité. Leur concordance aux faits traduit convenablement les caractéristiques d'un milieu social déterminé à élargir l'écart qui s'est désormais creusé entre la science et les chimères. Cette distinction claire de la rationalité investit tous les efforts scientifiques dans des analyses critiques pour tester les traditions et leurs théories. Même les anciens mythes sont mis en observation à la recherche de nouveaux plus adaptés pour « l'émergence de nouvelles pratiques sociales dans le sillage d'une nouveauté », selon Gerald Gaglio (2011, p. 17). L'importance de l'observation est donc d'encourager la créativité pour améliorer la qualité de la vie sociale. Grâce à l'attitude critique, il est possible d'admettre, de manière objective, l'infirmation de sa propre théorie. K. R. Popper (1981, p. 49) en est arrivé à conclure que « l'attitude scientifique était l'attitude critique. Elle ne recherchait pas des vérifications, mais des expériences cruciales. Ces expériences pouvaient bien réfuter la théorie soumise à l'examen ; mais jamais elles ne pourraient l'établir ».

Ainsi, la démarche de la théorie scientifique se caractérise par la déduction où les théories abstraites sont conçues antérieurement et indépendamment des faits issus de l'observation ou des expériences. De ce fait, une valeur traditionnellement acquise peut cesser de l'être, puisqu'elle est susceptible d'être réfutée par l'expérience des faits. Il ne s'agit pas donc de verser dans un conservatisme dogmatique consistant à récuser toute critique. Mais plutôt, de considérer celle-ci intrinsèquement, comme le leitmotiv qui fait primer l'élimination de l'erreur pour rendre possible la progression de la connaissance, en dépit des irritations que les points de vue critiques suscitent. L'assimilation de la critique à l'expérience permet de trier véritablement les théories scientifiques par l'adoption d'une attitude honorable – s'apprêtant toujours à l'accepter comme un fait – qui fait dire à K. R. Popper (1992, 77) : « Puisse maintenant le peu que j'ai compris sortir au grand jour, afin qu'un plus savant que moi soit en mesure de découvrir la vérité, et que par son œuvre il puisse prouver mon erreur et m'en faire reproche. Alors je me réjouirai d'avoir été l'instrument par lequel la vérité est advenue à la lumière ». Car, la connaissance du monde réel de la physique ne peut être objective et productive, dans l'intérêt de la société, que par la reconnaissance de la subjectivité qui entoure les activités ou les expériences particulières des hommes. Le modèle se situe dans l'exercice des interactions pour un contrôle mutuel, afin que toute pensée « formulée en langage » puisse être argumentée, en faisant l'objet d'une critique intersubjective. Cela permet, selon Renée Bouveresse (1986, p. 114), que

> […] nos théories argumentées contrôlent nos discours spontanés, nos croyances et du coup, nos actes. Il s'agit d'un "contrôle plastique", puisque nous pouvons toujours les critiquer. Ce qui éclaire en un sens le problème de l'action libre et pourtant rationnel, […]. Le fait que l'homme soit constamment modifié par ses créations intellectuelles, d'une façon qui lui permet d'en produire d'autres, rend intelligible son évolution historique, sans faire intervenir l'idée d'une fin de l'histoire ».

L'on ne saurait, en effet, estimer d'une machine, d'un organisme élémentaire ou même des animaux – qui ne possèdent que la possibilité d'exprimer leurs états pour communiquer – « les fonctions descriptives et argumentatives ». Selon K. R. Popper (1991, p. 201), « Le langage, la formulation des problèmes, l'émergence de nouvelles situations de problème, les théories concurrentes, la critique réciproque grâce à des arguments : tous ces moyens sont indispensables au développement scientifique ». C'est pourquoi, poursuit K. R. Popper (*ibid.*, p. 202), « l'épistémologie traditionnelle s'intéresse au deuxième monde : à la connaissance conçue comme une certaine sorte de croyance – une croyance justifiable, comme la croyance qui repose sur la perception ». Cette manière de concevoir la connaissance n'a aucune tendance à la critique et, du coup, étouffe toute innovation que ce procédé scientifique est capable d'apporter à l'évolution de la vie en société. De ce fait, « *Les scientifiques essaient d'éliminer leurs théories fausses, ils essaient de les faire mourir à leur place. Le croyant – qu'ils soient animal ou homme – périt avec ses fausses croyances* » K. R. Popper (*ibidem*). C'est dans ce but que l'on ne se lasse pas de se référer à K. R. Popper (1985, p. 194-195) qui écrit :

> Les théories scientifiques ne sont pas seulement les résultats de l'observation ; elles sont, pour l'essentiel, les produits du creuset où s'élaborent les mythes comme les tests. Ces procédures expérimentales mobilisent l'observation, elle est donc loin d'être sans importance, mais elle n'a pas pour fonction de produire des théories. Son rôle est de rejeter, d'éliminer et de critiquer les théories ; elle nous incite à créer de nouveaux mythes, de nouvelles théories qui soient en mesure de satisfaire aux procédures expérimentales fondées sur l'observation.

Mais, l'entreprise qui se donne pour finalité la déduction des théories, à partir des faits d'observation singulière, ne semble pas aboutir aux résultats escomptés. Car, toute source de connaissance tient compte de certaines conditions qu'exige l'élaboration d'une théorie. Il s'agit, en effet, du choix des observations qui doit prendre en considération les préoccupations scientifiques du moment et de l'orientation qu'elles se donnent pour faire accroître le domaine, afin de prétendre apporter une pierre à l'édifice. Ainsi, les découvertes imprévues sont dévoilées de manière évidente à travers un processus de rapprochement théorique, dont le but est de faire progresser la science. Une telle démarche n'a d'intérêt qu'à l'aide d'un esprit d'observation méthodique et efficace. Il est, donc, très intéressant d'avoir en sa possession le type d'observations et de méthode efficace en usage dans les domaines qui relèvent de la science. A cet effet, la méthode scientifique consiste à soulever des problèmes existants et à les soumettre à la discussion critique. Les savants sont donc sensés dissiper des malentendus, en saisissant l'occasion de laisser plus de leurs traces dans le monde scientifique. Ainsi, aucune théorie rationaliste de la tradition n'est exempte de l'examen critique, afin de trier certains de ses éléments propices au développement et faire d'elle une connaissance approximative de la vérité, suite aux explications précises qu'elle est en mesure de communiquer. Notamment, lorsque, selon Alain de Benoist (2016, p. 55), « Le progrès peut se définir comme un processus accumulant des étapes dont la plus récente est toujours jugée préférable et meilleure, c'est-à-dire qualitativement supérieure à celle qui l'a précédée ».

Ainsi, toute recherche qui veut prendre son envol dans un domaine scientifique a intérêt à faire référence au passé, pour puiser ce qui est utile à l'avancement de la science. Cela peut paraître banal pour certains rationalistes qui récusent cette démarche, mais, fondamental pour l'efficacité d'une méthode de la découverte scientifique. La connaissance des théories scientifiques – élaborées auparavant – est une tradition rationnelle pour débuter la recherche dans un domaine distingué du reste de la diversité. Elle peut indiquer des informations sur leur source, leur démarche et les résultats aboutis afin de tirer quelques avantages. Toutefois, si l'on admet qu'aucun cadre théorique n'est parfait, il n'y a pas de doute que la critique est un moyen servant à tester la pertinence des données théoriques pour pouvoir progresser.

Cependant, la différence qui se trace entre la conception selon laquelle la science accumule graduellement de connaissances pour se développer et celle qui procède par la critique pour la faire avancer n'est qu'une question de méthode. La première n'est pas toujours perçue comme scientifique, du fait de son état latent qui la dispose à tout accepter pour s'agrandir. Or, il ne suffit pas d'accumuler du « savoir », sans aucune distinction critique, pour faire accroître la science. Au contraire, la notion fondamentale du progrès en science se trouve dans la démarche critique qui est capable de bouleverser la tradition scientifique. Sa pratique semble provenir de la révolution, puisqu'elle n'hésite pas à faire détruire tous les supports scientifiques qui ne répondent pas aux normes de la scientificité dans sa conception actuelle. Même les mythes et les théories anciennes desquels la science tire son origine sont radicalement transformés dans le fond et dans la forme. Mais, la science s'approprie cette méthode critique, non pas pour attribuer à la théorie de la tradition un rôle cumulatif de connaissances, mais pour qu'elle incite au développement.

Ainsi, la critique de la tradition permet de commencer sur une bonne base et d'éviter de fonder le futur sur de faux espoirs en faisant avancer les choses de manière rationnelle. Elle est capable de faire transformer les mythes, en les reformulant pour changer de tradition, sans pour autant la couper de ses origines et de son rôle d'exhortation. Du coup, l'on assiste à une valorisation de la tradition par sélection et conservation rationnelles de certains de ses éléments. Les mythes sont donc rénovés, grâce à la critique, et font face à une nouvelle description qui explique les faits de façon moderne et améliorée. La démarche critique constitue, à cet effet, un outil fondamental pour le progrès de la science. Son application dans la rationalisation de la tradition assure la médiation entre le passé, le présent et l'avenir. Sans la critique, les traditions sont vouées à l'oubli. C'est ainsi que d'importantes traditions disparaissent, quand elles ne sont pas discutées et mises en valeur. Or, lorsqu'un milieu social ne fait plus de référence à ses traditions, il devient comme un bateau sans gouvernail. Car, comme on a coutume de le dire, un peuple qui perd ses traditions ne connaît pas son histoire. Il n'a point de repère et remet en cause son existence. Il ne sait pas non plus comment triompher des fausses croyances et rendre rationnelles ses visions, puisqu'il est dans l'ignorance totale de son passé. Alors que les traditions possèdent en elles le sens d'orientation, permettant l'atteinte des objectifs d'un développement durable dans une société donnée.

1.2. Le fonctionnement décisif des traditions

La tache institutionnelle est aussi reconnue aux traditions qui définissent sans ambigüité les finalités et la démarche à suivre pour y aboutir. Elles soutiennent la vie en société et la rendent solide et digne de confiance. Lorsqu'elles sont bien organisées dans un environnement social, les traditions se transmettent régulièrement avec satisfaction. Leur présence rassure tandis que leur absence ravive de l'inquiétude. Cette fonction des traditions, devenue à présent plus claire que jamais, consiste tout simplement à « apporter un peu d'ordre et de prévisibilité rationnelle dans notre environnement social », écrit K. R. Popper (1985, p. 199). C'est sans nul doute pour ce même objectif que sont conçues des théories scientifiques. En effet, toutes les actions humaines peuvent être prévisibles si l'on est en connaissance des traditions qui les déterminent dans la vie sociale. Il suffit de remplir les conditions nécessaires de la production d'un effet connu d'avance pour qu'il résulte de cette manœuvre. Il est donc normal que les traditions soient systématiquement rationalisées, pour que la détermination des faits sociaux soit logique comme dans les sciences de la nature. Cette ambition que rêvent les sciences sociales se trouve vraisemblablement accomplie dans la pratique par les traditions.

Si donc les mythes et les théories sont importants et décisifs dans la rationalisation des traditions, c'est parce qu'il est possible de les discuter, de les critiquer et de les transformer pour une réforme rationnelle de la société. Il est donc incertain de créer un monde nouveau ou une société nouvelle fondée sur la rationalité par le mépris des traditions du milieu. Ce n'est pas en nourrissant l'espoir utopique de construire un monde meilleur qu'il est permis de rejeter les réalités de la société actuelle. C'est en formulant des réflexions sur ces traditions qu'il est possible de puiser dans les anciens modes de vie, des éléments d'inspiration, afin de les transformer et d'inventer un nouveau modèle de société. Cette attitude empêchera sans aucun doute d'entretenir de l'utopisme par la formulation des idées réformatrices à l'écart de la vie réelle. Cela veut dire que, si cette entreprise procède par éliminer tous les acquis conservés par des institutions traditionnelles – qui ne manquent pas d'influencer les temps présents – il lui sera difficile d'atteindre les objectifs planifiés d'avance, à moins de faire des ajustements de conformité.

La possibilité de formuler la théorie du changement et du déclin constitue, par conséquent, l'ouverture d'« une certaine forme de socio-ingénierie » permettant « de forger l'outil capable de paralyser tout changement » (K. R. Popper, 1979, p. 33). Car, si « le peuple est malheureux et désorienté, et, quand tout est changement, il n'y a plus ni certitude ni sécurité » que de chercher « la racine du mal » dans « la chute de l'homme, dans l'effondrement de la société close » (K. R. Popper, 1979, p. 161-162). Or, le retour nostalgique au passé fait manquer de conviction à ceux qui cherchent la solution dans l'oligarchie ou la tyrannie que suscite l'esprit révolutionnaire poussant à des guerres. Selon K. R. Popper (1956, p. 55), c'est l'historicisme qui insiste sur le changement du fait qu'il incite à l'activisme ; « néanmoins il ne peut certainement pas approuver aveuglement tous les genres d'activités comme étant raisonnables d'un point de vue scientifique ; beaucoup d'activités possibles sont chimériques et leur échec peut être prévu par la science ». Au lieu donc d'engager un changement infertile et destructif, il est plus nécessaire et utile d'entamer ce processus sur des problèmes identifiés à la base. Il n'y a pas de rationalité ni d'identité sociale, si les traditions sont annulées. C'est l'existence et le devenir de toute une société qui sont remis en question. Même la rationalisation des éléments traditionnels et institutionnels n'est possible qu'à l'intérieur de la société où ils prennent sens. Leur destruction ne donne plus espoir à la construction d'un monde meilleur.

La fonction de la tradition est si forte que l'évolution sociale et la révolution scientifique en font recours. Même la tension essentielle évoquée, qui les affecte en permanence, ne fait pas fi de la tradition, qu'elle soit « froide » ou « chaude », (selon les termes empruntés par Y. Akakpo de l'anthropologie) puisqu' « elle entretient une relativisation de la tradition et de sa fonction sociale » (Y. Akakpo, 2019, p. 91). En effet, écrit Y. Akakpo (*ibid.*, p. 91), « la tradition a toujours pour fonction d'être le repère signifiant de la totalité sociale et de l'ordre social ». Toutefois, la coexistence pacifique des sociétés traditionnelles, par l'acceptation des différences culturelles, peut permettre d'innover des bonnes pratiques modernes et de récuser certaines traditions morbides qui rétrogradent. Elles procèdent, à travers leur dynamisme, à sélectionner de façon critique et rationnelle les valeurs positives issues des traditions pour les intégrer et rejeter celles qui nuisent à leur évolution. Ce processus d'essais et erreurs amène à l'amélioration et au perfectionnement des sociétés ouvertes qui se modernisent par « l'activisme fonctionnel de l'innovation », pour parler comme Y. Akakpo (*ibid.*, p. 91).

Ceux qui cherchent à défendre les coutumes et doctrines traditionnelles, en fondant le droit d'expression des libertés sur la base de conserver « l'unicité des vérités fondatrices », œuvrent, au contraire, à l'affaiblissement de la fonction sociale de la tradition. « Cette défense d'une tradition culturelle est au plus loin de l'affirmation d'une identité qui ne se définirait que par l'opposition à une menace étrangère et la fidélité à un ordre social » (Alain Touraine, 1992, p. 387). Il est évidemment nécessaire de faire référence à la tradition rationnelle, sans pour autant devenir dogmatique, au point de se dispenser absolument de la raison critique qui active l'innovation, comme « caractère principal de l'ordre social contemporain ». Ce processus, prenant l'axe de la tradition à la modernité, déborde les cultures traditionnelles et locales qui résistent aux changements pour continuer vers le progrès attaché à l'universel et conduit par la raison. Pour ce qui est de la tradition rationaliste, certes la science tient sa valeur de ses succès pratiques, mais le jeu en vaut la chandelle dans sa fonction libératrice d'esprit du dogmatisme doctrinal et des anciennes certitudes pour en faire des conjectures.

En effet, l'évolution de la société est positive dans le sens où il est possible que la société close passe à la société ouverte. Dans le premier état de la société, il est impossible de faire la distinction entre les phénomènes naturels et les conventions sociales, du fait que la magie, l'irrationalisme et le tribalisme y prédominent. Le maintien de la cohésion sociale se fait par « les rapports sensoriels » entre les membres unis par des liens parentaux, familiaux ou tribaux. Les coutumes sont si rigides et immuables que tout changement est perçu comme sacrilège et jamais contribuant à améliorer les conditions sociales. Cela donne à la société close un caractère organique par manque de tensions sociales. En revanche, si elle s'ouvre au second état, les membres se rivalisent en se confrontant dans les prises de décisions importantes pour maintenir l'ordre social. Ce processus révolutionnaire échappant à la conscience peut avoir pour cause l'accroissement social participant à effondrer le tribalisme par divers rapports sociaux (tels que le mariage mixte, les échanges économiques, la coopération, etc.) qui sont à la base des sociétés modernes. K. R. Popper (1979, p. 143) note à propos que « le passage de la société *close* à la société *ouverte* est une des plus grandes révolutions que l'humanité ait connue ».

La provocation des tensions dans une société close suscite la friction des rapports culturels et la disparition progressive de l'ancien système social libéralisant la pensée des « obsessions magiques ». Les divers bouleversements sociaux manifestent la production « d'une grande révolution spirituelle : la découverte de la discussion critique » entrainant « la chute de la société close ». « Elle vient de l'effort qui nous est imposé par la vie au sein d'une société ouverte et partiellement abstraite, quand il faut nous soumettre à la raison, discipliner nos émotions ou accepter des responsabilités » (K. R. Popper, 1979, p. 144). Cependant, le risque auquel encourt cette société ouverte, souligne K. R. Popper, est de devenir « abstraite », si elle n'est plus en mesure de rassembler ses membres dans une dynamique cohésion sociale. Cette tendance rend les hommes de plus en plus malheureux, car, il leur manquera de la chaleur humaine de leurs semblables, indispensable à la vie de chaque individu. Il écrit à propos :

> Imaginons, au prix d'une certaine exagération, une société où les hommes ne se rencontrent jamais face à face, où les affaires sont traitées par des individus isolés communiquant entre eux par lettres ou par télégrammes, se déplaçant en voiture fermée et se reproduisant par insémination artificielle : pareille société serait totalement abstraite et dépersonnalisée. Or, la société moderne lui ressemble déjà sur bien des points. Dans une ville, les piétons se croisent mais s'ignorent, les membres d'un syndicat portent une carte et paient une cotisation mais peuvent ne jamais se connaître. Beaucoup d'individus ont peu ou pas de contacts humains et vivent dans l'anonymat et l'isolement. (K. R. Popper (1979, p. 142-143).

Les conséquences de la disparition des traditions ont plus de répercussions en science, où la démarche critique fonctionne non pas pour tout perdre, par un nettoyage qui ne laisse nulle part de trace, mais plutôt par un bouleversement qui apporte des rectifications. L'élaboration d'une nouvelle théorie ne peut, par conséquent, apporter un plus dans le domaine scientifique que lorsqu'elle se donne l'objectif d'améliorer les résultats enregistrés antérieurement. Ainsi, les défaillances de l'ancien système peuvent être relevées et corrigées par le nouveau. C'est pourquoi des recherches scientifiques sont sans cesse menées dans la nature pour découvrir les lois qui les régissent. De même, elles sont entreprises dans les sociétés afin de comprendre les traditions qui déterminent les actions humaines. Tout ceci, dans le but, non seulement de trouver des solutions aux problèmes qui se posent aux temps actuels mais aussi, de connaître le processus par lequel les sociétés adoptent des traditions de façon inaperçue.

D'abord, leur naissance se fait de manière préconçue sous la forme des mythes, sans examen critique préalable. Puis, elles sont transmises à travers des enseignements théoriques qui entraînent les humains à adopter divers comportements dans la vie sociale. Cependant, il n'y a pas de transformation positive sans fondement rationnel. Dans l'optique d'obtenir une crédibilité scientifique, il ne s'agit plus de continuer à accumuler des éléments de la tradition dans le milieu social, sans faire intervenir la démarche critique.

En effet, l'attachement aux traditions donne des caractéristiques communes à l'ensemble des personnes soumises sous l'influence d'un même environnement social. Leur hostilité au changement les enferme dans une position constante qui consiste à adopter régulièrement des habitudes semblables et à récuser toute tentative d'opposition qu'ils qualifient de mépris et de médisance à leur encontre. Pour justifier leur attitude et persuader les autres à s'y conformer, ils procèdent d'abord par une observance stricte des coutumes, puis les transmettent, soit sous l'influence de la proximité soit par des explications obsessionnelles qui valorisent les mythes préconçus contenus dans ces traditions. C'est à ce sectarisme que les rationalistes se sont légitimement opposés. Mais, du fait qu'il induit à commettre l'erreur de rester enfermé sur soi, sans se laisser convaincre par d'autres points de vue, ils exagèrent et mènent des offenses destructives contre des traditions non connues.

Toutefois, la lutte contre l'attitude hostile, envers les personnes qui ont des opinions différentes, peut être salutaire aux traditions. Ainsi, le rationalisme critique cherche à intégrer dans les traditions la possibilité d'accepter les différences, sans être frappé d'interdits. La vénération des traditions devient, à cet effet, atténuante et laisse place au raisonnement critique pour mieux séparer l'ivraie de la bonne graine et adopter des éléments nouveaux qui peuvent avantager progressivement la vie sociale. Cela veut dire que, le meilleur d'une tradition se révèle lorsque ses détenteurs acceptent de la soumettre à la critique ou de la comparer avec une autre dans un système social différent, dans le but d'apporter des améliorations à l'existence humaine. Cette pratique est d'ordre scientifique, en ce sens qu'aucun progrès ne se réalise qu'à l'aide de la critique que suscite la coexistence des éléments contraires dans un cadre théorique.

Une fois établies, les traditions qui sont mises en application prennent la forme des institutions, car, celles-ci présentent de nombreux points communs. Le trait caractéristique partagé, le plus frappant, est l'obéissance aux règles qui déterminent le fonctionnement du tissu social. Dans cette optique, des individus organisés en groupes s'activent pour prendre en charge certaines tâches afin d'assurer à la société un meilleur cadre de vie. Cette particularité permet de faire des analyses scientifiques qui les rassemblent autour d'un certain nombre de phénomènes sociaux. Il s'agit, par exemple, des interactions entre les membres d'un même groupe et ses rapports avec d'autres groupes, les lois d'orientation de chaque structure, la détermination des comportements individuels et collectifs, les procédés de réalisation de l'ensembles des objectifs fixés et leur mise en œuvre, l'aboutissement des attentes et les résultats obtenus, la prise des décisions, la prévision des évènements à venir, etc. C'est seulement en considérant la singularité de ces aspects sociaux que l'intervention des scientifiques peut être positive et y apposer une marque de scientificité.

En conséquence, l'on ne peut empêcher les traditions de s'institutionnaliser, non seulement à cause de la prescription à se soumettre aux normes préétablies, mais surtout du fait qu'elles sont un point d'appui pour réussir à atteindre des résultats conséquents d'ordre social. Il suffit de porter un regard analytique au sein d'une société, pour constater la similitude des actions, tellement les traditions sont ancrées dans les habitudes qu'elles deviennent des caractéristiques humaines menant à une existence uniforme. Elles ont une attraction vivace qui les place au-dessus des institutions. Car, c'est par leur entremise que ces dernières peuvent avoir la prééminence d'une puissance salvatrice.

Toutefois, une institution opposée aux traditions, peut être corrompue et détournée de son itinéraire, propre à l'acheminer vers l'accomplissement des tâches qui lui sont dévolues. L'on peut voir, par exemple, des policiers – agents de l'institution chargée du maintien de l'ordre public, la prévention et la répression – utiliser des moyens répressifs contre la population au lieu d'en faire usage pour assurer sa protection. Dans le même ordre d'idées, K. R. Popper (1985, p. 203-204) écrit : « De même, l'institution d'une opposition parlementaire, dont une des fonctions premières est d'empêcher le gouvernement de détourner de l'argent des contribuables, a pu jouer un autre rôle dans certains pays et se faire complice de la majorité, toutes deux se répartissant alors le produit de la spoliation ».

Une telle ambiguïté dans la réalisation des tâches des institutions ne relève que de la faillibilité des personnes engagées qui pose problème dans la mise en œuvre d'un projet. Si les membres d'une institution sont incapables d'assurer adéquatement leur rôle pour la sauver de la corruption et de la destruction, il revient à ses dirigeants de la mettre sous-contrôle, afin de promouvoir ceux qui agissent de bonne foi selon l'ordre préétabli, mais aussi, s'il y a lieu, de sanctionner les fautifs.

En revanche, l'institution elle-même peut être destituée par une instance suprême, si elle ne récuse pas de façon stricte les mauvaises influences. L'intervention des traditions est donc nécessaire pour conformer les actions humaines aux buts institutionnels. Cependant, la carence de leur connexion aux institutions peut provoquer une crise de confiance dégradant ces dernières au plus bas niveau. Quant aux traditions, elles sont dans l'incapacité d'élargir leur fonctionnalité et sont condamnées à rester intactes sans pouvoir intervenir dans l'évolution sociale. Ces impacts se sont intensifiés suite à une contamination des esprits par des idées malsaines, qui ne devient contrôlable que par des mesures impartiales et préventives. Seules les traditions positives peuvent les contenir. Car, elles sont susceptibles de se dresser contre les intérêts mesquins de certains individus et collectivités corrompus. Celles-ci constituent un instrument incontournable pour guider des hommes et des femmes à établir et à faire progresser des institutions fortes et intransigeantes à la corruption pour le bonheur public. Ainsi, l'on assiste, grâce aux traditions, à une valorisation de la qualité humaine, aussi bien pour les générations présentes que celles à venir.

Du reste, pour mieux appréhender l'application d'une tradition dans un système, l'on fait fréquemment référence à sa source, c'est-à-dire au milieu d'où elle a été empruntée pour servir de moyen d'aboutissement à un objectif. Il s'agit, en effet, de transférer certaines valeurs utiles, issues de la tradition, conformément aux modalités requises, afin de les exploiter dans une autre forme de structure sociale, dans le but d'obtenir le même résultat. La reproduction des mêmes faits traduit le caractère inéluctable de la tradition, la distinguant nettement d'une institution, qui prolonge son espérance de vie, sans pour autant faire du copiage son seul espoir. Toutefois, la ressemblance du modèle institutionnel des traditions peut facilement se faire remarquer dans des petites agglomérations ou dans des organisations socio-professionnelles qui l'ont adapté. Ainsi, le nouvel esprit de la tradition incarné dans un nouveau mode de vie représente une véritable institution. Par exemple : le rationalisme critique issu de la tradition rationaliste s'érige en une institution dans le monde scientifique.

L'on peut aussi constater, dans le même sens, l'emploi de la tradition sous forme de profession apportant plus de précision à ses différentes fonctions. La première fonction consiste à améliorer la production par un renforcement continuel de capacité. La deuxième fonction est l'octroi d'un statut social par une participation active au développement. La troisième fonction de la tradition est l'influence sur le milieu par adaptation impérative des coutumes.

Or, à son stade primitif, les traditions forment les enfants à apprendre le bien-être à l'aide de leurs parents avant de s'intégrer définitivement dans la société. Elles renferment des exigences à respecter impérativement pour être apte à occuper une position sociale. La tradition peut prendre quatre formes d'acquisition selon l'étape de la vie : la forme d'imitation pour les enfants, celle d'initiation pour les adolescents et d'apprentissage pour les moins jeunes, avant de se transformer en profession avec les adultes. Certaines traditions peuvent se contenter des trois premières formes, sans se soucier de la troisième dont la fonction consiste à faire progresser la profession. Mais, cela ne peut être réel sans susciter des discussions engendrées par la diversité des arguments qui expliquent avec discernement la détermination des activités comparables à celles issues d'une autre institution. Ce qui fait que l'institutionnalisation d'une fonction devient plus complexe, à cause de la diversité des traditions, dont chacune est en conformité avec différentes professions. Par exemple, la tradition peule se distingue nettement de celle des Haoussa quelques similarités près, particulièrement au niveau de l'exercice des fonctions qu'elles déterminent. Mais, l'essentiel de toutes les formes de tradition, c'est de former les humains qui donnent le meilleur d'eux-mêmes, en faisant progresser qualitativement la production.

Dans sa fonction de production de qualité, la tradition peut être institutionnalisée. Elle peut en même temps prendre la forme d'une formation en perpétuant son contenu dans la discipline et la simplicité, c'est-à-dire en conservant les coutumes profitables à tous et qui facilitent l'exercice du métier avec professionnalisme. Mieux encore, lorsqu'une tradition expose son contenu à la discussion critique, elle se rationalise et s'éloigne davantage du dogmatisme et du fatalisme qui la régressent brutalement à l'infini. Ses tenants peuvent, de ce fait, s'empêcher d'user de la violence, même s'ils sont limités et dépassés. C'est, donc, à la lumière de la critique que la tradition se clarifie davantage et devient plus perceptible à la raison. Cependant, ceux qui pensent la conserver en la préservant de toute manière de la discussion critique, notamment en imposant des interdits, s'opposent à son existence et la précipitent à la ruine.

Ce n'est pas en luttant contre le rationalisme critique qu'une tradition peut se perpétuer dans le temps et dans l'espace. Par contre, sa fonction reproductive est en danger, puisqu'elle est vouée à s'éteindre, si elle se recroqueville à la forme primitive d'imitation ou d'initiation. Elle n'aura aucune chance de se propager dans le présent ni de se projeter dans le futur, à des endroits encore plus vastes que lorsqu'elle adapte la forme argumentative. Selon Olivier Meier, Audrey Missonier (2006, p. 225) « la confrontation d'opinions permet aux acteurs de se concentrer sur la solution la plus appropriée ». Ainsi, des expériences peuvent être partagées pour permettre d'envisager des solutions et engranger des avancées significatives. Car, c'est en discutant des problèmes rencontrés dans la société qu'une tradition peut être transformée et prendre une nouvelle forme plus adaptée au contexte présent. Les véritables destructeurs d'une tradition se révèlent donc être ses imposteurs aux desseins inavouables qui procèdent, d'abord à être hostiles à la raison, puis à la tradition elle-même, en mettant en place des règlements indiscutables qui couvrent leurs propres intérêts. Ils commettent l'erreur de présenter leur tradition comme l'idéal suprême par lequel s'accomplit la perfection humaine, et pour laquelle il n'y a rien à augmenter ni à retrancher. Ils la retirent ainsi de la critique qui puisse la pousser au développement. C'est dans le même sens que K. R. Popper (1985, p. 205) écrit :

> Ces modernes ennemis de la raison sont tantôt des antitraditionnalistes en quête de nouveaux moyens plus percutants d'« expression personnelle » ou de « communication », et tantôt des traditionnalistes qui hypostasient la sagesse de la tradition du langage. Les uns comme les autres soutiennent implicitement une théorie du langage qui ne voit pas plus loin que la première ou, à la rigueur, la deuxième de ses fonctions, tandis que dans leur pratique ils encouragent à déserter la raison et à fuir la prestigieuse tradition de la responsabilité intellectuelle.

En marge de la conception rationaliste et du caractère décisif que peut revêtir la tradition, il se pose encore avec insistance, le problème de sureté sur le fondement de toute pensée rationnelle.

Car, dans le passé l'on a cru que la modernité est « le triomphe de la raison » par « la destruction des traditions » fondatrices de l'ordre social primitif ou à travers « la colonisation du vécu par le calcul ». Il n'en est pas pour aujourd'hui lorsqu'à la conduite éclairée des élites, l'appellation du monde moderne exige de reconnaître la diversité dans l'universel, « de sorte que ceux qui s'identifient à la raison apparaissent désormais comme les défenseurs d'un pouvoir arbitraire » (A. Touraine, 192, p. 4). En tout état de cause, la reconstruction de la modernité nécessite un retour aux origines. Mais, cela ne peut se faire que par la méthode de critique rationnelle qui libéralise l'esprit pour accéder au développement et à la vérité.

Conclusion

En somme, l'usage pratique de la tradition devient rationnel par la méthode de l'argumentation critique. Du fait même que la science en fait sa priorité dans sa démarche à faire de nouvelles inventions, il résulte qu'elle est indispensable dans la théorisation de la tradition. Si une tradition est en mesure de modeler les actions humaines, c'est que l'influence qu'elle exerce doit être prise en considération. L'entretien d'une tradition utile relève donc du domaine de la rationalité, mais sa perdition conduit inévitablement à la chute. La réussite d'une société est fondamentalement liée au rôle que joue la tradition et à la place que lui réservent les mœurs. La critique rationnelle est la voie sûre qui procède à l'épuration du contenu de la tradition. L'hypothèse scientifique, qui consiste à supposer la tradition comme un phénomène social changeant, permet de déterminer scientifiquement l'origine et le but de la tradition qui guide les hommes vivant en société. Pour qu'il y ait donc d'innovation, les traditions sont perpétuellement soumises à la discussion critique, dans le but d'obtenir un nouveau style, susceptible d'être découvert et pouvant activer le développement.

Références bibliographiques

AKAKPO Yaovi (2019), *Le technocolonialisme*, Paris, L'Harmattan.

BENOIST Alain de (2003), « Une brève histoire de l'idée du progrès », in *Critiques théoriques,* édition l'Age d'homme.

BOUVERESSE Renée (1986), *Karl Popper ou le rationalisme critique*, Paris, Vrin.

BOYER Alain (2007), « La rationalité ouverte », in *Philosophia scientia,* Vol. 11, cahier 1, Paris, Kimé, pp. 3-19.

DESSINGA Giscard Kevin (2017), *Karl Popper ou le rationalisme pluraliste : essai d'une épistémologie de la démolition*, Editions Publibook.

GAGLIO Gérald (2011), *Sociologie de l'innovation*, Paris, PUF.

GOSSELIN Gabriel (1975), « Tradition et traditionalisme », in *Revue Française de Sociologie,* 1975, n°16-2, pp. 215-227.

MEIER Olivier, MISSONIER Audrey (2006), « La gestion dynamique d'un processus d'innovation technologique dans le cadre d'une fusion », in *Finance Contrôle Stratégie* – volume 9, n° 5, Paris 12, IRG, pp. 209-235.

NGUIMBI Marcel (2006), *Karl Raimund Popper et le symbolisme logique*, Thèse de doctorat en philosophie, Brazzaville, UMNG/FLSH.
NGUIMBI Marcel (2012), *Penser l'épistémologie de Karl Popper*, Paris, L'Harmattan.
PIMBE Daniel (2009), *L'explication interdite. Essai sur la théorie de la connaissance de Karl Popper*, Paris, L'Harmattan.
POPPER Karl Raimund (1956), *Misère de l'historicisme*, Paris, Plon.
POPPER Karl Raimund (1979), *La société ouverte et ses ennemis*. Tome 1 : *L'ascendant de Platon*, Paris, Éditions du Seuil.
POPPER Karl Raimund (1981), *La quête inachevée, autobiographie intellectuelle*, Paris, Presses Pocket.
POPPER Karl Raimund (1985), *Conjectures et Réfutations. La croissance du savoir scientifique*, traduit de l'Anglais par Michelle-Irène et Marc B. de Launay, Paris, Payot.
POPPER Karl Raimund (1990), *Le Réalisme et la science*, Paris, Hermann.
POPPER Karl Raimund (1991), *La connaissance objective*, Paris, Aubier.
POPPER Karl Raimund (1992), *Un univers de propensions. Deux études sur la causalité et l'évolution*, Paris, Edition l'Eclat.
TOURAINE Alain (1992), *Critique de la modernité*, Paris, Les Éditions Fayard.
WEIL Eric (1991), *Essais et Conférences*, Tome 1, Paris, Edition Vrin.

CHAPITRE 5

Le défi d'innovation dans une société du risque

Yaou Gagnon ALI
Université de Lomé

Résumé : Ce texte est centré sur la capacité d'innover dans une société dont une catégorie majeure est le risque. Ainsi, prenant conscience du caractère réflexif des technosciences contemporaines qui portent en elles-mêmes des risques de nature inédite, il s'agit de répondre à la question : comment innover dans une société du risque ? Il est considéré que si l'on admet que l'innovation est un défi majeur pour les sociétés en accélérations, il est tout de même évident que l'une des catégories sociales aujourd'hui est le risque technologique qui rend nécessaire l'inscription des innovations dans une perspective prudente et responsable.

Mots clés : Innovation, société du risque, risque, rationalité opératoire, technoscience.

Abstract: This paper underscores the ability to innovate in a society whose major category is risk. Thus, the awareness of the reflexive nature of contemporary techno-sciences which embody unprecedented risks results in wondering: How to innovate in a risk society? It is deemed that if we admit innovation to be a major challenge for societies in rapid growth, it is nonetheless obvious that one of the social categories today is the technological risk which makes it necessary to place innovations under a prudent and responsible perspective.

Keywords: Innovation, risk society, risk, operational rationality, techno-science.

Introduction

La technoscience est une rationalité opératoire et manipulatoire qui ouvre le champ de tous les possibles. Elle est le mode contemporain d'être-au-monde. Ainsi, « la technoscience est bien autre chose qu'un simple couple de science et de technique ou qu'une simple subordination de la connaissance à des intérêts pratiques ou économiques. C'est un processus historique qui transforme la nature et la société dans son ensemble en une vaste scène expérimentale » (B. Bensaude-Vincent, 2009, p. 15.). Comprise dans cette acception, la technoscience n'entretient pas une relation de vérité au monde, elle ne vise pas à dévoiler les choses ni à voir (au sens de connaissance théorique, de contemplation, de découverte). La technoscience, dans l'orientation qui est la sienne, est dans une visée de traque, « d'arraisonnement » pour reprendre l'expression heideggérienne, de « mise au travail » des choses et des êtres en les réduisant au simple statut de ressources disponibles à mobiliser et de moyen au service des fins humaines. Elle est essentiellement liée à l'innovation et se révèle comme le moteur de la transformation des sociétés contemporaines. Aussi apparaît-il qu'elle s'accompagne de risque à travers l'innovation. Ainsi, il s'agit ici de réfléchir sur la capacité d'innover dans une société dont une catégorie majeure est le risque. C'est-à-dire, dans une société où l'on prend de plus en plus conscience des risques qui accompagnent l'innovation technoscientifique. Ce texte tente donc de répondre à la question : comment innover dans une société du risque ? Il est considéré que si l'on admet que l'innovation est un défi majeur pour les sociétés en accélérations, il est tout de même évident que l'une des catégories sociales aujourd'hui est le risque technologique qui rend nécessaire l'inscription des innovations dans une perspective prudente et responsable.

1. L'innovation comme défi dans les sociétés émergentes

Dans les sociétés contemporaines, la technoscience colonise tous les aspects de l'homme, de la vie et de la société. Nous faisons l'expérience quotidienne du « technocolonialisme » (Y. Akakpo, 2019). Le philosophe togolais retient que, dans les sociétés émergentes notamment celles d'Afrique où les technologies traditionnelles ont encore une place fonctionnelle dans l'économie, l'agriculture, la production et le commerce, l'« innovation continue » apparaît sans nul doute comme le défi majeur. L'épreuve à laquelle la technoscience soumet les sociétés émergentes trouve son alternative non dans les « techniques intermédiaires » (S. Diakité, 1985, p. 109). La notion de « techniques intermédiaires », discutée par Y. Akakpo (2016), vient de S. Diakité et renvoie aux technologies traditionnelles, c'est-à-dire les technologies qui entretiennent et reproduisent le sous-développement. La conscience de l'épreuve à laquelle la technoscience soumet les sociétés émergentes et en accélérations ne postule pas en faveur de ces techniques dites intermédiaires comme alternatives.

De même, l'alternative à l'épreuve que subissent les sociétés émergentes et qui creuse les écarts entre « centres et périphéries » n'est pas non plus dans « l'importation » des biens technologiques des sociétés développées. Dans son analyse des pays sous-développé, A. Emmanuel discute utilement la position de S. Diakité qui pense que les sociétés sous-développées n'ont besoin que des « technologies sous-développées », c'est-à-dire les technologies qui entretiennent et reproduisent le sous-développement. Contre cette position, A. Emmanuel affirme que les sociétés émergentes ne peuvent et ne doivent rester en marge des technologies de pointes des pays développés. En partant de ce postulat, il aboutit à la conclusion selon laquelle, les pays sous-développés doivent s'inscrire dans la logique des transferts de technologies, c'est-à-dire dans la logique de l'importation des « biens d'équipements, de machines-outils, usines clés en mains ». En réalité, si A. Emmanuel a raison de souligner que les sociétés émergentes ne peuvent se contenter des technologies traditionnelles dites intermédiaires, on remarquera toutefois que sa position selon laquelle elles doivent s'engager dans le transfert des technologies de pointes est discutable et ceci pour deux raisons au moins.

D'abord, il faut noter que les sociétés émergentes ne peuvent se contenter du transfert des technologies de pointes parce que, au moins depuis la modernité, la technologie comporte des enjeux économiques et politiques (Y. Akakpo, 2016). Toute technologie répond à des enjeux politiques et économiques. Comprendre la technologie dans ses dimensions politiques et économiques montre que son développement par une société ne peut se réduire à une « simple importation ». Puisque, dans les sociétés contemporaines, il est évident que « les détenteurs de la technologie n'ont aucune vocation à partager leur monopole » (J. Perrin, 1983, p. 45).

Dans un autre sens, il convient de remarquer que le développement technologique ne peut se réduire à un « couper-coller » technologique, c'est-à-dire à un simple transfert des technologies. C'est dire en réalité que le développement technologique ne peut se passer de ce qu'il convient d'appeler avec Jean-Jacques Salomon, « l'éthos socio-culturel ». J-J. Salomon et A. Lebeau ont montré que toute technologie s'inscrit dans son éthos socio-culturel, c'est-à-dire dans ses réalités socio-culturelles. Ainsi, le transfert des technologies ne prend pas en compte les réalités socio-culturelles des sociétés d'accueil. Ceci révèle sans ambiguïté que le défi des sociétés émergentes qui continuent de subir les épreuves de la technoscience n'est pas dans les technologies traditionnelles dites intermédiaires ni dans la logique des transferts de technologies. Ce défi se trouve fondamentalement dans la capacité de ces sociétés à s'inscrire dans l'innovation technologique continue (Y. Akakpo, 2016).

La transformation active et constante à laquelle la réalité contemporaine appelle les sociétés émergentes montre qu'elles ne peuvent contourner ou rester en marge de l'innovation continue ou ce que Y. Akakpo appelle « l'inventivité active » (2016, p. 71). En suivant l'auteur de *Science et reconnaissance*, l'innovation se définit de manière simple comme « le fait d'introduire du nouveau dans une situation ». On parlera dans ce sens, entre autres, d'innovation culturelle, juridique, éducative, économique et scientifique. L'innovation depuis la modernité tient dans une dynamique constante. Cette dynamique est la dialectique qui existe entre deux mondes différents mais intimement liés.

Il s'agit de la dialectique entre le monde des besoins et celui des inventions. Ainsi, l'innovation répond essentiellement à un besoin ou à des besoins ou, dans certains cas, inspire des besoins. Cette affirmation révèle que l'innovation est fille du couple « insatisfaction du présent et recherche d'un idéal ». L'innovation tient au milieu entre l'insatisfaction vis-à-vis du présent et la recherche d'un idéal. Ainsi, l'insatisfaction vis-à-vis du présent pousse à la quête de la nouveauté et cette nouveauté est une aspiration vers l'idéal recherché. Dans ce sens, l'innovation exige une transformation du système social. L'innovation pour se produire nécessite des conditions fondamentales sans lesquelles elle ne peut se produire. Les sociétés émergentes ont besoin d'une « auto-transformation » afin de relever convenablement les « défis sociaux qui sont les leurs » (Y. Akakpo, 2016, p. 73).

Dans ces conditions, l'innovation technologique constante à laquelle les sociétés en accélération sont invitées nécessite, au-delà de la transformation sociale, une innovation du système pédagogique et universitaire. Les universités des sociétés émergentes et en accélérations doivent s'inscrire dans la logique de la nouveauté, de l'inventivité et de l'innovation continue. La fonction majeure de l'innovation pour les sociétés en accélération qui continuent de subir la pression de « l'autre monde » est de soutenir l'économie et le social ainsi que de permettre à la société de survivre dans un « univers de nouveauté ». Le monde contemporain est essentiellement un univers de nouveauté. L'univers de la nouveauté est celui dans lequel l'invention et l'innovation sont les seules normes justificatives de la transformation sociale. Mais dans sa mission en tant que catégorie sociale contemporaine, l'innovation technologique se dédouble et s'accompagne incontestablement de risques. Ces risques liés à l'innovation technologique, à mesure que l'innovation croît, se multiplient et transforment nos sociétés contemporaines en sociétés du risque dans lesquelles le risque apparaît comme une catégorie sociale incontournable.

2. De l'innovation aux sociétés du risque : le risque comme catégorie sociale

Le monde contemporain fait irruption comme un monde de la nouveauté. Porté par la rationalité de la technoscience, le monde contemporain fait de l'invention ou de l'innovation, une catégorie sociale fondamentale. Ainsi, toute société contemporaine fait sien l'idéal technoscientifique de l'innovation. Mais, comprise fondamentalement comme catégorie sociale, l'innovation technoscientifique s'accompagne des risques. Cette analyse part d'abord d'Ulrich Beck. Il analyse les sociétés contemporaines et note particulièrement qu'elles sont des sociétés du risque.

Dans son analyse de la modernité et de la rationalité opératoire de la technoscience, Ulrich Beck (2008) note une « rupture à l'intérieur de la modernité » notamment la remise en cause de l'idéologie (religion) moderne du progrès. Le progrès technoscientifique a engendré toutes sortes de menaces, de maux, de dangers que Beck résume dans le concept de risque. Les risques technoscientifiques, selon Ulrich Beck, nous introduisent dans « la société du risque ». Nos sociétés contemporaines sont donc des sociétés du risque. Si elles sont des sociétés du risque, ce n'est pas seulement parce qu'elles sont des sociétés dans lesquelles apparaissent des risques (puisque toute société connaît de risques). Encore moins, parce qu'elles sont caractérisées par le fait que les risques y sont nouveaux, et d'une ampleur inédite (ce qui est pour autant vrai). Elles sont des sociétés du risque dans la mesure où le risque y structure le champ d'action individuelle et collective.

Ainsi dans les sociétés contemporaines du risque (les sociétés émergentes et en accélérations n'échappent pas à cette logique), le risque a pris place dans la vie quotidienne au point que dans celles-ci, la peur (le risque) est devenue le moteur de l'action individuelle et collective. Dans ce contexte, écrit Ulrich Beck, « j'ai peur a remplacé j'ai faim » et conjointement, la question du « partage des richesses » a fait place à celle de la « gestion des risques » (U. Beck, 2008, p. 106). Ainsi, la société du risque qui en résulte se caractérise fondamentalement par le fait qu'elle se pense à travers le risque. La société du risque est une société qui se réfléchit et pense ses problèmes comme des risques. Elle est un univers caractérisé, non seulement par la diversification et la complexification des risques mais fondamentalement par sa structuration par le risque.

Toutefois, malgré la pertinence de cette position, il faut souligner que l'analyse d'Ulrich Beck se situe dans la logique des risques industriels dont Tchernobyl (1755) et Bhopal (1983) constituent des exemples tangibles (P. Lagadec, 1981). Dans son analyse des implications de la rationalité technoscientifique, Ulrich Beck note la manifestation des risques dans les diverses sphères de la vie humaine. Et, dans cette logique, il fait remarquer que le risque produit des effets immédiats et globaux. C'est-à-dire que pour lui, le risque technoscientifique déclenche des effets immédiats qui touchent aussi toute la planète. Ulrich Beck n'évalue pas la portée temporelle des risques technoscientifiques. En abordant la technoscience dans la perspective ouverte par le défi d'innovation dans les sociétés en accélérations qui sont tout de même des sociétés du risque, il s'agit pour nous, contrairement à Beck qui se limite à la portée spatiale des effets des risques, d'insister sur la portée temporelle, les effets temporels des risques technoscientifiques. Dans cet esprit, il convient de souligner que l'analyse de la portée temporelle des risques technoscientifiques contemporains révèle que leurs effets transcendent le cadre du présent, de notre génération contrairement au risque industriel.

Le risque industriel cause des effets dans l'immédiat. Sa nature fondamentale est d'avoir des effets dans l'immédiat mais aussi des effets spatiaux. C'est là que se situe l'analyse d'Ulrich Beck. L'auteur note particulièrement que le risque produit des effets « transfrontaliers », c'est-à-dire des effets qui se globalisent et traversent les frontières. La pollution de l'air est un exemple tangible. L'atmosphère ou l'air n'a pas de frontière. Dans l'accident industriel de Tchernobyl, il y a des fuites des produits chimiques qui, au départ, touchaient les pays de l'Europe de l'Est mais qui, après, s'est étendue au pays de l'ouest et à tout l'hémisphère nord. Cela révèle sans doute que le risque industriel est immédiat et global. Par contre, le risque technoscientifique contemporain va au-delà des risques industriels et comporte des effets qui non seulement touchent toute la planète (effets spatiaux) mais aussi et surtout les générations futures (effets temporels, intergénérationnels). Dans cette nouvelle compréhension de l'innovation dans les sociétés contemporaines en général et dans celles en accélérations en particulier, cette remarquable théorie politique du risque telle qu'on la trouve chez Beck oblige à articuler le défi d'innovation technoscientifique et les finalités humines de sorte que le développement puisse profiter à l'humanité présente et future.

3. Risques et nécessité d'innovation prudente dans les sociétés du risque

La puissance de la technoscience et la capacité opératoire avec laquelle elle colonise la totalité de l'expérience humaine est extraordinairement fascinante. L'expérience humaine contemporaine, celle que Husserl décrit comme une « expérience malheureuse », rend obligatoire le développement technoscientifique et l'innovation. L'innovation technoscientifique, en marge de laquelle aucune société contemporaine ne peut rester, exige retenue et prudence dans sa promotion. Cette exigence est, sans nul doute, la résultante des multiples manifestations des risques technoscientifiques. La réalité des risques et la conscience qu'il n'y a pas d'innovation sans risque sont les indicateurs de l'exigence de la prudence. Face à l'accélération des risques qui accompagnent les innovations technoscientifiques et les craintes que cela inspire, le futur de l'homme apparaît ainsi déchiré entre « éthique et technique », c'est-à-dire entre une conservation absolue et une innovation irréfléchie.

Face à cette situation, la conscience des risques liés à la technoscience loin de conduire à un refus absolu ou radical de la technoscience nécessite un « humanisme éclairé ». Cet humanisme réside dans la reconnaissance du caractère contrasté de la technoscience, c'est-à-dire le caractère ambivalent de la rationalité opératoire de la technoscience. Ce contraste de la rationalité opératoire de la technoscience révèle que l'innovation, si elle apparaît comme indispensable dans les sociétés contemporaines, ne participe pas toujours au développement humain et durable. Mais cette reconnaissance, loin de conduire à la conservation absolue qui rejette toute innovation technoscientifique, postule en faveur d'une voie moyenne qui est « l'exercice effectif de la prudence » dans la lucidité de « l'insurmontable indéterminisme » des effets de la technoscience. Cette prudence se rend à l'évidence du caractère indéterminé des effets de la technoscience. En réalité, rappelons au passage que l'une des caractéristiques du risque technoscientifique est l'incertitude.

Dans ce sens, il convient de noter que le risque contemporain a, comme nature fondamentale, l'incertitude. L'incertitude indique l'impossibilité de déterminer avec exactitude tous les effets présents et futurs que comporte un risque. L'incertitude, ici brièvement décrite et analysée dans le cadre des risques technoscientifiques, fait référence à l'indétermination liée aux risques. La société du risque est, de ce point de vue, une société d'incertitude et d'indétermination, en ce sens que les actions technoscientifiques présentes produiront dans le long terme des effets néfastes qu'on ne peut déterminer dans l'immédiat.

En termes d'incertitude, les nanotechnologies nous offrent un terrain d'analyse assez saisissant. Les risques liés aux nanotechnologies, c'est-à-dire aux nanoparticules sur l'environnement et les travailleurs (la toxicité et l'écotoxicité) ne livrent pas dans l'immédiat tous leurs effets. Parce que, pour ces technologies, il y a le primat du relationnel sur le substantiel. C'est-à-dire que pour une nanoparticule, la relation qu'elle a avec son environnement et les autres nanoparticules détermine sa capacité d'être toxique (AFSET, 2010). Cette nature des nanoparticules n'est pas sans analogie avec la pensée de Gilbert Simondon (1989) qui, dans son analyse des objets techniques, indiquait que la relation que l'objet a avec son environnement détermine son comportement. C'est le sens de son « mode d'existence des objets techniques ».

Toutefois, quand G. Simondon insiste sur le mode d'existence des objets techniques, ce n'est pas pour faire remarquer que la technique comporte des risques. Pour lui en réalité, la compréhension du « mode d'existence des objets techniques » permet de se rendre à l'évidence que la technique est humaniste, qu'elle est bienfaitrice de l'humanité et que tout dépend de l'usage que l'homme en fait. Cependant, dans le monde contemporain, la technoscience se révèle ambivalente au point que, dans l'analyse des nanoparticules par exemple, si l'on admet que la relation précède la substance, on remarquera toutefois que ce primat de la relation nous introduit dans les risques infinis que comportent ces objets techniques.

Dans ces conditions, l'humanisme éclairé et essentiellement prudent dont nous frayons les chemins ici se fondent sur la préférence de l'être au non-être, c'est-à-dire à l'attachement à l'homme plutôt qu'à son anéantissement qui est lié à la conscience de sa précarité. Ainsi, la préférence de l'homme et la conscience de sa précarité exigent prudence (vigilance) et protection. Dans cet esprit, l'exercice effectif de la prudence dans le contexte d'un humanisme éclairé dans le cadre des sociétés du risque nécessite quelques conditions fondamentales. D'abord, la conscience du caractère an-éthique et non symbolique de la technoscience, de son opérativité. En fait la rationalité technoscientifique est gouvernée par l'impératif déontique qui s'énonce ainsi : « il faut faire tout ce qu'il est possible de faire » ou « tout ce qu'il est possible techniquement de faire, il faut le faire » ou encore « conformément à l'opinion admise, aucune frontière éthique n'est imposée à la recherche » (J. Ellul, S T, p. 336). Analysé sous l'angle de l'essence axiologique de l'homme, la rationalité technoscientifique se révèle portée par une logique anti-éthique ou an-éthique. Cette « étrangéreté » de la technoscience vis-à-vis de l'humanité confirme la nécessité de l'exercice effectif de la prudence dans l'innovation dans les sociétés du risque.

Ensuite, la lucidité à l'égard des « pièges idéologiques » liés à une conservation radicale à l'ère de la mondialisation où la technoscience devient un enjeu social et un objet de reconnaissance nationale et internationale. Enfin, la lucidité que le « meilleur de la civilisation n'exclut pas la pire des barbaries » (H. Jonas, 1998, p. 8). Comprenant les enjeux de l'exercice effectif de la prudence dans les sociétés en accélérations, G. Hottois (2018, p. 245) note que :

> La richesse et le dynamisme sont dans l'évitement des excès et dans le maintien tensionnel des deux pôles : celui de la conservation pure et simple qui saborde la croissance technocosmique pour ramener en arrière de toute techno-évolution vers les symboles du passé, et celui de la précipitation dans l'abîme du futur et hors de l'éthique, précipitation exclusivement docile à l'impératif technicien.

Cette clarification montre que face à l'impératif social qu'est l'innovation dans les sociétés en accélérations et les risques qui apparaissent comme une catégorie sociale indiscutable, le faible pouvoir d'infléchissement de la trajectoire des innovations technoscientifiques montre que l'exercice effectif de la prudence est une dynamique qu'il convient d'entretenir et de nourrir à mesure que nos sociétés se transforment sous la puissance de la rationalité opératoire.

Conclusion

La technoscience est portée aujourd'hui par la rationalité opératoire qui structure et colonise tous les aspects de la vie humaine. Cette rationalité est celle qui oriente désormais le défi d'innovation dans les sociétés en accélérations. Ces sociétés en accélérations qui tentent de relever le défi d'innovation dans tous les domaines se transforment en société du risque par le dédoublement des innovations technoscientifiques qui comportent une catégorie sociale indiscutable aujourd'hui qu'est le risque. Mais ce texte montre qu'il n'est pas possible ni souhaitable d'arrêter la marche vers l'innovation continue. Par l'exercice effectif de la prudence, son allure peut être plus ou moins humaine et durable. L'histoire de l'humanité a été toujours plus ou moins humaine et parfois même horriblement barbare. L'avenir de l'innovation dans les sociétés en accélérations n'échappera pas aisément ni rapidement à ce destin. Mais l'innovation, notamment pour les sociétés en accélérations, est porteuse d'espoir accompagné de nouveaux moyens, ambivalents certes, mais dignes de considération si tout se fait avec prudence et responsabilité.

Références bibliographiques

Yaovi AKAKPO, 2019, *Le technocolonialisme. Agir sous une tension essentielle*, Paris : L'Harmattan.

Yaovi AKAKPO, 2016, *Science et reconnaissance*, Paris : Présence Africaine.

Ulrich BECK, 2008 [2001], *La société du risque. Sur la voie d'une autre modernité*, Paris : Aubier.

Vincent BERNADETTE-BENSAUDE, 2009, *Les vertiges de la technoscience*, Paris : La Découverte.

Sidiki DIAKITE, 1985, *Violence technologique et développement. La question africaine du développement*, Paris : L'Harmattan.

Jacques ELLUL, 1977, *Système technicien*, Paris : Calmann-Lévy.

Arghiri EMMANUEL, 1981, *Technologie appropriée ou technologie sous-développée*, Paris : PUF.

Gilbert HOTTOIS, 2018 [1983], *Le signe et la technique. La philosophie à l'épreuve de la technique*, Paris : J. Vrin.

Hans JONAS, 1998, *Pour une éthique du futur*, Paris : Rivages.

Patric LAGADEC, 1981, « Le risque technologique majeur », N° 26, Paris : *Les annales de la recherche urbaine.*

Jean-Jacques SALOMON et André LEBEAU, 1988, *L'écrivain public et l'ordinateur. Mirages du développement*, Paris : Hachette.

Gilbert SIMONDON, 1989, *Du mode d'existence des objets techniques*, Paris : Aubier.

CHAPITRE 6

Les identités culturelles africaines à l'épreuve de l'universalité technique

Bantchin NAPAKOU
Université de Lomé

Résumé : La rencontre entre l'universalité scientifique et l'universalité technique a engendré des transformations qui ont conduit à la mondialisation. Celle-ci est un phénomène lié à l'universalité technique dont les manifestations vont au-delà de l'universalité géographique qui induit l'urbanisation à travers la réalisation d'un village planétaire. Cette dimension de l'universalité technique devient qualitative lorsqu'elle est l'expression d'un changement qui affecte les activités intellectuelles et artistiques. Loin d'être un épiphénomène, la dynamique universaliste du phénomène technique transforme les identités culturelles des différentes sociétés. En Afrique, la rencontre de l'universalité technique et des particularismes culturels a été perçue comme une domination culturelle. Comment concilier les identités culturelles africaines avec la civilisation technicienne ? Des langues locales écrites aux danses traditionnelles partagées sous l'influence de la technique, les identités culturelles africaines acquièrent une valeur universalisatrice. Les instruments de percussion et à vent qui identifient les groupes socio-culturels donnent vie aux traditions africaines lors des cérémonies traditionnelles. Ces moments de réjouissance sont irréductibles et vécus dans la durée à l'écoute des sons de tam-tams, de flûtes, de balafons, de gongs. La technologie permet d'éterniser ces moments des cultures africaines pour mieux affirmer leur identité.

Mots clés : droits culturels, identité culturelle, mondialisation, sécurité culturelle, technoscience, universalité technique.

Abstract: The combination of the scientific universality with technical universality gives birth to transformations that are convenient to be called globalization. This in fact is a phenomenon linked to the technical universality, the manifestations of which are beyond the geographic universality which points the urbanization through the fulfillment of a planetary village. This dimension of technical universality becomes qualitative when it is the expression of a change which affects intellectual and artistic activities. Therefore, far from being an epiphenomenon, the universalistic dynamic of the technical phenomenon transforms the cultural identities of the different societies. In Africa, the combination of the technical universality with the cultural particularism was perceived as a cultural imperialism which was meant to banish African cultures regarded as third rate. How to conciliate African cultural identities with technical civilization? Local languages written and spoken on radio and television with traditional dances shares under the influence of the technique, cultural identities acquire a higher meaning. Percussion and blowing instruments which identify sociocultural groups and give life to African traditions fully play their role during the celebrations, traditional ceremonies, funerals and initiation rites. Such rejoicing moments are irreducible and lived in the duration through drums, flutes, gongs which under heavy applauses. The technology will help to record those good moments of African cultures to better express their identity.

Keywords: Ultural rights, cultural identity, globalization, technoscience, technical universality.

Introduction

Au cours de l'histoire, les sociétés humaines ont entretenu des relations de réciprocité qui se sont parfois traduites par la domination de certaines sur d'autres. Cette situation est malheureusement la marque de l'époque contemporaine où, à l'aide des innovations techniques, les sociétés occidentales imposent au reste du monde une uniformisation culturelle qui, loin d'être partagée, demeure un danger qui menace les identités culturelles. En Afrique, c'est à partir de la colonisation que les transferts technologiques ont conduit aux différentes mutations culturelles qui ont perduré jusqu'aujourd'hui. Avec la planétarisation de la technique, les interdépendances ont été créées et rendent impossible le repli sur soi, fondement de la sécurité culturelle. En ce sens, la mondialisation considérée comme un phénomène tendant à l'uniformisation, à l'homogénéité des valeurs apparaît bien comme une tentative de déstabilisation culturelle. Pour contrer cette dérive, il est besoin de fonder la mondialisation sur une éthique de la diversité dans le but de promouvoir la pluralité des cultures dans un monde où la technoscience demeure un instrument indispensable. Comment concilier l'universalité technique avec l'affirmation des identités culturelles africaines ? Quels sont les enjeux de l'universalité technique face aux mutations culturelles en Afrique ? En quel sens l'universalité technique peut-elle être un vecteur des identités culturelles africaines ? Dans un contexte où l'affirmation de soi est un droit et une valeur, il s'agit de se réapproprier la culture technique sans qu'elle ne devienne un danger culturel. Ce texte part de la modernité scientifique et y découvre les fondements de l'universalité technique. Il aborde ensuite les enjeux culturels en Afrique à partir de son contact avec l'Occident par le biais de la colonisation à travers le transfert des technologies. Il montre enfin que l'universalité technique doit être le socle des identités culturelles africaines à travers une affirmation de soi dans l'ouverture au monde.

1. De la modernité scientifique à l'universalité technique

La modernité scientifique a été un processus au cours duquel la souveraineté de la raison a conduit progressivement à une refondation du savoir à travers une démythologisation et une démystification des anciennes représentations de l'univers et de l'homme. Longtemps fondé sur des réalités surnaturelles, le savoir devient une émanation de principes rationnels. La recherche et la découverte de la vérité ne sont plus une affaire de tradition mais une question méthodique dont le fondement rationnel conduit à la certitude. Aucun savoir ne peut être tenu pour vrai s'il n'est rationnellement construit. La méthode est un ensemble de règles rationnelles grâce auxquelles on peut parvenir au savoir sans risque de se tromper. La modernité scientifique peut alors être comprise comme un processus de rationalisation du savoir qui conduit à la construction de théories et méthodes rationnelles de recherche et de découverte de la vérité. Ce qui a engendré les différentes révolutions scientifiques et techniques qui ont transformé l'humanité en village planétaire. La souveraineté de la raison est donc au fondement de la modernité dont la dimension scientifique conduit aux applications techniques. René Descartes, souvent considéré comme le « père de la philosophie moderne » n'admet aucun savoir qui ne serait passé devant le tribunal de la raison. Après le doute méthodique, le sujet connaissant parvient à la certitude de sa propre réalité. De cette première certitude, d'autres vérités peuvent être déduites si elles proviennent d'un usage méthodique de la raison, il faut tout reprendre dès les fondements : « pour toutes les opinions que j'avais reçues jusques alors en ma créance, je ne pouvais mieux faire que d'entreprendre, une bonne fois, de les en ôter, afin d'y en remettre par après, ou d'autres meilleures, ou bien les mêmes, lorsque je les aurais ajustées au niveau de la raison. » (René Descartes 1998, p.46)

Dès lors, considérer la modernité dans ce qu'elle a de spécifique, c'est reconnaître cette période où des transformations radicales ont été opérées dans le but de répandre au sein de la société ce qui pouvait être le propre de quelques-uns. La société devient elle-même objet de critique et de nouvelles représentations permettent de valoriser le changement par rapport à la répétition. Si la modernité ne peut être considérée comme le propre d'une culture ou d'une société, elle sera envisagée ici sous un angle particulier en raison du lien étroit entre l'universalité technique et la mondialisation culturelle dans le monde actuel.

Il est connu que les transformations techniques qui bouleversent le monde aujourd'hui ont une histoire qu'il faut lier non seulement au contact des différentes civilisations mais aussi à l'influence particulière d'une forme de civilisation sur d'autres. La planète est devenue une forme d'interconnexion universelle en raison du pouvoir de la science et de la technique modernes. Ces dernières ont joué un rôle dans le rapprochement et l'interdépendance des différentes sociétés. Jadis éloignées les unes des autres, les sociétés sont désormais liées grâce aux progrès scientifiques et techniques qui, comme l'air naturel répandent leurs fruits à la surface de la terre. À travers ses principes et applications, la science est devenue un savoir et un art que l'humanité charrie dans sa quête du mieux-être. Sans être l'apanage d'une culture ou d'une société particulière, la science revêt dans son essence même les exigences d'universalité.

En cela, elle devient un modèle de connaissance fondé sur des principes rationnels qui affectent son mode d'être. La science moderne a été porteuse d'un projet : la libération de l'homme à travers la maîtrise de l'univers qui le contient. Il convient au passage, de rappeler la fameuse formule de Descartes dans laquelle le projet moderne de la maîtrise technique de la nature est affirmé :

> qu'au lieu de cette philosophie spéculative, qu'on enseigne dans les écoles, on en peut trouver une pratique, par laquelle, connaissant la force et les actions du feu, de l'eau, de l'air, des astres, des cieux et de tous les autres corps qui nous environnent, aussi distinctement que nous connaissons les divers métiers de nos artisans, nous les pourrions employer en même façon à tous les usages auxquels ils sont propres, et ainsi nous rendre comme maîtres et possesseurs de la Nature. (R. Descartes 1998, p.78-79).

Dès lors, l'ambition de la science moderne est inséparable de ses applications pratiques, car il ne s'agit pas de connaître pour connaître mais de faire du savoir un pouvoir, une puissance dominatrice qui affecte toute la vie de l'homme. La vie de l'homme devient plus commode grâce aux progrès de la science et aux transformations sociales qu'elle engendre. Le lien entre théorie et pratique devient plus intense et les découvertes scientifiques acquièrent un pouvoir d'application. La science moderne est en réalité une possibilité de disposer techniquement des choses à travers la vision mécaniste du monde telle qu'elle apparaît au XVIIe siècle avec Galilée. Comme l'écrit Jürgen Habermas (1993, p.34-35) : « Les sciences modernes engendrent un savoir qui, dans sa forme même (sinon dans son intention subjective), est un savoir techniquement utilisable, quoiqu'en général les possibilités d'application ne soient apparues qu'ultérieurement.»

La découverte des lois naturelles permet de promouvoir une science dont les principes, à travers la précision et l'exactitude, remet en cause l'ordre surnaturel et les explications métaphysiques de l'univers. De la science classique à la science moderne, le changement de paradigme permet une rupture avec les données qualitatives en vue d'une analyse quantitative de l'ordre naturel. Le fait de dompter la nature apparaît ainsi comme un moyen pour l'homme d'augmenter ses forces productrices en vue d'acquérir davantage la possibilité de progrès dans divers domaines. Loin d'être une simple curiosité humaine, la connaissance scientifique est le passage de la théorie à la pratique, une source d'éclairage qui permet une dialectique entre progrès technique et progrès scientifique, le second fondant le premier et le premier accomplissant le second. C'est à travers cette mise en valeur de la science et de la technique que l'humanité devient de plus en plus une réalité dont la nature est liée aux pouvoirs de l'homme. La maîtrise de la nature par l'homme lui confère des moyens techniques d'actions qui engendrent des transformations sociales, culturelles et politiques. L'idée que l'homme se fait de lui-même et de ses rapports à autrui change. Comme le remarque Jean-Jacques Salomon, (1993, p.70.) :

> *La technologie, c'est toujours la technique qui passe par la science, qui associe le travail du laboratoire à celui de l'usine*, pour agir non seulement sur la nature ou les choses, mais aussi sur les hommes et la société, leur mode de production et de consommation, leur organisation et leur système de communication, finalement leur vision d'eux-mêmes : la technologie n'est pas seulement création et transformation d'objets physiques, elle est aussi création et transformation d'objets immatériels.

De ce fait la reconstruction de l'univers et du droit naturel classique est l'œuvre de la modernité scientifique qui a induit une interprétation conjointe de la nature et de la société. Cette révolution est due à l'introduction des mathématiques dans les sciences. Les mathématiques ne sont pas fondées sur des principes subjectifs mais bien sur des normes objectives soustraites de la réalité empirique qui, elle, est contingente. Le fait scientifique n'est plus ce qui est perçu par les sens mais la réalité observée à travers des instruments techniquement adaptés. La connaissance des lois permet ainsi d'agir sur la nature et d'en prévoir les phénomènes. Cette dimension quantitative de la science moderne lui donne une applicabilité qui se traduit dans la technique. La technique est une force agissante qui confère à celui qui la possède un pouvoir matériel et une puissance dominatrice capable de transformer le vécu des hommes et leur univers social. La technique n'est pas seulement un instrument au service de l'homme qui l'a créé, elle est aussi un pouvoir de l'homme sur l'homme. Par la technique, la modernité scientifique est devenue une civilisation de l'universel à travers un processus de maîtrise de l'espace qui se traduit par une industrialisation et une urbanisation du monde. En effet, pour Pierre Delvenne (2011, p.37) :

> lorsque le concept de modernité est évoqué, il fait référence aux transformations sociales et institutionnelles qui trouvent leur origine à l'Ouest. La modernité apparaît comme un projet occidental, dont une des conséquences importantes est la globalisation, qui est plus qu'une diffusion des institutions occidentales à travers le monde : elle introduit de nouvelles formes d'interdépendances mondiales.

Dès lors, l'universalité technique devient une réalité qui se manifeste à travers le monde et aucune société n'échappe à cette nouvelle forme d'invasion en raison de sa portée dans les transformations sociales, politiques et culturelles. Le monde contemporain est un univers technique dans lequel les progrès technoscientifiques déterminent le mode d'être des sociétés. Les sociétés ne sont plus des vases clos, elles sont ouvertes et se transforment à travers leurs contacts avec le reste du monde et à l'intérieur d'elles-mêmes. L'univers technique est un monde matérialisé à travers la dimension pratique de ses productions. Les produits techniques ne sont pas de simples objets, ils sont destinés à un usage et à une fin pratique. En cela, l'universalité technique est une appropriation mentale qui se traduit dans un langage universel où le signifiant et le signifié renvoient à une réalité technique. Les ordinateurs, les téléphones portables, les télévisions et les divers systèmes de communication sont autant de facteurs qui mettent en scène le visage technique de la planète. Sans reléguer au second plan le système économique, ce dernier sert de moteur à toute mobilité car les échanges économiques et les transferts de technologie rendent possibles les interdépendances mondiales. La technique apparaît comme le vecteur de l'universalité en ce qu'elle favorise une invasion sociale par le biais des transformations culturelles à l'aide d'une homogénéisation du langage. C'est à juste titre que Lazare Poame (2002, p.334-335) écrit :

> Le signe de cette universalité est l'invasion de la technique dans les domaines les plus divers, des tâches les plus humbles aux plus élevées, de l'activité culinaire primitive à l'activité intellectuelle et artistique. L'universalité qualitative est l'expression d'un changement (de disposition) par lequel se substitue à l'ancienne appropriation manuelle du monde naturel une appropriation

mentale, par symboles et images du technocosme. Cette nouvelle forme d'appropriation s'accompagne d'une homogénéisation du langage par le biais de l'informatique.

Cette homogénéisation du langage favorise la réalisation progressive de ce qu'on peut appeler cerveau planétaire. Du village planétaire au cerveau planétaire, le phénomène technique apparaît désormais comme l'expression la plus forte de la dynamique universaliste :

> Du village planétaire au cerveau planétaire, la dynamique universaliste du phénomène technique est loin d'être pris pour un épiphénomène. C'est même un des traits dominants de notre époque. Géographiquement et qualitativement universel, le phénomène technique, du fait de son articulation fondamentale à la science qui lui confère par ailleurs l'appellation de technoscience, est donc par nature voué à l'universel. (L. Poame, 2002, p.335).

Il ne s'agit donc plus de s'interroger sur l'existence de cette universalité technique mais de comprendre son mode de fonctionnement et son impact sur la vie des hommes et les relations entre les différents États. Comment comprendre les enjeux de l'universalité technique à travers les transformations culturelles en Afrique ?

2. Universalité technique et enjeux culturels en Afrique

Chaque peuple a une histoire particulière et une culture qui conditionnent son existence et sa manière d'être au monde. Aucune société ne peut s'affirmer en reniant son passé et son histoire. Dans cette perspective, il faut reconnaître que l'Afrique est un continent qui a un passé au travers duquel son histoire et son identité peuvent être comprises. L'Afrique a un passé culturel qu'il faut restituer pour comprendre son présent marqué par une mondialisation culturelle. Ainsi, parler de l'Afrique traditionnelle, c'est aller à la rencontre d'une diversité culturelle qui en constitue l'âme et la beauté. Car la pluralité est source de plénitude et d'enrichissement mutuel. Comme aujourd'hui, l'Afrique traditionnelle a été marquée par les pratiques culturelles qui identifient et lient les différentes sociétés. De ce fait, il faut reconnaître que l'Afrique noire n'est pas une entité homogène, elle offre une diversité dans l'espace et dans le temps qui est la source de sa richesse. Aussi, faut-il reconnaître que malgré cette diversité, on peut observer la présence d'un socle commun qui fonde l'unité culturelle, il y a des traits fondamentaux qui unissent les différentes cultures et traditions en Afrique. C'est dans cette logique que Kéba Mbaye (2002, p.33) affirme :

> La société traditionnelle africaine avait un air de famille qui, à travers la grande diversité des groupes ethniques que l'on peut dénombrer en Afrique, présente une certaine uniformité des institutions pouvant permettre de dire qu'il y a entre les différentes règles qui régissent les rapports humains en Afrique, un fond commun constitué par un contenu, une origine, un esprit et une finalité.

Les différentes cultures africaines sont fondées dans leur vision du monde sur un ensemble de traits caractéristiques qui lient l'homme au cosmos et aux entités surnaturelles. L'homme est lié à la nature et ne peut être compris que dans sa relation au sacré qui assure une médiation entre le terrestre et le céleste. L'homme des sociétés africaines traditionnelles n'est pas un être autonome qui peut être compris par lui-même, il a une dimension ontologique qui révèle l'unité du monde invisible et du monde visible. Le ciel et la terre représentent pour l'Africain une unité vivante de laquelle la vie tire sa substance, les morts retournent par la terre à leur lieu originel pour revenir habiter la terre de façon invisible mais agissante. C'est pourquoi la Nature est vénérée car elle représente le lieu par excellence du passage terrestre au cours duquel l'esprit communautaire enjoint l'hospitalité et la solidarité. L'oralité, la piété et l'esprit communautaire sont des traits marquants des sociétés traditionnelles africaines qui étaient aussi hiérarchisées. Le respect de la Nature se manifeste dans le rôle que joue le sacré dans presque toutes les activités culturelles.

Dans cette perspective, le sacré joue un rôle fondamental dans les traditions africaines en ce qu'il constitue le socle des pratiques culturelles. La religion, l'art, l'artisanat, l'architecture, la musique, la danse, le folklore, les rites d'initiation et de veuvage, les cultes ancestraux sont l'expression d'une manière d'être qui ne se comprend qu'à travers comment ces peuples de l'Afrique d'hier concevaient une unité entre les éléments de l'univers animé et non animé, la communion qui existe entre Dieu, les ancêtres, les morts et les vivants. Dès lors, il y a une interconnexion des différents éléments qui culmine dans la spiritualité. Cette spiritualité a pour fondement un ensemble de traits dont la dimension la plus importante est la religion. Celle-ci est la pierre angulaire de tous les édifices culturels et l'homme n'acquiert sa véritable humanité qu'en valorisant cette part du divin en lui. Les traits culturels sont la plupart du temps une émanation du divin et la compréhension de l'univers invisible détermine la place de l'homme au sein du cosmos. S'il y a dans les cultures africaines une valorisation de l'homme, le divin est un élément qui est au fondement de cet humanisme. Le fait pour l'homme d'être un élément du cosmos qui l'englobe et le dépasse signifie que la compréhension de son patrimoine culturel doit se nourrir du divin, source et fondement des biens culturels. La culture a de ce fait une dimension spirituelle qui constitue le vecteur de son identité. Pour Dominique Zahan (1970, p. 9) : « la religion est comme une sorte de langage où la parfaite compréhension de chaque élément nécessiterait la connaissance non seulement des diverses significations qu'il renferme, mais encore de tout le patrimoine spirituel de la société qui l'emploie. »

De ce point de vue, les empreintes des religions ancestrales sur les cultures africaines ont été et demeurent la source vive dans l'affirmation des identités culturelles. Les traditions africaines ont été pendant longtemps le symbole de la fidélité et la marque de la confiance des valeurs ancestrales. Les langues ont été le vecteur de cette persistance dans le temps des valeurs culturelles transmises de génération en génération. Les acquis du passé permettent de valoriser le présent à travers un enrichissement qui évite l'anéantissement. Le passé africain est donc présent dans l'Afrique contemporaine malgré le temps qui nous sépare de nos ancêtres. On peut alors affirmer que l'Afrique a connu une manière d'être, une façon de vivre avant la colonisation et il y a toujours à l'heure actuelle la persistance de cette tradition malgré les mutations culturelles survenues au cours de l'histoire. Beaucoup de pratiques culturelles traduisent de nos jours cette tradition dans diverses contrées du continent. C'est à juste titre que Joseph Ki-Zerbo (2008, p.19) a pu dire : « L'Afrique d'hier est encore une donnée contemporaine. Elle n'est ni passée, ni, à certains égards, dépassée. Il y a des cours de chefs traditionnels africains où l'on répète des formules de sacrifice qui n'ont peut-être pas varié depuis un millénaire ». S'il est attesté que l'Afrique a eu un passé, ce dernier n'est plus son présent en raison de divers facteurs qu'il convient d'analyser à la lumière des acquis de la modernité scientifique.

Dans cette perspective, on peut considérer les progrès scientifiques et techniques à partir de ce qu'ils ont pu être dans les sociétés occidentales : la libération de l'homme malgré l'asservissement qui s'en est suivi. L'application de la science et les productions techniques ont eu des effets considérables qui vont de l'éradication des maladies endémiques à une augmentation massive de l'industrialisation et de l'urbanisation. L'augmentation de la population crée de nouveaux besoins et facilite la rencontre des hommes et des cultures. La curiosité de l'homme accroît son pouvoir d'invention et le libère de la nature. Les rapports entre l'homme et son environnement deviennent plus complexes mais favorisent les transformations de villages en villes, rapprochant ainsi les contrées qui étaient auparavant lointaines. La vie de l'homme devient plus commode et les frontières entre les différentes civilisations tendent à être réduites à de simples jeux de voisinage. On peut, à l'aide des moyens de transport voyager, et atteindre un autre coin du monde comme si on allait à pied au marché d'un village voisin. Cette conquête de l'espace à travers les applications techniques a permis de découvrir le monde dans sa densité et de l'explorer.

De ce point de vue, la recherche du bonheur de l'humanité à travers une expansion de la connaissance scientifique et technique a été mise en œuvre sur le continent africain à travers la colonisation qui a imposé une nouvelle manière d'être aux Africains. Cette domination d'une civilisation par une autre s'est traduite dans le transfert des technologies, qui ont engendré des transformations profondes des sociétés africaines. Cette irruption des techniques nouvelles dans les sociétés africaines s'est accompagnée d'une importation de valeurs qui ont transformé les représentations que les Africains se faisaient d'eux-mêmes et de leurs rapports à la société et à la nature. C'est avec raison que Sidiki Diakité (2016, p.104.) écrit :

> Ce qui veut dire qu'utiliser les technologies occidentales en-dehors de leurs sphères d'origine, c'est importer aussi tout un ensemble de valeurs, une conception du monde, du bonheur, de la nature, et même du développement et ceci devient explicite en observant les sociétés africaines nouvellement industrialisées.

L'occupation des territoires à travers la colonisation a engendré plus qu'un brassage culturel, car le traçage des routes, la construction des usines, des locaux administratifs et l'implantation des églises ont détruit des forêts sacrées. Très souvent, les églises ont été construites à des endroits réputés défavorables à toute présence humaine en raison des esprits ancestraux qui y logeaient. Ces lieux ont été présentés aux missionnaires qui ont pu les transformer en espaces de rencontres chrétiennes. Le christianisme a contribué au déracinement culturel en qu'il a introduit des pratiques religieuses qui conditionnaient la conversion de l'Africain par l'abandon des pratiques culturelles ancestrales. De même, les écoles à travers des programmes d'enseignement dans une langue étrangère ont transformé les fondements traditionnels de l'éducation et de la culture africaines, car l'enfant est appelé à s'instruire pour intégrer la société moderne dans un État dont l'administration est conçue selon le modèle occidental. La vie de beaucoup d'Africains n'est plus ancrée dans le respect et la protection des valeurs ancestrales mais implique une adaptation aux nouvelles exigences de la vie moderne introduites par les nouveaux États issus de la colonisation. Il n'est donc pas exagéré de dire que l'Afrique a connu d'intenses mutations culturelles à partir de sa rencontre avec l'Occident. En ce sens, il y a une crise socio-culturelle qui se traduit par une inadaptation des hommes et de leur mode de vie aux nouvelles formes de vie imposées par la culture technique. Il y a ainsi une désorganisation des liens sociaux collectifs structurant les communautés humaines. Cette dynamique sociale due à la fois à l'industrialisation et à l'urbanisation a fait exploser les sociétés traditionnelles à travers une désintégration, un choc déstabilisateur car : « Désormais l'individualisme, la perte du sens de l'esprit communautaire, les manquements aux exigences spirituelles de la communauté, sont autant de négativités qui se sont installées dans les sociétés africaines » (S. Diakité 2016, p. 102.)

Le propre de chaque société est la conservation de soi et une affirmation de son identité à travers le rejet de toute forme d'impérialisme culturel. Lorsqu'un changement est l'œuvre d'une occupation étrangère, il est considéré comme un choc car il apparaît dans un contexte inattendu et survient comme une ombre qui s'invite à la lumière. Toute transformation sociale doit être le fruit d'un processus lent mais voulu par les acteurs sociaux eux-mêmes qui la considèrent comme l'avènement d'un nouveau monde qui tire sa sève de la société en pleine mutation. L'expérience vécue à travers la colonisation a été perçue comme un signe d'aliénation culturelle dans la mesure où le colonisé est considéré comme un être dont la valeur réside non dans l'affirmation de soi mais dans l'assimilation et l'abandon de soi. L'humanité du colonisé réside dans son rapprochement de la culture occidentale considérée comme le modèle et le signe de la supériorité humaine. Cette représentation est fondée sur les bienfaits de la civilisation technicienne bien que cette dernière contribue aussi à l'anéantissement d'une manière d'être d'un peuple. C'est dans ce sens qu'il faut comprendre l'analyse du philosophe camerounais Marcien Towa (2009, p.23-24) :

> La première expérience du Nègre colonisé, après l'effondrement de son univers, fut l'éblouissement par le monde occidental aperçu dans l'éclat aveuglant de sa victoire. Fasciné, il n'eut plus bientôt qu'une aspiration : s'échapper du monde vaincu et dévalué, et se jeter les yeux fermés dans le nouvel univers ; celui-ci lui apparaissait, dans une totale indifférenciation, comme une nébuleuse sans contours et sans formes, mais étincelante. Ce fut le temps de l'assimilation, de l'illusion que l'occidentalité, même subie, suffirait à lui restituer son humanité perdue.

La colonisation a été un moyen par lequel une civilisation a produit hors d'elle des transformations durables qui ont eu un impact sur le passé des peuples colonisés, font partie de leur vie présente et conditionnent leur avenir. La colonisation a eu des empreintes sur la vie et la culture des Africains du fait de l'utilisation de l'Anglais, du Français, de l'Espagnol et du Portugais comme langues officielles dans les différents États. De ce brassage culturel, beaucoup d'Africains maîtrisent plus les langues étrangères que leurs propres langues. Par la langue étrangère, l'Africain participe à une culture de l'universel parce que sa langue seule ne lui permet pas de discuter avec tous ses concitoyens et à plus forte raison voyager en terre étrangère. C'est dire qu'après la colonisation, une nouvelle forme de vie s'impose aujourd'hui aux Africains qui ne sont plus seulement des produits de leurs traditions mais bien des fruits du monde entier. L'Afrique n'est plus un continent isolé du reste du monde, elle entretient des rapports avec les autres continents sur plusieurs plans. Même si les langues africaines ne sont pas valorisées au-delà du continent, les Africains vivent à divers coins du monde et beaucoup d'étrangers sillonnent les terres africaines et y demeurent tout le long de leur vie pour des activités commerciales, administratives et autres. Cette connexion universelle a été possible grâce aux progrès technoscientifiques qui font de l'humanité un village planétaire. La rationalité technique tend donc à s'imposer partout dans le monde comme une culture de l'universel et sa colonisation ouverte sur toutes les sociétés n'est plus à démontrer. Comme l'écrit Yaovi Akakpo (2016, p.17)

> La technoscience est devenue principalement un instrument de décision et de contrôle. La colonisation ouverte, qu'elle exerce sur toutes les sociétés, est une catégorie de l'activisme de l'économie libérale et de sa globalisation. En assurant à l'agenda de l'économie sa fonctionnalité, la technoscience colonise la société. Il ne s'agit pas essentiellement de la traditionnelle colonisation qu'une société exerce sur une autre, mais plutôt d'une colonisation sans limite que la science technicienne exerce résolument sur l'espace social ; aucun aspect du système social n'échappe à sa rationalité.

Dans cette perspective, il faut convenir que la technoscience n'est pas neutre dans sa colonisation des sociétés. Elle crée certes une interdépendance universelle mais son hégémonie demeure une ambivalence lorsqu'il s'agit de remettre en chantier la question des valeurs culturelles. À travers une mondialisation économique, les transferts technologiques deviennent des instruments de domination culturelle en créant à travers leur expansion une substitution des valeurs. Importer des technologies, c'est aussi partager une culture, c'est contribuer à la valorisation d'une forme de vie culturelle au détriment d'une autre. Avec les transferts technologiques, la culture des pays industrialisés tend à se substituer à celle des pays qui l'adoptent pour participer à une culture internationale dont les échanges bilatéraux créent un nouvel ordre inégalitaire qui profite plus à la culture dominante. Il y a ainsi un commerce inéquitable qui s'instaure dans le partage des valeurs à travers l'uniformisation des cultures que créent les transferts technologiques. La part de l'Afrique dans le commerce mondial est compromise en raison du partage léonin qu'instaurent les pays occidentaux. Pour souligner cette ambivalence des transferts de technologie, S. Diakité (2016, p.104-105) écrit :

> On pourrait donc conclure en disant qu'avec le transfert, il y a substitution à une philosophie de l'être, une philosophie de l'avoir ; ce qui explique largement qu'à travers les technologies, la culture des pays industrialisés tend à s'imposer à l'ensemble du monde dont l'aboutissement est l'uniformisation des cultures. On peut observer ici qu'à l'occasion de tout transfert, la culture des hommes intéressés acquiert une dimension nouvelle, induite par la technologie, et devient une partie intégrante d'une culture internationale dont le but est de faciliter les échanges bilatéraux. Il s'agit d'une internationalisation de la culture industrielle plutôt inquiétante dans la mesure où elle fonde le nouvel ordre économique inégalitaire en vigueur.

Cette dimension du nouvel ordre mondial montre la portée stratégique des transferts technologiques dans les échanges culturels. On donne sans chercher à recevoir et on tire profit de cette exploitation qui culmine dans la domination culturelle. Il s'agit en réalité de créer une forme de dépendance à travers ces transferts et, de cette dépendance, une exploitation vient accélérer le processus de domination. On crée ainsi un vide qu'il faut combler à tout moment pour ne pas être isolé du monde. Cette nouvelle manière d'être, contrôlée par un décideur qui y voit plus ses avantages que ceux de celui qui en dépend est la nouvelle forme d'exploitation qui remet en cause la sécurité culturelle des peuples africains. On ne peut plus vivre comme avant si on veut être en contact avec les autres, il faut sortir de soi en se muant en référence au système technicien. La sécurité culturelle est ainsi compromise à travers cette nouvelle dépendance qui lie une culture au reste du monde en la transformant selon un ordre extérieur au groupe. Les cultures entretiennent désormais des relations d'interdépendance qui les modifient en transformant les représentations des hommes à travers une redéfinition des aires culturelles. Comme l'écrivent Jean Tardif et Joëlle Farchy (2006, p.108-109) :

> Avec la prodigieuse extension des communications, la dimension culturelle de la mondialisation s'impose désormais comme un fait dont l'importance stratégique est trop souvent méconnue. Le tournant structurel le plus décisif qu'entraîne la mondialisation, c'est qu'elle change la façon dont les hommes se représentent et habitent le monde. Avec la redéfinition des espaces symboliques, les aires géoculturelles pourraient acquérir une importance encore plus grande que les entités géopolitiques territoriales classiques.

Si la mondialisation est un fait majeur de notre époque, elle est un produit humain et susceptible d'être humanisée pour que les relations entre les différentes cultures et peuples ne soient pas perçues sous forme de domination mais de complémentarité. Comment appréhender la mondialisation culturelle pour une véritable affirmation des identités culturelles africaines ?

3. Sécurité culturelle et humanisme de la mondialisation en Afrique

Si la mondialisation exprime la tendance à une uniformisation, à un modèle d'homogénéisation, le fait que l'humanité puisse partager des valeurs communes, elle ne saurait compromettre les particularités culturelles. En réalité, c'est au travers d'une sécurité culturelle que l'universel se construit en interaction avec les transformations socio-culturelles. Comme toute culture est sans cesse renouvelée à travers ses contacts avec les autres cultures et dans sa dynamique interne, il s'agit de penser les valeurs culturelles à la lumière d'un humanisme de la mondialisation, fondé sur une éthique de la diversité. Avec l'universalité technique, les bouleversements socio-culturels en Afrique s'apparentent à un déracinement car les cultures africaines ont connu à côté des mutations internes des transformations radicales de leurs identités. Jadis porteuses de différences spécifiques qui accordent à chaque peuple son originalité, les cultures africaines ont été décomposées puis recomposées pour être ensuite transférées de façon mimétique à d'autres lieux que leur site originel sous l'effet des transferts technologiques. L'urbanisation a favorisé la rencontre de plusieurs cultures au sein d'un même espace géographique en rendant chacune ouverte aux autres grâce aux échanges linguistiques et économiques. La technologie est, et demeure un véritable moteur du mimétisme tant au niveau du comportement individuel que culturel. Comme le soutient S. Diakité (2016, p.105.) :

> Le véritable danger du transfert, nous paraît être l'uniformisation et les conséquences qui en découlent. La diffusion des techniques étrangères élimine les différences qui accordent à chaque peuple son originalité. Les pays importateurs de technologies adoptent en quelque sorte un mimétisme de comportement et de culture.

Dès lors, malgré son impulsion prodigieuse, l'universalité technique ne saurait gommer les différentes identités culturelles, car tout n'est pas et ne sera pas mondialisé. La sécurité culturelle implique que soient protégées les valeurs qui permettent d'identifier un peuple et de le distinguer des autres. Si la technoscience est une forme de rationalité impulsée par l'Occident, elle ne saurait se substituer à toute forme de particularité culturelle. La mondialisation ne peut tout uniformiser même si elle tend à faire de l'humanité un village planétaire, car toutes les cultures ont le droit au respect de leur dignité et de leur identité. Il s'agit d'une mise en valeur des différentes identités culturelles qui sont pour les Africains, une expression de leur humanité. Certes, il est impossible aux Africains de se passer de la culture technique, car celle-ci conditionne désormais leur être-au-monde et leur mode d'être. La technologie occupe une place importante dans la vie économique et culturelle des Africains et leur permet d'être en contact avec le monde et de partager leurs cultures. Cependant, lorsqu'elle porte des germes destructeurs de biens culturels, elle devient un danger, voire une menace pour celui qui la récupère sans se la réapproprier. Pour Fabien Eboussi-Boulaga (1997, p.192) :

> Mais si l'autre, qui ne devait être que sous le mode disparaissant, est et perdure, sans pouvoir être réduit, sa présence devient angoissante, une contradiction réelle. Le discours unique éprouve le décalage entre sa prétention d'être tout et le fait de sa particularité : il est un parmi d'autres, avec son histoire singulière, son langage lié à des évènements singuliers, qui font qu'il est irréductible aux autres, mais aussi que les autres sont irréductibles à lui. C'est la crise permanente devant la menace des autres genres de vie ou de langages qui persistent.

Il s'agit de promouvoir les spécificités culturelles africaines à travers le rejet de toute domination, car la sécurité culturelle est un droit inaliénable que tout groupe ethnoculturel doit défendre pour protéger l'identité de ses membres. La présence de l'autre est un signe de partage, de cohabitation mais aussi un danger pour sa propre conservation. Car il s'agit d'un jeu qui consiste au départ à demander à l'autre de pousser pour qu'on s'asseye jusqu'à ce que le propriétaire ne perde sa place. L'identité est pour l'homme ce qui fait qu'il est ce qu'il est dans la multiplicité de l'être. Pour une culture, l'identité apparaît comme son mode d'existence, sa réalité propre qui la constitue en tant que telle parmi d'autres cultures. L'universalité technique apparaît à première vue comme l'expression d'une violence au sens où les mutations culturelles ont été produites par des circonstances extérieures de manière inattendue. Cette forme d'invasion culturelle, si elle contribue à un déracinement de soi, favorise aussi un enracinement de soi, tel un escargot qui retourne à soi, dans sa coquille au moindre contact avec un danger. Tel fut le sens des résistances à la colonisation et aux autres formes d'exploitations humaines. La culture est la vie d'un peuple et ne saurait disparaître sans l'extinction du peuple qui l'incarne. Comme l'écrit Kouadio Dibi (1994, p.79-80) :

> En dissolvant l'extériorité solidifiée des cultures, la souplesse de l'universel ne leur impose aucune violence. Au contraire, ce sont ces cultures elles-mêmes qui retournent à l'intérieur dont elles sont sorties, d'où elles ont flué, afin de mériter leur propre nature, d'être adéquates à leur destin. En un tel mouvement, elles ne font que se rejoindre elles-mêmes, aller à leur terre natale (…) La puissance (*die Macht*) de l'universel n'est pas la violence (*die Gewalt*) : elle est comme la douceur de l'eau en laquelle tout notre corps vient se rafraîchir pour renaître.

La mondialisation culturelle ne peut être comprise comme une force homogénéisatrice qui déracine les arbres d'une forêt pour avoir une seule et même espèce car c'est de la diversité des arbres et leurs interactions réciproques que toute forêt devient plus vitale. Au cœur du processus culturel, se trouve un instinct de conservation qui se décline dans la formule suivante : si je meurs, je ne reviendrai plus jamais sur cette terre, ma vie a un sens unique que rien ne doit détruire. Il est de fait important de respecter la vie car en elle se trouve la destinée humaine. Si l'humanité entière est un don, la vie qui s'y déploie trouve sa pleine réalisation dans la reconnaissance de la diversité culturelle. Quelle beauté, la diversité culturelle ! Toute extinction culturelle est une partie de l'humanité qui disparaît telle une fumée dans les nuages. Au fond de toute culture, se trouvent enracinés le désir d'être et la volonté de croître et de grandir, d'avoir une ouverture au monde pour devenir plus riche et plus belle. Le choc des cultures est une manifestation du refus d'aliénation, un mouvement qui traduit le déficit de partage et de communication culturelle. Faire de chaque culture un bien irremplaçable en la considérant comme une valeur inaliénable suppose que soient proscrits l'esprit de domination et la tendance à une réification dans un monde où le conflit doit faire place à l'ouverture. Comme le remarquent J. Tardif et J. Farchy (2006, p.100) :

> Parce que les cultures vivent de l'ouverture et de l'interaction, la sécurité culturelle ne peut plus être assurée en s'enfermant dans un espace national, même si la nation continuera à représenter un foyer central pour faire société (…) Elle doit être recherchée dans un cadre d'interactions équilibrées et de réciprocité acceptable pour des sociétés ouvertes, en prenant en compte la réalité des nouveaux espaces symboliques et le rôle des médias globaux.

C'est dire que la découverte de l'altérité est source de plénitude, elle nous conduit sur le chemin de l'inconnu sans nous anéantir, elle porte l'homme vers une nouvelle destinée dans laquelle son être se construit sans se dissoudre. La forêt dans son immensité, telle est la vérité de la diversité culturelle. La beauté de la forêt ainsi que sa richesse sont la multitude infinie des arbres et des plantes qui la composent. L'humanité toute entière est une forêt inimaginable dont la plénitude réside tant dans le patrimoine matériel qu'immatériel. La richesse inépuisable de l'humanité a son fondement dans l'histoire, à travers les diverses créativités qui ont donné vie aux différentes cultures du monde. À l'image de la forêt, l'humanité est peuplée des hommes qui contribuent à la pérennité de son être. Dans la forêt, les arbres et les plantes entretiennent des relations symbiotiques qui fondent leur unité de vie. Chacun vit pour l'autre et par lui sans que lui-même ne soit altéré. Dans cette relation mutuelle et vitale, chacun apporte à l'autre ce qui lui manque et reçoit à son tour ce qui appartient à l'autre et qui lui est aussi indispensable pour sa survie. La vie ici est conçue comme une relation d'interdépendance universelle dans laquelle chacun retrouve les autres qui lui sont indispensables. Loin d'être source d'aliénation, autrui nous apporte vie et bienfaisance, il nous fait découvrir la richesse de la diversité et sa plénitude. Comme la forêt, l'humanité croît à travers une régénérescence culturelle dans laquelle les hommes, à l'aide de leurs inventions refont l'histoire. Les cultures ne sont pas les mêmes et ne seront jamais identiques, elles sont nées, régénèrent mais ne doivent pas mourir car elles constituent chacune un bien précieux et irremplaçable.

Il faut donc souligner que la mondialisation est un couteau à double tranchant car d'une part, elle favorise une interaction culturelle et de l'autre, elle contribue à une homogénéité culturelle, porteuse de risques pour la préservation de la diversité des expressions culturelles. S'il est vrai que la libéralisation que véhicule la mondialisation ne peut être proscrite, elle doit être fondée sur une éthique de la diversité qui enjoint le respect et la protection de la diversité culturelle afin de favoriser une fécondation mutuelle des cultures et non à une domination des géants mondiaux. Comme l'écrit Alexandros Kolliopoulos (2005, p.488) :

> Cette libéralisation, véhiculée par le phénomène de la mondialisation, a accru les contacts entre les peuples et généré de ce fait de nouvelles opportunités d'interaction entre les cultures. Mais elle est en même temps porteuse de risques pour la préservation de la diversité des identités culturelles, car elle peut être source d'une homogénéité culturelle animée par une culture de masse dans sa version marchande et dominée par les géants mondiaux de l'industrie culturelle. Il en résulte que la libéralisation des échanges, au lieu de faciliter la fécondation mutuelle des cultures, processus qui suppose que chacune y met son altérité et ses propres traits distinctifs, risque d'amener à l'anéantissement de cette dernière.

Face à ce supplice, il s'agit de tirer la meilleure part en humanisant la mondialisation à travers une prise en compte et une valorisation des différences culturelles. Toutes les cultures sont porteuses de biens culturels qui contribuent à une mise en valeur de leurs identités. Si tous les biens culturels n'ont pas la même portée, il y a lieu de prôner une fécondité à travers les différences positives, sources d'enrichissements mutuels. La découverte de l'autre ne peut être perçue uniquement sous l'aspect de la menace, elle est aussi un moyen par lequel je découvre la limite de mon monde et la nécessité d'apprendre en m'ouvrant à lui. Toutes les cultures du monde ont dès lors des différences porteuses de valeurs riches et irremplaçables, capables de féconder et d'être fécondées. C'est dans ce sens que J. Ki-Zerbo (2010, p.63) affirme :

> Le développement de différences culturelles positives enrichit la planète, exactement comme les profils génétiques singuliers de chaque peuple et de chaque personne enrichissent l'humanité par un polymorphisme qui garantit la richesse et la fécondité des échanges. Il en est de même pour les ethnotypes.

Cette nécessité pour l'humanité de sauvegarder la diversité des expressions culturelles à travers une protection juridique s'est traduite dans différents textes. C'est pour la valorisation de la diversité culturelle que l'UNESCO, le 4 novembre 1966, à travers la *Déclaration des principes de la coopération culturelle internationale* reconnaît en son Article premier que : « 1. Toute culture a une dignité et une valeur qui doivent être respectées et sauvegardées. 2. Tout peuple a le droit et le devoir de développer sa culture. 3. Dans leur variété féconde, leur diversité et l'influence réciproque qu'elles exercent les unes sur les autres, toutes les cultures font partie du patrimoine commun de l'humanité. » La diversité culturelle revêt une importance exceptionnelle pour toute l'humanité et sa protection doit être l'œuvre de tous afin d'assurer sa pérennité. Parmi les textes internationaux, la *Convention de l'UNESCO sur la protection et la promotion de la diversité des expressions culturelles*, adoptée le 20 octobre 2005, met particulièrement l'accent sur le traitement juridique des activités, biens et services culturels par la nécessité de protéger les identités culturelles. L'article premier recommande : « a) De protéger et promouvoir la diversité des expressions culturelles, b) De créer les conditions permettant aux cultures de s'épanouir et interagir librement de manière à s'enrichir mutuellement.»

Fort de cette affirmation, on peut dire que la culture technique, loin d'être seulement perçue comme une forme de domination culturelle est aussi un moyen par lequel toute culture peut et doit s'enrichir, elle porte en elle une nouvelle forme d'humanité qui loin d'être simplement une idéologie doit être consommée avec modération car la dépendance excessive de toute chose est un danger. Il s'agit donc pour les Africains de promouvoir la culture technique sans qu'elle ne devienne une source d'anéantissement. Ils pourront rester dans l'eau comme le poisson mais prendre de l'air à tout moment lorsque les circonstances l'exigent car malgré l'existence de la culture technique, les Africains ont toujours gardé leurs traditions. Il y a donc un brassage culturel dont les lésions n'affectent pas en profondeur les identités culturelles en Afrique, mais les enrichissent :

> Mais les ipséités culturelles négro-africaines, en perdant certains de leurs aspects, ne se perdent pas pour autant (...) S'il est entendu que la culture technique et démocratique doit s'acquérir

> par un travail des cultures sur elles-mêmes, la première tâche à accomplir est la transcription et la traduction en langues africaines des grands textes fondateurs de la culture technique et démocratique. Ainsi, ces langues, en plus de la *Weltanschauung* ou vision du monde qu'elles véhiculent, serviront de support à la transmission et à la diffusion des connaissances technoscientifiques et artistiques aujourd'hui requises. (L. Poame, 2002, p.342)

Lorsque le vin est déjà tiré, il faut tâcher de le boire au lieu de le jeter, car l'influence de la culture technique dans la vie des Africains est indéniable, elle est le socle de la dynamique universalisatrice des cultures africaines. Avec l'aide de la technique, on peut découvrir sa culture en étant éloigné de sa terre natale. Les nouvelles techniques d'information et de communication permettent aux différentes cultures de s'extérioriser, de devenir un bien commun de l'humanité à travers la découverte de l'autre. Les émissions télévisées permettent de suivre les danses et d'autres pratiques culturelles de divers peuples africains sans les avoir connus. Beaucoup d'artistes africains, tels, Bella Bellow, Cécile Méba, Monia Tchangaï, Yaya Lélé, King Mensah, Jimi Hope et Agboti Yao au Togo, Angélique Kidjo et Anna Téko au Bénin, Youssou Ndour et Omar Pene au Sénégal, Salif Keita et Oumou Sangaré au Mali, Amakye Dede et Ofori Amponsah au Ghana, à l'aide de ces moyens de communication, valorisent leur identité culturelle à travers les chants et danses issus du patrimoine culturel dans la langue locale. C'est dire que la langue qui est le premier support de l'identité culturelle doit être protégée et valorisée. Ainsi, pourra-t-on avoir des ordinateurs comme il y a déjà des téléphones, dans lesquels seront aussi programmées toutes les langues africaines telles le Swahili, le Haoussa, le Zarma, le Tamajek, le Igbo, l'Éwé, le Moré, le yoruba, le Zulu, le Malinké, le Bambara, le Baoulé, l'Ashanti, le Twi, le Fon, le Kisuali, le Wolof, le Serère, le Kingala, le Fan, le Ndzebi, le Punou etc. Toutes les langues africaines gagneraient à être transcrites dans le système informatique pour une meilleure valorisation de l'identité culturelle des peuples africains.

Dès lors, les États africains ont l'obligation de mettre en valeur les traditions africaines à travers la création des centres de formation et d'étude des langues locales car beaucoup d'Africains, en raison de l'urbanisation et de la mondialisation, ne comprennent pas leurs langues et parmi ceux qui les parlent, peu savent les écrire. À l'aide des outils techniques, la promotion des langues locales sur toute l'étendue des territoires des États africains servira à pérenniser les cultures en les rendant accessibles à tous les citoyens. Si beaucoup d'Africains sont des polyglottes, c'est en raison de ce brassage culturel qui permet l'ouverture. À travers les politiques nationales, les États doivent renforcer l'éducation à la culture et à l'enracinement de l'identité nationale et culturelle pour une meilleure protection des valeurs traditionnelles. La quête de l'identité est l'expression d'une affirmation de soi dans sa relation à autrui. L'identité culturelle demeure une source de vie, un miroir qui permet aux Africains de savoir réellement ce qu'ils sont. L'Afrique, malgré son histoire marquée par l'esclavage et la colonisation, appartient aux Africains qui ne sont ce qu'ils sont qu'à travers une affirmation de leur identité, une reconnaissance de soi par l'autre à travers un enracinement ouvert à l'humanité. Comme l'écrit K. Dibi (1994, p. 23) :

> La quête de l'identité exprime le désir de se médiatiser soi-même, face à un monde qui a brisé la bienheureuse unité du propre, de la substance éthique, pour promettre, sans garantie, un avenir meilleur, parce que fait de rationalité. Etre colonisé, c'est avoir été arraché à un monde auquel l'on était habitué pour un autre. En cet arrachement, le colonisé ne perd-il pas une partie de son être ? Toute mort étant redoutable, il cherchera toutes les ressources pour ne pas se dissoudre, pour ne pas renoncer à ce qui lui semble son être le plus intime. Il ne veut pas que ce par quoi il a conscience d'être encore lié, en dignité, à la vie, lui soit retiré sans espoir de résurrection.

Cette résurrection est la quête de l'identité sans laquelle on cesse d'être soi pour être englouti dans le désert sans espoir de retour chez soi. Or, le désir d'être soi-même est inséparable de l'instinct de conservation qui fonde toute vie humaine, et partant toute culture. Ce désir s'exprime parfois dans la rencontre de l'autre à travers un repli sur soi dans l'affirmation de soi, de son identité. Cette quête de l'identité est le propre de toute culture sous menace et particulièrement des cultures africaines, dans leur rencontre du processus de mondialisation impulsé par l'Occident :

> L'identité, sous cet aspect, n'exprime-t-elle pas le désir d'un espace non aliéné, afin de pouvoir demeurer en son propre

élément ? Dans la rencontre avec l'Europe, l'Afrique ne veut pas se trouver diluée, perdre son âme. Elle veut être *elle-même*, ce qui signifie, relation réfléchie à soi. L'identité affirme ceci : je ne suis pas *l'autre* et l'autre n'est pas *moi*. Quelque chose me donne un visage qui fait que je peux être reconnu comme le même avec moi-même, que je ne saurais être confondu avec l'autre (K. Dibi, 1994, p. 23)

De ce point de vue, l'universalité technique doit servir de socle à la dynamique culturelle, elle ne doit pas être un instrument de domination et d'anéantissement culturels car la technologie ne peut remplacer le tam-tam, le tambour, la flûte, le balafon, le jimbé, le gong, le cor, la trompette, la cornemuse, les castagnettes, la kora, la cymbale etc. Ces instruments de percussion et à vent identifient les groupes socio-culturels et donnent vie à leurs traditions. Ils jouent pleinement leur rôle lors des fêtes et cérémonies traditionnelles, des funérailles, des rites d'initiation, à partir des rencontres entre fils et filles du terroir ainsi que des étrangers qui sont venus partager l'expérience culturelle. C'est l'occasion pour les hommes de vivre leur culture et de la célébrer, de rendre hommage aux ancêtres qui sont l'œuvre de ces pratiques. C'est le cas notamment des Éwé du Togo, du Bénin et du Ghana, lors de la célébration le premier samedi du mois de septembre, chaque année au Togo de *Agbogboza*, fête traditionnelle et symbole d'intégration comme le met en relief Koffi Kpotchou (2018, p.141) :

> Les interactions entre les Éwé, quelles que soient leur origine et leur appartenance dialectale dans le contexte d'*Agbogboza*, sont le fruit d'un brassage qui fonde la cohésion de ce peuple pour la décliner vers une identité collective. La construction à Notsè d'une cohésion sociale, d'une fraternité agissante auxquelles participe l'élaboration d'une identité collective par les manifestations culturelles relève de sentiment d'appartenance et de relations interculturelles.

Loin d'être le propre d'une communauté culturelle, ces pratiques s'observent en Afrique chez les Batammariba du Togo et du Bénin, les Moba-Gourma du Togo, du Burkina Faso et du Ghana où les retrouvailles sont célébrées comme des moments de fraternité et un retour à l'ancestralité pour sceller l'union de tous les fils et filles. Il s'agit, à travers ces rencontres culturelles de promouvoir un destin culturel sans cesse renouvelé et renforcé par le truchement de la dynamique universaliste. Ces moments de réjouissance sont irréductibles et vécus dans la durée à l'écoute des sons de tam-tams, de flûtes, de balafons, de gongs qui résonnent sous des applaudissements. La technologie permet l'enregistrement de ces moments forts, qui, sans elle, deviendront un passé, un moment du temps qui, une fois passé, ne reviendra plus. Les moyens techniques permettent de revoir ces moments de la vie culturelle même s'ils ne peuvent en restituer l'originalité qui, elle, échappe au temps et à toute appréhension humaine. Dès lors, si les cultures africaines sont influencées par la technique, elles ne sont pas à son service mais se servent de cette dernière pour mieux affirmer leur identité. Ainsi, pourra-t-on apprendre une langue locale à travers des techniques audio-visuelles, apprendre à danser à travers des projections télévisées. Telles peuvent être les contributions de la culture technique à l'affirmation des identités culturelles africaines : les aider à pérenniser le passé culturel en le rendant plus noble.

Conclusion

L'universalité est l'expression de ce qui, au-delà des particularités unit les hommes dans un monde en pleines mutations. Cependant, c'est au travers de la dialectique du particulier et de l'universel que se trouve la réalité complexe mais vitale de l'identité humaine. Loin d'être une simple étiquette collée aux individus, la culture est une part d'eux-mêmes et ne saurait être considérée comme inessentielle. Les États doivent renforcer la protection et la promotion de la diversité culturelle par la valorisation des langues et des traditions locales au moyen des nouvelles technologies. À travers l'éducation nationale, les citoyens redécouvriront leur véritable identité qui, même si elle demeure ouverte leur confère plénitude et dignité. L'Afrique dans sa participation à l'universel ne doit pas être un instrument mais une collaboratrice ; son identité, même si elle est sans cesse reconstruite à travers son contact avec le monde doit être un moyen d'affirmation de soi. Les identités culturelles africaines constituent le patrimoine matériel et immatériel des peuples et doivent être le reflet de leur passé tout en conditionnant leur avenir.

Références bibliographiques

AKAKPO Yaovi, 2016, *Science et reconnaissance*, Paris, Présence africaine.

DESCARTES René, 1998, *Discours de la méthode*, Paris, Nathan.
DIAKITÉ Sidiki, 2016, *Violence technologique et développement*, Paris, L'Harmattan.
DIBI Kouadio Augustin, 1994, *L'Afrique et son autre : La différence libérée*, Abidjan, Strateca diffusion.
DELVENNE Pierre, 2011, *Science, technologie et innovation sur le chemin de la réflexivité*, Louvain-La-Neuve, Harmattan-Academia.
EBERHARD Christoph, 2010, *Le droit au miroir des cultures. Pour une autre mondialisation*, Paris, L.G.D.J.
EBOUSSI-BOULAGA Fabien, 1997, *La crise du Muntu. Authenticité africaine et philosophie*, Paris, Présence africaine.
HABERMAS Jürgen, 1993, *La technique et la science comme idéologie*, Paris, Gallimard.
KI-ZERBO Joseph, 2010, *Repères pour l'Afrique*, Dakar, Panafrika.
KI-ZERBO Joseph, 2008, *Regards sur la société africaine*, Dakar, Panafrika. KOLLIOPOULOS Alexandros, 2005, « La convention de l'UNESCO sur la protection et la promotion de la diversité des expressions culturelles », *Annuaire français de droit international*, Paris, Vol. 51, p.487-511.
KPOTCHOU Koffi, 2018, « Agbogboza, le symbole de l'intégration des Éwé du Togo, du Ghana et du Bénin », *in* HETCHELI Lolowou F. Kokou (ed.), *Intégration régionale, paix et développement dans l'espace CEDEAO*, Lomé, Presse de l'UL, p.131-146.
MBAYE Kéba, 2002, *Les droits de l'homme en Afrique*, Paris, Pedone.
NAPAKOU Bantchin, 2016, *L'universalité des droits de l'homme dans la modernité politique*, Saarbrüchen, Éditions universitaires européennes.
SALOMON Jean-Jacques, 1993, *Le destin technologique*, Paris, Gallimard.
POAME Marcelin Lazare, 2002, « Les ipséités culturelles face à la dynamique universalisatrice du phénomène technique et de la démocratie », *in* Lucas K. SOSOE (ed.), *Diversité humaine. Démocratie, multiculturalisme et citoyenneté*, Paris, L'Harmattan, p.331-342.
TARDIF Jean, FARCHY Joëlle, 2006, *Les enjeux de la mondialisation culturelle*, Paris, Hors Commerce.
TOWA Marcien, 2009, *Essai sur la problématique de la philosophie dans l'Afrique actuelle*, Yaoundé, Clé.

ZAHAN Dominique, 1970, *Religion, spiritualité et pensée africaines*, Paris, Payot.

CHAPITRE 7

L'épistémologie des savoirs endogènes et des ethnosciences africains

Auguste NSONSISSA
Université Marien Ngouabi

Résumé : Repenser l'existence de la philosophie africaine à la faveur de la tradition épistémologique comme angle de vue dans la quête des fondements de la philosophie contemporaine ne semble pas aller de soi pour tous les philosophes africains. En fait, ce que nous allons essayer de montrer, c'est la non-existence, en matière de logistique de la recherche et même de travaux en philosophie africaine une synthèse historique allant dans le sens quantitatif des archives et des perspectives qui y sont relatives. Tout comme nous vérifierons, suivant une rationalité procédurale, l'hypothèse mesurée d'une réflexion épistémologique périphérique à rejeter. En fait, les pensées scientifiques élaborées par les épistémologues africains que l'on qualifierait d'« épistémologies d'ailleurs » à l'instar des travaux d'Abdoulaye Elimane Kane, dans « *Mathématiques sauvages et rationalité* » ; Emmanuel Malolo Dissakè, dans « *Mathématique pharaonique égyptienne et théorie moderne des sciences* » ; Yaovi Akakpo, dans « *Pour une approche historique des sciences africaines* », etc., seraient considérées autrement. Plutôt, il s'agit d'affronter l'avenir des sciences en Afrique ou d'entreprendre de philosopher dans et sur les sociétés, les cultures et les productions scientifiques disponibles et ce, en contexte d'accélération de la recherche, en épistémologie des « ethnosciences » ou des « fausses sciences », en Afrique.

Mots-clés : ethnosciences, culture, rationalité, épistémologie, science, pensée, savoirs- endogènes, philosophie, histoire.Introduction

Quand « désethnologiser » devient « épistémologiser »

Dans l'invitation à (re-) penser les fondamentaux de la science africaine, nous suggérons de nous interroger sur les relations entre le domaine sur lequel portent nos travaux, c'est-à-dire l'épistémologie de la complexité et les autres composantes de la philosophie africaine, notamment « les savoirs endogènes » ou l' « éthnoscience ». C'est pour montrer que l'épistémologie ne devrait pas apparaître comme une discipline à part, sans liens étroits avec la philosophie africaine et son histoire. Car le lien évident que nous essayons d'examiner entre « science africaine » et philosophie africaine constitue le dilemme central de ces disciplines respectives. La façon dont nous percevons la tâche qui nous est impartie influe directement sur l'approche épistémologique que nous avons choisie. Le sujet dont nous traitons ici est plus quelque chose avec lequel nous vivons intellectuellement qu'un objet que nous aurions étudié généralement. Pour ce faire, nous tenterons d'éviter de faire preuve d'un esprit scientifique partisan, mais l'espoir d'y réussir complètement demeure, parce que nous allons nous considérer, malgré tout, comme un « avocat » de notre sujet, et partant de notre domaine de compétence.

Afin de cerner plus clairement le problème qui se pose, nous commencerons par tracer la frontière qui tend à exister entre les deux domaines traditionnels ; non sans être sensible à la technicité intrinsèque à chaque domaine. Pour mieux comprendre ce dont il s'agit, je commencerai par dire que la réforme de l'enseignement de la philosophie africaine, en Afrique noire francophone doit être prise à bras le corps et sérieusement interprétée sous l'angle de vue épistémologique. Parce qu'elle doit apparaître, au sein de l'esprit du temps, un enjeu relativement restreint par rapport à l'économie générale de la problématique de l'existence ou non de cette philosophie dite africaine. A dire vrai, elle a une portée beaucoup plus grande, introduisant ainsi une véritable novation épistémologique dans le traitement d'un sujet d'importance, celui de la philosophie africaine. Les contraintes et défis qu'une telle piste est porteuse transforment de fond en comble les rapports entre la philosophie africaine, l'histoire et la philosophie contemporaine des sciences[29]. Que veut-on dire quand on parle de « désethnologiser »

[29] Ce texte qui n'a jamais fait l'objet d'une publication ailleurs, a été présenté au Colloque International sur la Philosophie africaine sur le

ou plutôt quand on vise l'acte d'« épistémologiser »? Il revient effectivement à analyser la science, au sens large, du point de vue de la validité de ses principes, postulats, méthodes, et résultats. C'est un acte épistémologique qui est soit « internaliste », soit « externaliste » procédant ainsi d'une prospection critique et autocritique. Tout comme il consiste à aller au-delà de la chose pensée en recherchant non seulement la « choséité », mais aussi le méta-niveau de l'enquête conceptuelle envisagée. Cela étant posé, « épistémologiser » peut s'identifier à l'acte de « transcender » les théories, les systèmes et les concepts scientifiques, les savoirs endogènes, voire même les fausses sciences. Cela suppose le fait de surpasser, surmonter les limites, passer outre, vers le haut. Cela suppose également un au-delà, ou un au-dessus des sciences dont ont peut se demander si la science suffit à les constituer toutes, donc monter au-delà.

Transcender, en effet, les sciences permettrait de passer de l'une à l'autre en une transgression multiforme, mais qui reste à la fois horizontale et transversale. Il en va donc ainsi de son universalité. Reste maintenant à penser selon quelles modalités une telle transcendance épistémologique peut s'accomplir effectivement et quel rôle heuristique l'épistémologique peut jouer par rapport à ce dépassement et cette critique des sciences, ainsi que des barrières disciplinaires et culturelles. On parlerait alors des modalités de sa contribution pour dégager la spécificité de la philosophie africaine. Que disparaisse l'ethnoscience inscrit le nouveau dans une

---

thème : La philosophie africaine 1945-2016. Etat des lieux et jalons pour une Afrique émergente en République Démocratique du Congo, Université de Kinshasa, du 18-21 mai. En remaniant cet essai, j'ai tiré profit des commentaires qui furent faits à l'issue de la conférence pour laquelle je l'avais préparé et en particulier de ceux du Laboratoire de Logique et Histoire des Sciences de La Faculté des Lettres et des Sciences Humaines, à l'Université Marien Ngouabi de Brazzaville. Je suis encore plus redevable aux collègues qui m'ont fait part de leur critique sur la version préliminaire : Pr. Charles Zacharie Bowao, Marcel Nguimbi, et Emmanuel Banywesize. Aucun d'entre deux n'est totalement d'accord sur les points de vue que j'exprime ici, mais leur intervention directe et indirecte m'a été utile pour améliorer ce texte.

perspective épistémologique très éloignée de l'ethnophilosophie, qui avait inspiré Placide Tempels et ses émules à l'époque où on s'interrogeait sur la philosophie africaine mythe ou réalité. Que disparaissent aussi les limites épistémologiques apportées par les expressions du genre « sciences africaines », « ethno-mathématique » introduit également un facteur méthodologique nouveau, à bien des égards décisifs, pour permettre à une philosophie africaine visant l'excellence de se déployer davantage sur d'autres paradigmes épistémologiques, notamment. La novation en question cristallise ainsi, sous le contrôle de l'épistémologue africain, l'aspiration à la « postmodernité » d'un débat élevé au rang positif de l'Universel. L'accélération en Afrique s'adosse-t-elle à l'acte de « démarginaliser » ? (Hountondji, 2019, p. 1).

Dans cet élan de problématisation de justification et de découverte d'une épistémologie, en contexte philosophique africain, nous avons choisi de suivre une démarche « justificationniste » suivant deux axes majeurs :

-la mise en situation de l'histoire de la philosophie africaine comme « terre de conflits » du point de vue épistémologique et le renouvellement des considérations sur la question de la tradition ; parce qu'il est d'usage de confondre la « philosophie africaine » et « l'histoire de la philosophie africaine » ;

-les éléments d'approche épistémologique de la philosophie africaine à la lumière de quelques travaux de recherches réalisés par les épistémologues africains et les difficultés théoriques auxquelles ils s'exposent du point de vue théorique du contenu.

Fort de cela, nous nous proposons de plaider pour une « décolonisation conceptuelle de la philosophie africaine » à la faveur d'une épistémologie des « reliances » des savoirs. Celle-ci fonctionne comme considérations scientifiques sur l'accomplissement du principe épistémologique de la raison. Après la rupture du consensus postmoderne autour des « savoirs endogènes » consommée à l'aube d'un acte épistémologique visant à désethnologiser, l'urgence est allée du rétablissement de la critique de la philosophie africaine du point de vue historico-scientifique à la restauration de l'épistémologie de la philosophie africaine, mais également à la reconstruction d'un paysage de la vérité scientifique et à la reprise du dialogue sur les connaissances acquises. Cette dynamique globale de la réflexion épistémologique sur la philosophie africaine galvanise l'action des épistémologues et philosophes des sciences depuis le début du XXIè siècle pour « repanser » les malentendus déjà entendus sur le champ transcendantal de cette philosophie africaine et son histoire. C'est la trame destinale de cette méditation qui compulse orientations épistémologiques et décisions méthodologiques d'années en années prenant quelquefois position y compris la plus technique sur les questions essentielles de notre temps liées aux notes scientifiques relatives aux « ethnosciences », « fausses sciences », « non sciences », etc. C'est donc une interrogation de l'esprit du temps présent pour prendre des références dans le voisinage entre la philosophie africaine et l'épistémologie. Cet ordonnancement du discours épistémologique met résolument en évidence un mouvement épistémologique vers ce qu'il convient d'appeler ici la dimension scientifique et historique de la philosophie africaine vers l'accomplissement d'un dépassement des « savoirs endogènes ».

A ce sujet d'importance, (Yaovi Akakpo, 2011, p. 708) écrit : « Il est aisé de comprendre à quel point ces expressions prêtent à confusion lorsque celui qui les utilise n'est pas Occidental, mais originaire du territoire « indigène ». De même, la notion de « savoir endogène » utilisée par Paulin Houtondji ayant une compréhension opposée à celle de « savoir exogène », son extension devrait englober aussi bien les savoirs traditionnels que les théories qui viennent des lieux où se pratique la recherche contemporaine dans une société donnée. Dire d'un savoir qu'il est « endogène », c'est en faire un patrimoine local (…) On peut alors parler de science traditionnelle ou ancienne pour signifier que ces savoirs, qui se pratiquent encore, ne sont pas issus du projet de la science moderne et contemporaine. » Parvenu à ce point une question se pose : la philosophie africaine des sciences est-elle une discipline en panne ?

Pour y répondre, l'étude des travaux de quelques-uns, notamment ceux de Emmanuel Malolo, Dissakè, de Yaovi Akakpo, de Souleymane Bachir Diagne, et Charles Zacharie Bowao est particulièrement tournée vers cette perspective critique des « savoirs endogènes » vus sous le doigté de Paulin Houtondji. Mais, au sens critique l'élucidation du sens de l'histoire des « sciences africaines » pour laquelle Akakpo recommande un retour à l'administration coloniale, dans la théorie épistémologique de la science, conseille plutôt un dépassement du cadre éthno-scientifique de tous les travaux y relatifs. Cette perspective est tracée par opposition à l'éthno-science d'une part, renvoyant ainsi les uns et les autres dos à dos. La critique de l'ethno-mathématique ne peut en conséquence être indifférente et elle ne saurait donc profiter comme automatiquement aux épistémologues sans condition. Pour Akakpo, « il importe donc d'examiner les présupposés épistémologiques qui, s'agissant de certaines sociétés, réduisent les « connaissances positives », à ce que, partout, historiquement, on considère comme l'« opposé exact » de la science ». Dans un tel décor planté, nous avons beau jeu de penser à une sorte de précaution à la fois méthodologique et épistémologique énoncée, en guise de propos liminaires sur la plate-forme commune sur laquelle se rencontrent la logistique de la recherche épistémologique en philosophie africaine à la lumière de divers matériaux disponibles, traitables en profondeur et rassemblés dans cette entreprise cognitive critique.

1. Les défis des savoirs endogènes

Dissakè, critique d'Obenga, tel serait le fil conducteur de ce moment de réflexion qui travaille à rouvrir le débat autour des travaux sur la philosophie africaine. Cette querelle d'interprétation est due au fait que toute réflexion épistémologique sur le statut philosophique et historique de la philosophie africaine devrait ne pas faire l'économie soit de l'*aporie* de la tradition philosophique africaine, soit de la conscience historique de la réinvention plurielle des savoirs modernes et leurs rationalités en Afrique. Peu avant d'arriver à la mise en avant de l'aporie de la tradition indiquée, qui rend délicate la restitution saisissante de la philosophie africaine, en question nous tenons d'abord à faire l'état des lieux des travaux entrepris par quelques philosophes africains dont le contenu épistémologique est asserté. Puis, nous en viendrons à relever quelques difficultés d'interprétation du vocabulaire des philosophes africains en termes de compréhension des « concepts scientifiques ». Enfin, nous soulignerons les impasses historiques de la formule de la « synthèse historique » applicable à la dynamique des travaux sur cette histoire de la philosophie africaine, allant de l'Egypte antique (R. G. Gambou, 2004, p.139-153) à nos jours. Le contenu épistémologique de la philosophie africaine reste sujet à caution. A ce stade, l'état de la question nous fait dire qu'il existe déjà quelques travaux y sont relatifs. Pour ce faire, la parution de l'ouvrage : *Mathématique pharaonique égyptienne et théorie moderne des sciences* (E. M. Dissaké 2005, p.125) du philosophe camerounais Emmanuel Dissakè Malolo nous y conduit à bon droit. Partant de la recension qu'il a savamment faite sur l'ouvrage âprement discuté du philosophe-historien congolais Théophile Obenga (T. Obenga 1990), il met à l'avant de cette problématique son caractère historique et la dimension épistémologique de la philosophie africaine comme ce qui participe de l'universel à la faveur des concepts et des théories abordées par ce dernier.

Il s'agit donc d'une démarche « épistémologisante » tendant à dégager les enjeux philosophiques des sciences en Afrique. Elle attire notre conscience universitaire sur la position d'interface entre la philosophie et la science que joue l'épistémologie à la faveur de son caractère philosophique. Puis, elle nous aiderait à prendre conscience que les philosophes et les scientifiques africains se prêtent à des approches différentes, des buts différents et des sensibilités diverses. Enfin, il importe de savoir que la dimension épistémologique d'une réflexion sur la philosophie africaine devrait conduire à éviter une position de surplomb que certains philosophes victimes du positivisme réflexif tendent à revendiquer. D'autres philosophes africains des sciences s'attacheraient à une attitude modeste, celle de questionner de l'intérieur chaque domaine de compétence, son matériau conceptuel. Ce serait une des voies de justification additionnelle la moins mal du travail des philosophes africains, celle de pratiquer la recherche en philosophie tout en marchant.

Dissakè (E.M. Dissaké, *op.cit.*) s'avise également à noter dans cet ouvrage que la question épistémologique de savoir si la philosophie africaine existe implique *de facto* celle de l'histoire des sciences comme voie d'accès aux conditions de possibilités de la naissance de la philosophie africaine, au rang desquelles il situe les mathématiques. Autrement dit, poser la question de l'existence ou non de la philosophie africaine revient à chercher dans quelle mesure une analyse épistémologique envisagée en référence aux travaux réalisés par les philosophes africains, ceux dont la portée historico-scientifique des réflexions fait fond sur les sciences formelles. En témoignent les mathématiques pratiquées par les égyptiens qui désignent un ensemble des sciences déductives ayant pour objet le nombre, l'étendue et l'ordre. Elles sont démonstratives et formelles, en raison de leur objet qui se prête plutôt à la conceptualité aux espaces, aux grandeurs, etc. Elles mettent en avant l'existence des « relations », c'est-à-dire les rapports numériques en particulier.

Le philosophe camerounais (E.M. Dissaké, 1994) s'adosse à la théorie moderne des sciences, telle qu'elle remonte à (Kant 1986, p.16.) qui pense que les sciences n'accèdent à la grande voie de la science » qu'en se mathématisant. Sans tomber dans le piège du « mathématisme », tout se passe comme si le monde de la philosophie était celui des mathématiques. Elles paraissent comme la science la plus avancée de nos jours, et celle qui semble éclairer le mieux la structure du monde. De là est née la question fondamentale qu'il formule : « L'idée de mathématique ancienne ou de mathématique des temps anciens contient-elle quelque chose de plus qu'un simple rattrapage verbal ? » (E.M. Dissaké, *op. cit.*, p. 12) A l'évidence oui. Parce que les historiens des sciences à l'instar de Mason (S.F. Mason 1956, p. 8.) confortent bien l'argument épistémologique tendant à justifier la place des mathématiques dans le débat sur la vie de la philosophie africaine ; de l'Antiquité à nos jours. Ce qui est en jeu, c'est l'importance des thèmes scientifiques au cœur de la philosophie africaine, le choix des philosophes africains qui s'intéressent aux « concepts scientifiques », et de la légitimation de la méthodologie du modèle ainsi que le projet épistémologique de la réflexion[30].

A y regarder de près, cela porte à croire que le débat épistémologique né autour de l'ouvrage historique d'Obenga sur fond d'une recension met à nu quelques lacunes méthodologiques, notamment celles qui renvoient visiblement au « thème de

[30] Ce projet épistémologique est né à l'occasion de la parution du livre de Théophile Obenga. De la sorte, un vide est en quelque sorte comblé ; celui de la présentation de plus d'une cinquantaine de textes originaux en égyptien ancien, avec leur traduction en langue française, et quelques commentaires qui, s'ils en sont pas les seuls possibles, permettent de voir quelques-uns des points de rattachement évident que l'on peut faire avec l'histoire de la philosophie et l'histoire des sciences.

l'imprécision de la mathématique égyptienne » (E.M. Dissaké, *op.cit.*, p.12.) L'angle d'attaque est l'économie injustifiée faite par l'historien-philosophe des problèmes techniques et épistémologiques internes à l'Egypte. Cela pousse Malolo Dissakè à formuler l'interrogation suivante : « Y a-t-il une place chez l'Egyptien pour la preuve ? Ce critère de la validité d'une preuve en est-il la formalité ? L'utilisation de la preuve par l'Egyptien n'a-t-elle rien à nous apprendre quant au problème de savoir si nous devons chercher une explication supplémentaire dans cet ailleurs qui ne serait pas exposé dans le papyrus ? » (*Ibid.*, p.82.)

La question ainsi formulée montre ce qui fait défaut dans la rationalité procédurale entreprise par Obenga. Ce défaut tient de l'absence de la connaissance de la preuve formelle que ce dernier n'a pas su et pu exploiter au cœur des mathématiques égyptiennes pour rendre spécifique l'apport des égyptiens dans la naissance de la philosophie africaine. Chemin faisant, Dissakè relève à nouveau d'autres défauts qui portent essentiellement sur la fiabilité des sources théoriques et pratiques dans lesquelles Obenga a puisé ; ainsi que sur la critique des indicateurs de la démarche scientifique qu'il a entreprise. Dans le fond et dans le ton, il lui est fait le reproche de n'avoir pas nuancé techniquement « les critiques adressées à la mathématique égyptienne (…) de ce que ce soit surtout une science tâtonnante, peu sûre d'elle (…) que ce soit surtout une science pratique tournée vers le concret. » (*Ibid.*, p.27-28.) D'une part, tout se passe comme si, dans sa restitution du travail conceptuel opéré par les Egyptiens en la matière, Obenga versait dans la scholastique, voire la simple restitution sans nous donner la preuve de la portée et les limites de la connaissance scientifique qu'ils avaient d'un domaine aussi bien pointu, celui des mathématiques. Ce ratage peut s'identifier au manque de « construction de la vérité » (J. De Romilly 1990, p.73.) scientifique chez les Egyptiens. D'autre part, il est question « de la panacée du tâtonnement » à laquelle l'égyptologue congolais n'a pas répondu comme étant directement liée aux critiques majeures en question, à partir ou en fonction des « sources en vigueur ». Dissakè fait remarquer que la distinction entre les différentes sources mises en exergue est aussi plausible que nette disqualifiant ainsi toute confusion. Il écrit tout naturellement que « les sources des travaux sur la mathématique égyptienne sont de deux sortes : elles sont directes et indirectes : le papyrus Rhind (...) les deux tablettes en bois du musée du Caire, les papyri de Kahoun, de Berlin et de Moscou, le rouleau de cuir du British Museum et les quatre papyri Reisner. » (*Ibid.*, p.13.) Autrement dit, cette démarche s'expose à des difficultés d'exploration des sources indirectes d'ordre explicatif et herméneutique au sens technique du terme. Autant l'explication dans les sciences formelles (J.T. Dessanti 1973, p.58-71.) est différente de celle qui s'opère dans les sciences humaines, et/ou sociales (G.G. Granger, p.147-165) autant l'herméneutique appliquée dans les sources est relative.

Il n'est donc pas aisé, de la part de l'esprit scientifique, de procéder à « l'articulation du sens » (J. Ladrière 1970, p.64.) d'une information déchiffrée ou interprétée à la lumière des sources directes et indirectes. Comme le souligne avec grande intelligence Christian Berner, cela pose bien entendu la question du sens « qui n'est en effet ni dans les objets, ni dans l'intériorité de la pensée : il est dans la pratique intersubjective. » (Berner 2014, p. 123). En philosophie herméneutique, c'est l'art de comprendre et d'interpréter, c'est-à-dire « une discipline du sens qui trouve dans le langage le lieu de son accomplissement. Si elle se déploie couramment suivant les dimensions de l'expression et du discours, elle a érigé le dialogue en paradigme de la compréhension » (*Ibid.*, p.119.). La portée épistémologique qui se dégage de cette procédure met en relief la dimension paradigmatique de la philosophie africaine. Nous avons donc tout lieu de nous demander « Où est la science ? Où n'est-elle pas ? » (E.M.Dissaké, *op.cit.*, p.108.)C'est une interrogation qui colle à notre sujet de préoccupation dans la mesure où la réponse qu'on peut lui donner est de nature à nous introduire directement au sous problème des aspects et concepts scientifiques du travail réalisé par les Egyptiens ; sous l'angle de vision de la philosophie africaine, mais dont la technicité devrait pouvoir impliquer la valeur culturelle des mathématiques en question, sans glisser épistémologiquement vers la problématique de « l'éthno-mathématique » que nous mettons en question.

Dans l'enseignement de la philosophie africaine en République du Congo Brazzaville, par exemple l'on a l'habitude de dire de l'Egypte qu'elle est le Pays africain qui offre le lieu de déploiement non seulement de la philosophie africaine, mais aussi de la science (E.M. Dissaké 1999, p.62.) En d'autres mots, si sans tant qu'historiquement l'Egypte appartient globalement au Continent africain, l'inférence immédiate serait alors qu'à instar de la philosophie, la science est d'origine africaine. Donc, une réflexion épistémologique allant dans ce sens est possible. Cela démontre à plus d'un titre l'importance de l'influence de la science égyptienne sur le monde grec, mais aussi sur la naissance de la philosophie contemporaine africaine. On peut même admettre que la réflexion épistémologique sur les éléments de science contemporaine en dépend. Ce que l'on retiendra de cette dialogique ne se réduirait donc pas au fait que l'Egypte n'était pas ignorante de toute recherche scientifique.

Il serait plutôt question de partir de là pour esquisser quelque paradigme épistémologique de la philosophie africaine. On ne pouvait ne pas soulever la dimension scientifique des recherches entreprises par les égyptiens sans indiquer dans le même élan quelques indices d'épistémologie réflexive là où les historiens et philosophes africains des sciences élaborent des travaux relevant des domaines divers. Dans cette voie, on y trouverait non seulement des recherches dans le cadre théorique de la cosmologie scientifique, mais également quelques éléments essentiels de la science mathématique. Ce que Dissakè relève comme dimension épistémologique de la philosophie africaine à partir de l'Egypte est de l'ordre des concepts scientifiques, de ses enjeux et des rationalités procédurales discutées. Il écrit : « Il n'y a pas, dans la notation, de signe particulier pour l'opération addition. On se n'en n'étonne pas puisque dans le système additif, l'addition revient simplement à la juxtaposition des symboles. Et comme le système de numération est strictement décadique, effectuer une addition consistera à écrire les termes à la suite, (…) Cette action d'ajouter est rendue dans l'égyptien par deux termes, unis, d'où l'idée de mettre ensemble des quantités, et placer au-dessus, qui est plus technique, (…) La multiplication est l'opération qui consiste, pour l'Egyptien, à compter avec le multiplicande jusqu'à ce que le nombre de fois de ce compte soit égal au multiplicateur (…) L'examen de l'opération de multiplication fait apparaître un élément important et que M. Caveing a baptisé « le théorème fondamental de l'arithmétique. » (E.M. Dissaké, *op.cit.*, p.16-17) Au-delà de cette affirmation, le plus difficile est de cerner la signification épistémologique des « concepts scientifiques » mis en jeu. Il serait donc opportun de re-situer le débat autour des termes qui justifient bien évidemment la portée de la réflexion sur l'existence ou non de la philosophie africaine. Pour ce faire, la deuxième partie sera consacrée à l'acte de « désethnologiser » qui pourra se présenter comme l'acte d'« épistémologiser ».

2. Eléments d'épistémologie de la philosophie africaine : quand « désethnologiser » devient « épistémologiser »

Nous venons de montrer que les épistémologues africains et les historiens des sciences de tout bord travaillent à apporter les éléments de justification de l'existence de la philosophie africaine. L'accent a été mis sur l'hypothèse plausible de la dimension épistémologique de ladite philosophie dont la naissance peut aller de pair avec celle des mathématiques. Plus même, ce que nous avons essayé de montrer à ce niveau d'analyse consiste à savoir si la question épistémologique de la philosophie africaine peut impliquer dans une moindre mesure celle de l'existence de la science, en Afrique pour que naissent des pistes de recherche allant dans le sens de l'épistémologie comme domaine entièrement à part et comme angle de vue de la question de l'existence de la philosophie africaine à part entière.

A présent, il est question de chercher dans quelle mesure une analyse épistémologique envisagée depuis quelques années par Abdoulaye Elimane Kane, en particulier peut aider à justifier davantage l'existence de la philosophie africaine, en référence à ses réflexions de type mathématique appliquées aux réalités africaines. C'est dans ce cadre théorique et sémantique qu'il faut inscrire ses recherches. On peut citer en guise d'exemples un certain nombre de ses travaux dont la spécificité se trouve dans le sens épistémologique des rationalités (A. E. Kane 2007, p. 212) envisagées, de la place du langage comme élément de réflexion de la philosophie africaine. Il écrit : « On analysera ici, sur des systèmes africains de numération particuliers, deux procédés majeurs généralement à l'œuvre dans les spéculations africaines sur les nombres : la projection et l'appariement, avant de conclure sur la signifié auquel renvoient ces techniques et les nombres. L'Afrique possède des numérations parlées obéissant à des principes d'organisation qui leur confèrent le statut de systèmes de numération » (A. E. Kane 2011, p. 712.). Cette tirade montre bien la portée épistémologique de la philosophie africaine. Cette réflexion se veut interdisciplinaire, parce qu'elle laisse entendre une théorie du nombre qui a des implications philosophiques, anthropologiques et symboliques dans la procédure mathématique. Qui plus est, l'auteur s'efforce de nous montrer la place et la signification du langage mathématique dans la justification existentielle de la philosophie africaine au moyen des outils spécifiques aux sciences formelles.

L'épistémologie des sciences formelles en quête de rationalité, la réalité et de représentation du nombre s'inscrit dans l'ordre des recherches concernant les grands problèmes débattus par les logiciens comme Péano, Frege (A. Nsonsissa 2014, p. 21.), etc. Voilà pourquoi Elimane Kane affirme : « La conscience numérique africaine doit être appréhendée à travers cette attitude ambivalente, qui consiste à considérer le nombre à la fois comme donné et comme constructible : car au principe de la pluralité des systèmes de numération cardinale et des systèmes numériques se trouve l'idée qu'on peut faire varier la base de la numération. » (A. E. Kane, *op. cit.*, p. 711.). Ce sont des réflexions qui ne se prêtent pas qu'à la dimension historico-scientifique de la philosophie africaine. Elles servent de « reliance » entre les cultures, malgré leur différence spécifique. Elles sont utiles pour la connaissance de la nature des objets scientifiques et celle des cultures dans ce qu'elles ont de spécifique. En fait, elles sont l'expression par excellence de la réflexion scientifique élevée au rang positif de l'universel dans la mesure où partout où il y a des scientifiques, des hommes de sciences, des hommes on ne peut que calculer au moyen du nombre pour rendre possible une quelconque « entente rationnelle ».

De la sorte, on ne saurait assigner à l'objet de la philosophie aucun lieu ; si ce n'est l'universel en tant que tel. Elimane Kane met en jeu l'articulation complexe entre la philosophie, la science et les cultures africaines. Cette évidence renvoie généralement à la curiosité pour les mathématiques dont on parle tant, à la faveur de laquelle une réflexion de type épistémologique est envisagée et envisageable dans le cadre théorique des sciences formelles au cœur de la philosophie africaine qui se prête également à de nombreux domaines de compétence et de recherche. Il est judicieux de rappeler que c'est une intuition révélante qui est d'un poids historique certain. Et cela, pour deux raisons : d'abord, en référence à l'Egypte, le célèbre passage du livre A de la *Métaphysique* d'Aristote est révélateur de la distinction rigide sur sa base, entre les sciences théorétiques et les arts plus ou moins utilitaires, orientés vers la satisfaction des besoins vitaux ou primaires : « Aussi l'Egypte a-t-elle été le berceau des arts mathématiques, car on y laissait de grands loisirs à la case sacerdotale. » (Aristote, 981b20-24.) Ensuite, nous pensons à l'interrogation philosophique qui est consubstantielle à la curiosité scientifique. Autrement dit, la curiosité scientifique est philosophique, *vice versa.*

Mais, au juste, il subsiste une question cruciale : depuis Platon, les philosophes n'ont-ils pas toujours rêvé de jouer pleinement leur rôle de savant ? Bertrand Saint Sernin a dit : « Que les avancées scientifiques ont un impact sur la pensée philosophique, c'est une vérité de toujours. Les mathématiques naissantes ont inspiré la première philosophie grecque (Que nul n'entre ici s'il n'est géomètre !) » (B. Saint Semin 2002, p.1134.). Qui plus est, l'ouverture à la rationalité veut dire qu'il faut une transposition point par point à la faveur du rapport que la philosophie et l'épistémologie entretiennent avec l'universel. En effet, l'ouverture inhérente à ces deux domaines est un principe universel au sens où le thématise et le problématise un certain nombre de philosophes africains, au nombre desquels on peut compter Paulin Houtondji dans *La rationalité une ou plurielle* ? (P. Houtondji 2007, p.212.) Ce dernier révèle que cette complexité de la rationalité peut se donner à penser de deux manières : d'abord, comme un moment africain de réflexions sur les différences, les différends et les développements des rationalités. Mais au-delà on devrait pouvoir prendre conscience du choc des rationalités ou de la recomposition des savoirs modernes pour envisager, par la suite, l'aspect pluriel de cette même rationalité critique qui se veut à la fois philosophique et scientifique. C'est la problématique de l'universalité de la rationalité philosophique. Elle est une, en ceci que la réflexion philosophique est le déploiement controversé et problématique de la rationalité aux prises avec ce qui paraît à l'esprit humain sous la forme du doute, l'erreur, l'incertitude, le sophisme ou le paralogisme. Autrement dit, le lien entre philosophie et rationalité que soulève Houtondji, par certains côtés n'est pas si évident même à travers l'histoire de la philosophie. Tout commence avec la raison et la rationalité qui sont utilisées de manière constante dans les tentatives de caractérisation universelles de la philosophie.

Toutefois, l'histoire de la philosophie laisse percevoir le caractère dynamique de la philosophie à la rationalité. D'abord conçue comme immanente à l'entendement divin d'un Descartes ou à l'ordre naturel d'un Spinoza, la rationalité sous l'âge des Lumières devient l'attribut essentiel du sujet connaissant. En dépit des protestations de Hegel soulignant le caractère rationnel de la réalité qui sera suivi en cela par Marx et ses disciples, il faudra attendre les philosophes structuralistes et postmodernistes pour voir émerger une orientation différente. Cette nouvelle approche de la rationalité philosophique caractérisée par une approche de l'histoire et l'introduction de concepts discontinuistes tels que la notion foucaldienne d'*épistémè* ou celles dites kuhniennes « d'incommensurabilité » et de « paradigme ».

Or l'une des conséquences de cette dislocation de l'idée d'une rationalité une est d'appeler à reconsidérer le rapport de la rationalité à la philosophie. Tandis que ces pensées interprètent la raison de manière presque exclusivement positive, comme un bien commun ou personnel, l'approche francfortoise avec Horkheimer et Adorno jette un regard critique sur la catégorie de « raison ». Qui plus est, tous ces rapports sous lesquels apparaît la raison amènent à étudier et à repenser le lien qui unit la philosophie à la rationalité : tel est l'objectif de la mise en question d'une raison unique, exclusive des autres formes de rationalités. La reconnaissance de la prolifération de la raison est de nature à étudier et de repenser le rapport entre philosophie africaine et épistémologie critique. Plus même, partant de ce rapport comment penser la philosophie africaine et la rationalité scientifique après la modernité et la postmodernité ? Autrement dit, la philosophie africaine peut-elle faire l'économie d'une réflexion sur ce qui est considéré comme étant épistémologique ? La distinction entre la philosophie africaine et la philosophie occidentale fait-elle écho à la distinction entre la philosophie et l'épistémologie ? Cela étant, quels peuvent être les enjeux d'une telle discussion pour l'Afrique en pleine émergence ? Fixer un moment africain dans la philosophie universelle revient à circonscrire le champ transcendant. Qui plus est, c'est la mise en avant de l'ancrage de la pensée des philosophes africains dans la tradition renouvelée de la rationalité critique. D'où qu'elle vienne la rationalité philosophique est par essence à la fois critique et argumentative, par-delà les déterminations illusoires qui s'approprient souvent les représentations humaines des faits, des choses et des êtres. Pour ce faire, elle doit son universalité à la mise en situation toujours en acte de la pratique humaine. Au-delà de la complexité humaine, il y a raison critique quand le sujet pensant exerce une « ontologie critique de nous-mêmes. » (L. Ferry 1993, p.18-22.)

Il résulte de cette affirmation de Luc Ferry l'indice d'une philosophie comme activité de tout homme et de tout l'homme, mais pérenne (*philosophia perennis*). C'est un impératif auquel l'esprit humain est soumis de façon à penser et re-penser toute époque, et partant toutes les époques. Cet universel transcende la systématicité dogmatique pour faire droit à la pluralité des systèmes. Tout comme il peut donner sens à toute entreprise cognitive humaine sans frontières sous la fonction rectrice et essentielle de la raison critique. Cela fait dire au philosophe sénégalais Habib Mbaye « que la philosophie soit une et ne puisse être qu'une, cela tient à ce que la raison est une. » (H. Mbaye 1992, p.66.) Elle est une et unique, sans être unitaire, parce qu'elle est particulièrement universelle, par rapport à la science, et universellement particulière, en raison bien évidemment de son objet d'étude qui lui est spécifique. C'est-à-dire qu'elle transcende le quotidien et problématise les équivocités du langage ordinaire. Car la rationalité philosophique se construit de façon continuée par confrontation des valeurs universelles relatives à l'être. Par vocation et par essence, elle recherche le sens (J-M. Pelt et P. Rabhi 2014, p.10.) et la nature des êtres et des choses. Elle vise l'universel par-delà les apparences. C'est ce que Quine inscrit dans l'horizon épistémologique, en termes de « limites de la connaissance ». (W. V. Quine 2011, p.128.)

Conséquemment, la philosophie est une tradition dynamique de l'universel, c'est-à-dire un non-lieu du particulier et partant du singulier. Liée à la nature humaine comme objet de réflexion philosophique, elle plaide pour une éthique transculturelle de l'existence humaine dont l'universalité est garantie par le sens d'ouverture qu'elle prône. Parce qu'elle se réalise ici et là comme activité de remise en cause et de mise à jour des idées, des pensées et des concepts. Elle a ceci de particulier qu'elle ne se renouvelle que par la critique au sens où Kant l'entend, de la critique pour la critique par la critique, qui plus est, par la critique « critique ». La dynamique de la philosophie pousse donc à dire qu'elle se nourrit « par la critique de la critique critique (…) le critique perçu essentiellement comme questionnement ou capacité d'objecter et de réfuter, selon un mécanisme souple, susceptible de se régénérer historiquement et épistémologiquement. » (C. Z. Bowao 2007, p.55.) Cela revient à dire qu'il n'y a de philosophie qu'universelle, parce que critique en tant que pensée rationnelle et par son statut scientifique et métaphysique. Cette « criticalité auto-organisée » tient de « sa méthode d'intelligibilité du réel et du temps ; donc universelle par la signification profondément humaine de son interrogation. » *(Ibid.)*

Dans l'espace de jeu de la philosophie classique, il apparaît qu'au moyen de l'universel, l'esprit scientifique est en droit de poser les conditions absolues de la connaissance. Il a appartenu à Aristote d'affirmer, non sans raison, qu'« il n'y a de science que de l'Universel ». Théoriquement, l'Universel se donne à comprendre comme tout ce qui est attribut de tout le sujet connaissant, par soi et en tant que soi. L'Universel appartient donc nécessairement aux choses auxquelles il appartient. A ce sujet d'importance Bachir Diagne (S. Diagne 1989, p.245.) avertit que la logique aristotélicienne, par exemple fait l'économie du Singulier, ou plutôt elle ne s'en occupe pas du tout : « Aristote considère en outre que les propositions indéfinies où l'attribution ou la non-attribution est faite sans indication d'universalité ou de particularité : par exemple (…) le plaisir n'est pas un bien. (…) Mais lui-même d'abord, ses successeurs ensuite, prendront l'habitude de traiter les indéfinies comme des particulières » (Aristote 1983, p.2-3.).

Pourtant, lorsqu'on interroge le sens de l'Universel comme objet par excellence de la science classique, on rencontre paradoxalement des limites. Autrement dit, si la philosophie veut prouver soit par la raison critique, soit par l'expérience, dans quelle mesure peut-on circonscrire les limites de la réflexion philosophique qui n'a pas choisi pour objet le Particulier ou le Singulier ? Autrement dit ; est-ce que la pensée philosophique doit rendre compte du Particulier ? Sinon quelles sont les difficultés d'ordre épistémologique de ce choix rationnel (A. Nsonsissa 2010, p.33.) ? Le nouvel esprit épistémologique devrait donc pouvoir identifier l'identité et la pluralité de la rationalité à l'opérationnalisation de la notion même d'« universalité latérale » (S.B.Diagne 1985, p.152.). Cette expression nous fait dire que la philosophie comme acte de la pensée critique, et du discours scientifique, reçoit sa légitimité épistémologique quand elle s'achève, selon les cas, dans un domaine particulier (M. P. Hebga 2003, p.33-45.) de la connaissance humaine. A cet effet, Souleymane Bachir Diagne écrit : « La notion d'universalité latérale recouvre celle à penser, d'un universel tel que des cultures placées côte à côte et sur un même plan, pourraient conspirer à le produire. Elle indique par conséquent une tâche, pour une époque comme la nôtre, qui est la décolonisation, de substituer à l'universalisme abstrait un nouvel universel. » (*Ibid.*) Le philosophe sénégalais s'est appesanti sur cette considération non classique de l'Universel, parce qu'elle permet, à la faveur d'autres arguments complémentaires à ceux évoqués par Mamoussé Diagne (2006, p.11.), de voir de façon fort évidente la nouvelle orientation que les philosophes africains donnent à la question existentielle de la philosophie africaine, celle de son contenu épistémologique. Elle donne sens à un « Universel sans totalité » qui fait droit au « Singulier ». C'est dire qu'il existe encore des réalités qui demeurent inexplorées, au sens réel du mot, encore des réalités africaines qui demeurent inexplorées, inexploitées, c'est-à-dire un « impensé » historique à décrypter.

Le philosophe Abel Kouvouama (A. Kouvouama 2001) inscrit cela dans l'ordre de la modernité philosophique africaine. C'est-à-dire que la modernité dont on peut aussi parler en contexte philosophique africain peut renvoyer aux prodigieuses réalisations comme activité rationnelle du sujet africain libéré des entraves de l'immédiateté. La modernité philosophique africaine exprime ainsi cette conscience anticipant des possibles-à-venir et relève à la fois de l'ordre de la raison raisonnante et de l'ordre du désir constant de savoir ce que sont les êtres et les choses dans la créativité et la recherche de la nouveauté. Cette modernité voulue et appréhendée sous des images éclatées dans la société africaine, l'auteur tente de l'appliquer dans le domaine du politique à travers ses figures : *Modernité africaine : les figures du politique.*

Il en résulte que la réflexion sur les figures de la modernité, en Afrique, apparaît comme une sorte de gageure à l'analyse sociologique, anthropologique et philosophique. La modernité consiste à chercher à souligner l'intérêt scientifique et épistémologique des questions soulevées, à la fois dans leur universalité et dans leur particularité. Pour ce faire, elle prend en considération sur la philosophie africaine, les productions des rationalités « contextualisées » dans l'affirmation de l'universalité de la raison constituante, en ce qu'elle est le propre de l'humain qui est en l'homme. Dans le fond et dans le ton, cette perspective tend à légitimer, à travers les figures de la modernité, le procès d'émancipation du sujet pensant et connaissant. La piste de recherche qui s'ouvre dans ce cas est celle qui s'interroge également sur la forme de rationalité scientifique et sur les exigences pratiques de la philosophie africaine. Au-delà de la philosophie, elle devrait prendre à bras le corps les productions politiques (S.P. Guèye 2003, p.231.) et religieuses de la modernité en Afrique (D. Ngoie-Ngalla 2015, p. 174.) pour intégrer, au final, le contenu empirique des sciences humaines et sociales et le contenu normatif des théories sur l'individu, la société et la morale (E. Nyano 2015, p.95.). La dimension épistémologique de cette démarche visant l'Universel est au cœur de ce que Mamoussé Diagne exprime comme souci majeur, celui de « ne jamais se satisfaire de ses traditions et (être) capable d'en inventer d'autres et de nouvelles plus porteuses. » (M. Diagne, *op. cit.*) Autant de dédales et voies d'une philosophie africaine adossée aussi bien à l'universel qu'au singulier qui sont essentiellement des « jalons pour une théorie de la rencontre des rationalités. » Cette perspective montre comment les rationalités universelles, dans le sens où toutes les sociétés, les cultures, les clans, et les nations, devraient travailler proprement à réhabiliter tous les savoirs à l'intérieur de la connaissance humaine. Mais, elles sont aussi particulières dans la mesure où leur portée scientifique semble perdre un peu de leur validité hors de leur contexte d'émergence. Néanmoins, si toutes les rationalités sont identiques dans leurs principes fondamentaux, elles sont extrêmement diverses et même incompatibles dans leurs acceptions particulières. Leurs différences nous indiquent qu'il y a plusieurs savoirs, plusieurs rationalités et donc diverses philosophies.

Cependant, si l'on considère leur similitude, il n'y a que la rationalité, celle qui tend vers l'Universel. Les travaux entrepris par le philosophe gabonais Gildas Nzokou sont disposés à accréditer la part d'universalité dont chaque réalité africaine est porteuse. Il le fait sous l'angle de vue logique à la faveur d'une technicité qui recoupe la logique de Quine et la philosophie du langage de Wittgenstein (G. Nzokou 2014, p.106-116.) et l'imaginaire anthropologique qui accompagne la pratique de la philosophique africaine du point de vue épistémologique. Cela étant, il prend pour angle de vue, entre autres, « des sentences proverbiales comme jeux de langage » (*Ibid.*, p.110.). Il s'efforce, en termes de perspectives d'appliquer à l'expérience les « jeux de langage » considérés comme « des cadres de signification des discours et de formes de vie ». Fort de l'importance que revêtent ces notions, le philosophe gabonais écrit : « La pratique argumentative, prise dans le cadre culturel de l'oralité, peut jouer la fonction de médium pour l'organisation, sinon la construction d'une théorie de la signification dynamique. Les éléments centraux de rationalité que sont les sentences proverbiales, autour desquels se construisent les arguments, induisent à une activité d'interprétation en contexte. Ceci nous amène au principe wittgensteinien de la détermination de la signification via l'usage. » (*Ibid.*) Il s'attache à une série de notions comme « règles », « coup », « forme de vie », parce qu'il estime qu'elles ont partie liée avec l'idée de culture, de cadre civilisationnel. Elles sont également constituées de « communautés linguistiques diverses ». Cette démarche a ceci de particulier qu'elle montre le lien évident entre la logique, la philosophie du langage et l'expérience africaine, dont la novation tient dans l'applicabilité « aux cultures de l'oralité négro-africaine ». Il en fait un prétexte théorique bien choisi pour indiquer en fin de compte en contexte d'oralité le sens de ce concept productif et éclairant dans la mesure où l'idiome proverbial répond, non seulement au critère de flexibilité d'application mais surtout, au critère de contextualité dans l'acte de signification » (*Ibid.*, p.111.) du discours. Cela s'entend rationnellement parce que l'activité rationnelle de l'esprit humain comporte des modes d'argumentation cohérents, associant, dans la mesure du possible, déduction et induction, la recherche d'un accord entre systèmes d'idées ou théories et les faits, données empiriques et résultats expérimentaux.

Mais pareille activité cognitive dont l'esprit humain est pourvu ne va pas sans critique. Elle s'exerce sur les croyances, opinions, idées quand celles-ci ne sont pas d'emblée rationnelles. Pour ce faire, elle sera aussi autocritique (la capacité qu'a l'esprit de reconnaitre ses insuffisances, ses limites, ses risques de perversion).

On l'aura compris, la manière épistémologique dont le philosophe gabonais est de l'ordre de la rationalisation ; ce processus qui se fonde non sans s'enfermer dans une théorie suivant sa logique, sensible aux réfutations empiriques. Pour toutes ces raisons, il prend pour angle de vision le « langage proverbial et le schéma d'interprétation » comme « explication générique et analogie contextualisante ». Le cadre culturel africain et le contexte de l'oralité sont mis en avant. Il focalise sur « les proverbes » qu'il considère comme « un type langagier ayant des fonctions paradigmatiques d'unité de savoirs. » Les proverbes sont non seulement des réalités plurielles, mais aussi et surtout rationnelles. Ils sont porteurs d'une « rationalité complexe » dans le sens où ils se fondent sur des axiomes logiques argumentatifs. Ils sont logiques et laissent entrevoir une méthode de pensée intégrant et utilisant, tout en les dépassant et les transgressant, les principes de la logique classique du raisonnement. Ils rendent possible une description logico-rationnelle du réel au double plan épistémologique et herméneutique. Il affirme : « Que ce soit sur un plan épistémologique ou même simplement existentiel, le proverbe constitue l'élément de rationalité, hérité de l'autorité morale et sapientiale de la tradition, qui permet la prise de décision. » (*Ibid.*, p.112.)

Il en résulte donc une double compréhension épistémologique du poids de rationalité des arguments rendus possible par les proverbes. Au-delà de leur universalité liée aux moments herméneutique et pragmatique, les proverbes se prêtent aussi un statut et une fonction dans le cadre de l'argumentation logique. Pour croiser épistémologiquement l'universel et le particulier, le philosophe gabonais renchérit : « Maintenant, les processus d'argumentation dans les traditions orales africaines font ressortir un usage méthodique et systématique des sentences proverbiales. Ces dernières apparaissent comme des propositions d'un genre particulier en ce qu'elles véhiculent des contenus de connaissance et se constituent simultanément en règles de la connaissance. Plus précisément, les proverbes jouent le rôle de propositions primitives en même temps qu'ils sont des règles d'inférence d'un type remarquable. » (*Ibid.*) Ces éléments d'appréciation de la rationalité des proverbes recoupent l'apport logique des procédés argumentatifs à l'instar de la déduction, l'induction et même l'abduction. Pour preuve, il pense que l'approche syllogistique aristotélicienne qui sert de base et de paradigme même du raisonnement logique peut se justifier à partir du langage proverbial : « notamment, le passage des prémisses à la conclusion d'un argument nécessitera l'apport logique du proverbe en tant que proposition primitive et en tant que règle d'inférence. » (*Id.*) Il ajoute que du « point de vue logique, le proverbe permet, par le développement d'une analogie en deux étapes, d'inférer une proposition conclusive qu'on applique à la situation particulière analysée en instance.

Schématiquement, l'on peut résumer la participation d'un proverbe à la construction d'un argument selon e protocole d'usage suivant : « On considère un ensemble de prémisses. Une proposition proverbiale est convoquée et associée à ces prémisses afin de tirer rationnellement une conclusion visée. Pour que l'évocation ici faite du proverbe soit d'un usage pertinent dans le contexte de l'argument développé, il importe d'établir un lien d'analogie entre la signification générique du proverbe et la configuration factuelle par les prémisses ordinaires de l'argument. » (G. Nzokou, *op. cit.*, p. 114.) Chemin faisant, du caractère stratégique du proverbe à l'analyse des phases « interprétative » et « pragmatique » de cette forme singulière du discours oral, l'auteur en arrive à l'étude du proverbe comme « généricité de l'image, diversité des contextes et pluralité de la signification. » Il est évident que le bon usage des proverbes dans un raisonnement appelle à la situation de discussion, l'explicitation du sens générique du proverbe comme portion du discours ou une compréhension canonique du dialogue, et même l'herméneutique de l'image métaphorique d'une suite de symboles, le plus important est « l'arrière-plan de l'oralité africaine et le statut épistémologique du proverbe. » (G. Nzokou 2013, 2012). S'ouvre alors le mouvement épistémologique au cœur de la philosophie africaine allant du réalisme au relativisme des normes argumentatives et culturelles, mais vu en termes de « conflit au cœur de l'archive, (entre la) logique de l'écrit et logique de l'oral », pour reprendre les formules du philosophe sénégalais Mamoussé Diagne doigtées dans « Philosopher en Afrique » (M. Diagne, *op. cit.*, p. 629-638.).

En revanche, la thématique qu'ouvre cette énonciation qui se fonde sur les protocoles d'engendrement et de rupture des savoirs anciens et modernes dans l'acte « critique de la raison orale » (M. Diagne 2005, p. 65.) ne manque pas de sacrifier au difficile geste épistémologique. La deuxième partie de cet ouvrage que Bonaventure Mvé Ondo qualifie d'épistémologique en est la parfaite illustration. Il écrit : « Le parcours épistémologique de l'ouvrage épouse donc les trois phases d'une opération vraiment philosophique. On passe du stade du témoignage et des histoires racontées (ce que les historiens de la philosophie appellent aujourd'hui « le stade idéologique ou généalogique ») aux usages du « parce que » dans les figures du discours historiques (le stade « épistémologique », voir Popper et Kuhn) et au plan de la transcendance et de ses modes (le stade « perspectiviste » selon Nietzsche et Wittgenstein. » (B. Mvé Ondo, *Ibid.*, p.6.)

Conséquemment, le philosophe gabonais qui s'inscrit dans le même élan de problématisation des pratiques discursives en Afrique noire et du point de vue philosophique du langage, est conscient de l'ouverture vers d'autres champs de compétence qu'une telle perspective essentiellement épistémologique suggère. C'est-à-dire qu'on peut penser à une perspective de « sémantique pragmatique » des proverbes comme piste de recherche où « il serait alors question de développer, ou plus simplement, poser, des règles de traduction unificatrices du symbolisme proverbial des cultures négro-africaines. » (G. Nzokou, *op. cit.*, p.115.) Pour concevoir une telle trans-rationalité qui dépasse les rationalités particulières ou locales, on ne peut ni/ne doit vouloir la disparition de ces rationalités ; on peut ou doit souhaiter leur ouverture et leur intégration, dans une rationalité élargie, plus ample, celle de la reliance, non encore réalisée. De l'intérieur même de la philosophie, on devrait pouvoir se donner les moyens rationnels et raisonnables en vue de rendre une telle rationalité reliante possible dans et par la communauté scientifique universelle et planétaire. Edgar Morin appelle de ses vœux l'acte épistémologique de « penser global » (E. Morin 2015, p. 161), car le triomphe de la trans-rationalité serait dans son amplification universelle.

Au fondement d'une forme élargie de la rationalité, on trouve la dimension éthique dans la perspective kantienne. Elle permet de penser l'altérité d'autrui. Ce serait un ensemble de principes fondamentaux réunis et qui ferait que l'acte de penser par soi-même conduirait aussi à penser en se mettant à la place de tout autre être humain, et de là penser toujours en accord avec soi-même. L'éthique d'une telle discussion rationnelle consiste à construire une pensée philosophique sans préjugé, ou plutôt à élaborer la pensée ouverte et conséquente. Parvenu à ce point, nous sommes en droit conséquemment de nous poser la question extrêmement profonde du pluralisme cohérent auquel se prête la rationalité universelle en question ; ainsi que celle du relativisme culturel.

Il se trouve que Kant oppose vraisemblablement l'égoïsme au pluralisme, et cela conduit, en d'autres mots, à reconnaître également qu'autant le pluralisme engendre un certain relativisme, autant le relativisme se relativise lui-même. Mais, dans cette perspective tendant à la trans-rationalité, pluralisme et relativisme ne sont pas de conditions de possibilité d'une rationalité élargie dont il faut faire l'économie. Parce qu'elles sont susceptibles de donner sens à la rationalité universelle. En fait, la prétention à l'universalité est le résultat théorique d'une rationalité élargie ; généralement liée au monde, à l'homme, à la culture, à la société. Elle donne lieu à une sorte de « cosmologie de la connaissance » à laquelle Edgar Morin est fortement attaché lorsqu'il reprend à son compte la thèse poppérienne selon laquelle : « Je crois personnellement qu'il y a au moins un problème (…) qui intéresse tous les hommes qui pensent : le problème de comprendre le monde, nous-mêmes et notre connaissance en tant qu'elle fait partie du monde » (E. Morin 1977, p.9.). Il en ressort donc que la rationalité est élargie lorsqu'elle ne se réduit pas à la connaissance de la nature. Elle se doit aussi de comprendre la nature humaine. Ce qui importe à ce niveau d'analyse, ce n'est pas seulement l'étude des hommes et de leur cité. Nous avons également que l'on ne peut pas séparer les hommes qui pensent et leur cité, ainsi que des pierres et des arbres. La rationalité élargie nous amène à savoir que l'inséparabilité entre « la nature de la nature » et la « nature de la nature humaine » est au cœur de ce qu'il conviendrait d'appeler aujourd'hui avec Catherine Larrère « les philosophies de l'environnement » (C. Larrère 2009, p.19.). Partant de ces considérations « écosophiques » sur la rationalité philosophique aujourd'hui, force est d'affirmer que la philosophie n'aurait jamais été la philosophie si elle n'avait été transrationnelle. Le vrai problème épistémologique qui s'y pose n'est donc pas de « faire du philosophique ».

Par ailleurs, « quel philosophique faut-il faire » ? Dans tous les cas, une poussée relationnelle se perçoit dans cette question qui est inscrite au cœur du statut complexe de la rationalité élargie livrée à la spéculation philosophique intégrative, en ce qu'elle prend aussi en compte la dimension humaine. Cela pousse le philosophe sénégalais Abdoulaye Elimane Kane (A.E. Kane 2015) à publier *Penser l'humain. La part africaine*. Il présente l'homme comme « ce signifié ultime » au cœur de la pensée africaine. Pareille investigation philosophique sur les objets aussi variés que les mythes et les cosmogonies ; la conception et l'organisation de l'espace-temps, la nature et la fonction, le sacré et le profane redéfinit le sens de la recherche en philosophie africaine.

De ce qui précède, y a-t-il des rationalités qui sont plus philosophiques ou scientifiques que d'autres ? Autrement dit, la rationalité est-elle fondée philosophiquement parce qu'elle a choisi son continent ou son Pays de naissance ou bien est-elle fondée scientifiquement parce qu'elle procède d'une démarche critique spécifique ? Nous pensons que les malentendus déjà entendus sur ce qu'on a dit de la philosophie africaine, de la diversité des rationalités philosophiques ou non, par rapport à ce que serait la rationalité philosophique occidentale pourraient être éclairés par un ensemble de questions épistémologiques autour des études sur la place de l'histoire et de sa signification épistémologique dont les éléments structurants de la philosophie africaine seront déclinés dans la partie suivante. La difficulté est donc entre la rationalité, les rationalités et l'histoire. Si on dit « la rationalité universelle », on finit par faire un discours complètement abstrait qui oublie non seulement la dimension historique des diversités qui existent entre les rationalités, mais aussi de la tradition devenue aporétique. Mais si on dit les rationalités particulières, on fait comme s'il s'agissait des catégories n'ayant rien de commun. Là se pose donc et encore un problème en termes d'usage de l'histoire comme méthode, et de son apport dans la tradition philosophique africaine. Que peut-on alors penser du recours ambivalent de l'histoire ainsi que de l'aporie de la tradition ?

3. L'équivocité du statut historique de la recherche en épistémologie africaine

Nous venons d'essayer de montrer dans le moment qui précède que la spéculation philosophique en Afrique est une respiration de la science. Conséquemment, elle se doit de désethnologiser la pensée philosophique africaine pour épistémologiser la nature des concepts scientifiques ; tels qu'ils sont employés par les philosophes des sciences africaines.

Mais nous aimerions, dès maintenant, que cette dimension épistémologique restituée à la lumière des travaux d'Elimane Kane et d'autres, permette un réexamen du problème historique de la philosophie africaine au contact avec l'histoire comme méthode d'élucidation du sens de l'existence de celle-ci. Cela va sans porter préjudice pour la relecture des penseurs du passé. Et l'accès à la notion même de l'histoire ne semble pas couler de source, si l'on s'en tient aux « leçons sur l'histoire de Raymond Aron (R. Aron 1989, p.312.), lorsqu'il analyse le rôle de l'homme dans l'histoire et le tragique de l'action politique. Notre position épistémologique est que cette question renvoie à l'ambivalent recours par les philosophes africains à l'histoire comme exigence méthodologique, en vue de justifier davantage les modalités d'existence de la philosophie africaine. Pareil recours pose quelques problèmes de rationalité procédurale et s'expose à un certain nombre de difficultés épistémologiques auxquels nous aimerions accorder une attention particulière.

Au nombre des difficultés historico-méthodologiques, nous pouvons évoquer la possibilité d'une synthèse épistémologique qu'elle promeut entre les travaux. Un des auteurs à avoir problématisé cette synthèse en question est Henri Berr. Synthétiser, « c'est travailler à la synthèse que d'étudier, à l'aide des faits, mais théoriquement , in abstracto, le rôle de tel ordre de cause, de tel élément explicatif, des divers éléments explicatifs (…), c'est travailler à la synthèse ou plutôt, c'est faire de la synthèse historique (…) que de s'attacher à telle partie de l'histoire concrète, non pas purement et simplement pour en exposer les faits dans leur variété et leur succession, mais pour y contrôler la valeur des synthèses, pour y préciser le rôle des éléments explicatifs »(H. Berr 2007, p. 85.). Partant de l'horizon critique de toute synthèse historique possible des travaux sur la philosophie africaine, nous voulons simplement établir un pont critique des travaux ethno-scientifiques, les « savoirs endogènes » de Paulin Houtondji dont nous questionnons ici modestement la pertinence, avec ce que Charles Zacharie Bowao qualifie d'« aporie de la tradition », c'est-à-dire comme obstacle à la puissance même de la réflexion épistémologique sur la philosophie africaine et son histoire(C.Z.Bowao, 2004, p. 45.). Nous mettrons entre autres l'accent sur la nécessité épistémologique de mettre à jour le principe vital de l'histoire comme « terre de conflits » entre les philosophes africains. Pour ce faire, nous aurons recours au philosophe togolais Yaovi Akakpo (Y. Akakpo, 2005, p.91-109.) qui a non seulement des travaux sur la philosophie africaine, mais qui a également critiqué, sous l'angle épistémo-historique, la pertinence des « savoirs endogènes » tout comme le caractère révolutionnaire des « sciences » dites « africaines » (Y. Akakpo, *op. cit.*, p. 700-709.) Cela nous permettrait de sortir du piège historique né du conflit existential actuel entre « la vraie science » et la « fausse science » africaine. La réflexion de ce dernier sur l'état de la question consiste à se réapproprier le sens historique (F. Braudel 1969, p. 61.). En témoigne la structure des titres de ses travaux qui y sont relatifs.

Dans le fond, il s'agit de savoir comment faire bon usage de l'histoire en philosophie africaine. Autrement dit, nous nous proposons de mettre en avant l'ambivalent recours à l'histoire par les philosophes africains en mettant un accent particulier sur les problèmes. Yaovi Akakpo fait partie intégrante de ces penseurs africains, est-il besoin de le souligner, qui font entre l'histoire comme analyse par la grande porte en philosophie africaine, avec la tentation forte d'en faire un des éléments d'interprétation ou de compréhension relative à son existence. Même si, à vrai dire, il n'invente à proprement parler rien à ce sujet, étant l'héritier, entre autres, d'une véritable tradition contemporaine, elle-même aporétique et incertaine. Et avec lui le philosophe sénégalais Mamoussé Diagne, qui dans la *Critique de la raison orale*, lui redonne sens et vigueur. Ce qui n'est pas son moindre mérite. (M. Diagne, *op. cit.*, p. 284.) Il fait de « l'épique : pour rendre « plus historique », puis il articule « Oralité et temporalité », « mémoire et cogito-historique », « l'histoire des historiens ». Il se trouve que dans son ouvrage *Des philosophes à la philosophie en Afrique noire*, la méthode analytique de type historique est à l'honneur. Cela s'appelle « penser », c'est-à-dire « d'abord, raconter, relier le passé et le présent, réintégrer dans un ordre, se réconcilier avec la parole d'origine, la parole première (…) Autrement dit, la vraie pensée est ontomythologique en ce qu'elle ne sépare pas le théorique et les histoires. » (B. Mvé-Ondo Préface, *op. cit.*, p.8.)

En revanche, une telle perspective historique, pour révolutionnaire et excitante qu'elle soit, pour intéressante qu'elle puisse être, parce que Yaovi et Mamoussé le font en y introduisant justement le sens épistémologique de la perspective philosophique, mérite, tout de même d'être critiquée. Une des raisons pour lesquelles nous émettons des réserves, c'est que le statut réel de l'histoire pose problèmes. La pomme de discorde serait significative d'autant plus que précisément l'histoire semble être le lieu de ralliement de la nouvelle approche philosophie africaine relative au langage et « l'aporie de la tradition » (C.Z.Bowao, *op. cit.*, p.85.) discutée par le Philosophe congolais Charles Zacharie Bowao lorsqu'il avertit que la tradition historique n'éclaire pas toujours l'écart entre l'existence et l'existential de la philosophie africaine. Nous pensons que là où surgit l'aporie de la tradition surgit aussi celle du « savoir traditionnel » (M. Savadogo, 2001, p.34.)

La philosophie africaine a-t-elle, au-delà de l'épistémologique, un statut transcendant ou autrement transcendantal ? Peut-être qu'elle l'était dès les prémisses, pourrait-on dire. On peut aussi craindre qu'en sortant de l'écoute/ la lecture de cette réflexion l'on doive répondre par la négative à cette question. Mais, ce serait peut-être aussi trop vite juger, jauger et en rester à la surface, car la démarche que nous avons entreprise s'est développée dans un double sens : d'une part il y a eu la déconstruction de l'actualité épistémologique des « savoirs endogènes » ; d'autre part il y a eu la construction des conditions de possibilités d'un discours épistémologique sur les travaux de type logique, scientifique et historique, et partant sur l'a-venir radieux de la philosophie africaine orientée vers la théorie de la science. Mais, cet a-venir n'est pas nécessairement prospectif ; il peut, d'une certaine manière, paradoxalement se faire rétrospectif. Et cette perspective est tracée par opposition au positivisme réflexif des philosophes-métaphysiciens qui font l'économie injustifiée de la psychologie du pluriel qui fait droit à la solidarité naturelle entre les connaissances, dans la recherche inter, transdisciplinaire et transversale, en philosophie africaine, plutôt la demande éthico-politique corolaire de la science. La philosophie africaine se construit aussi à la faveur des « dialogues sur les connaissances » au sens où Paul Feyerabend l'entend, c'est-à-dire que ce dernier ne sépare pas la philosophie et la vie, car pour lui, la philosophie *est* la vie. Et comme toute activité vitale, de l'esprit humain notamment, la connaissance se compose, se décompose et se recompose indéfiniment au fil de la communication des idées, des concepts, certes, mais aussi des sentiments, des passions, des désirs d'unité et du vivre ensemble, et des espoirs humains. Cela rappelle à toutes fins utiles les vertus cardinales du « principe de tolérance » cher à Rudolf Carnap, aux possibilités infinies de la logique de la conception des savoirs. Il laisse entrevoir le critère de choix rationnel comme possibilité de savoir entre deux théories scientifiques, ou approches philosophiques, celles qui tend vers le vrai et/ ou le faux. Se pose alors la logique de la décision du chercheur devant cette alternative ; en l'absence d'intuition révélante qui jouerait le rôle heuristique du donné. Mais, à un seuil d'intelligibilité du réel, ce serait un indice d'une impasse conduisant l'esprit humain à fixer des conventions en vue de construire des cadres symboliques adéquats. Tout se passe comme si « le principe de tolérance » qui advient s'identifiait au principe de commodité du discours scientifique sur le réel.

Conclusion

Au final, la portée et la valeur du principe de tolérance appliqué à la philosophie africaine tiendraient de ce qu'il n'a pas pour but d'interdire, car il est interdit d'interdire là où la tolérance fait autorité. Il aide à ouvrir, plutôt le symbolique à des possibilités logiques inaperçues. Alors qu'il est à la lisière du symbolique et de la philosophie, le principe mis en exergue mène à la recherche de la « neutralité axiologique ». Mieux, l'ouverture de l'esprit épistémologique qu'il promeut conduit à y voir également une ouverture à l'infini de découverte et de justification des savoirs et des rationalités émergentes en fonction des conditions qui rendent possible la construction des systèmes de logique symbolique très différents. Qui plus est, le principe de tolérance se veut à la fois transversal et interstitiel, parce qu'il s'applique aussi bien à la philosophie qu'à la science. Il devient en quelque manière un opérateur de reliance des règles de traduction du langage et du domaine de la science, d'interprétation et de signification des symbolismes formels et non formels, érigés à partir du cadre sémantique et pragmatique de vie des peuples et des cultures. Cela étant posé, c'est ici le lieu de souligner, au final, qu'il y a peu d'institutions philosophiques aujourd'hui en Afrique noire où il n'y ait pas d'archives de philosophies africaines consacrées à l'épistémologie ou à la philosophie des sciences. Boudée par les gardiens du temple de la métaphysique, contestée pour son hybridisme conceptuel, encensée paradoxalement pour le nouveau qu'elle semble introduire dans les sujets de préoccupations classiques en philosophie, en général, et donc auréolée d'une gloire que certains disent imméritée par la qualité des recherches entreprises par les philosophes des sciences africains en plein XXè siècle, l'épistémologie au cœur de la philosophie africaine semble désormais, bon gré, mal gré faire partie intégrante de notre pratique ordinaire de la philosophie africaine contemporaine.

Mais d'où vient donc notre oubli fatal des archives de la philosophie africaine ? Le saurions-nous que nous en comprendrions peut-être mieux les débats, que nous en comprendrions bien mieux l'intérêt pratique. Cheminer vers ces perspectives et ces tâches nouvelles, c'est aller à « la poursuite de la vérité » au sein d'une philosophie africaine dont nous venons de dégager le contenu épistémologique qui se donnerait à comprendre, maintenant, d'abord du point de vue philosophique comme une « Symbiosophie » entre choc des rationalités ou recomposition des savoirs et réflexions épistémologiques sur les différences, les différends et les développements des cultures africaines,[31] au cœur d'une rationalité sans « savoirs endogènes » et sans ethnoscience, et du point du strictement épistémologique comme une « Crisologie » (Nsonsissa, 2014, p. 121)

Références bibliographiques

AKAKPO, Yaovi 2011 « Pour une approche historique des sciences africaines », in Critique. Philosopher en Afrique, Paris,

[31] Nous suivons la démarche rationnelle entreprise par le philosophe gabonais Nsame Mbongo qui a réfléchi sur la « coexistence des communautés ou choc des civilisations ? » dans son livre : *Choc des civilisations ou recomposition des peuples ?* Paris, Dianoia/PUF, coll. « défis », 2004, p. 5.

Minuit, Revue générale des publications françaises et étrangères (dir.) S. Bachir Diagne), pp.700-709.

BOWAO, Charles Zacharie (2004), *La mondialité. Entre histoire et avenir*, Paris, Paari.

CAVEING, Maurice (1994) *Essai sur le savoir mathématique dans la Mésopotamie et l'Egypte anciennes (Essai),* Lille, Presses Universitaires de Lille.

DIAGNE, Souleymane Bachir (1984), « Difficultés de la notion d'université latérale, in *Revue Sénégalaise de philosophie,* Deuxième journées annuelles. Actes du colloque Droit-Morale et Société-, Universitaire de Dakar, 17-18-19 décembre 1984, Les Nouvelles Editions Africaines, pp.151-159.

DIAGNE, Mamoussé (2009), *Philosophie et des philosophes en Afrique noire*, Paris, Ifan-Karthala.

DROIT, R.-P. (éd.) (2009) *Philosophies d'ailleurs. T.I. Les pensées indiennes, chinoises et tibétaines et Philosophiques d'ailleurs, T. II. Les pensées hébraïques, arabes, persanes et égyptiennes*, Paris Hermann.

ELIMANE KANE, Abdoulaye (2007) « Mathématiques sauvages et rationalité », in *Paulin Hountonji (éd.), La rationalité, Une ou Plurielle,* Dakar, Codesria.

FEYERABEND, Paul Karl (1999), *Une connaissance sans fondements*, introduction, trad. franç., , notes, bibliographie et index par Emmanuel Malolo Dissakè, Paris, Dianoïa.

FOUCAULT, Michel (1969) *L'archéologie du savoir*, Paris, Gallimard, coll. « Tel ».

GAMBOU, Richard Gérard, 2004, « La philosophie à l'époque des Pharaons », in 3ème *Semaine congolaise de Philosophie*, « Philosophie et Histoire », 4-6 Juin, Brazzaville, Editions Presses et Cultures, p. 139-153.

GOODY, Jack (2007) *Pouvoirs de l'écrit,* trad. franç., de Claire Maniez (dir.) Jean-Marie Privat, Paris, LA Dispute

HEBGA, Meinrad P. (2003), « Pour une rationalité ouverte. Universalisation de particuliers culturels », in *Mosaïque, Revue interafricaine de philosophie, Littérature et sciences Humanes,* Revue annuelle n°001- décembre 2003, pp.33-45.

HOUNTNDJI, Paulin J. 2019, (dir.), *Les savoirs endogènes. Pistes pour une recherche, Cotonou, Star Editions.*

KANT, Emmanuel (1986) *Critique de la raison pure*, Préface à la seconde édition, Paris, P.U.F, coll. « Quadrige ».

LAOUALI SERKI, Mounkaila Abdo (2007), « La culture africaine face aux excès de la technoscience : l'humaniste de Boubou Hama », in *Terroirs. Revue africaine de sciences sociales et de philosophie,* Yaoundé, Academia Africana, pp.255-267.

MALOLO DISSAKE, Emmanuel (1993), « Recension de la philosophie africaine de la période pharaonique 2780-330 avant notre ère de Théophile Obenga », in *Nomade*, n°4,
Paris.

MALOLO DISSAKE, Emmanuel (2005), *Mathématique pharaonique égyptienne et théoriques moderne des sciences,* Chennevières-sur-Marne, Dianoia.

MALOLO DISSAKE, Emmanuel (2005), « La route vers against Method », in *Réalisme rationalisme et méthode scientifique. Ecrits Philosophiques I*, trad. franç., et présentation, Paris, Dianoïa.

MARION, Jean Luc (1992) « Le Phénomène saturé », in *Phénoménologie et théologie*, Paris, Critérion.

MARION, Jean Luc (1997) *Etant donné. Essai d'une phénoménologie de la donation*, Paris, P.U.F.

MASON, S. F. (1956) *Histoire des sciences*, trad. de l'anglais par Marguerite Vernaud, Paris, Armand Colin.

NSONSISSA, Auguste, (2014), *Pensée et composition des pensées chez Frege*, Paris, Dianoia/PUF, coll. « Fondements de la Philosophie Contemporaine des Sciences ».

NSONSISSA, Auguste, (2014), *Réflexions épistémologiques sur la crisologie*, Préface de Charles Zacharie Bowao, Paris, L'Harmattan, coll. « Ouverture philosophique ».

OBENGA, Théophile (1990), *La philosophie africaine de la période pharaonique 2780-330 avant notre ère*, Paris, L'Harmattan.

PASCAL Blaise, (2003), *Pensées*, Paris, éd. Pensées, Paris, éd. Présentée et annotée par Philippe Sellier, coll. « Agora ».

SAMB, Djibril (2010), *Le vocabulaire des philosophes africains,* Paris, L'Harmattan.

CHAPITRE 8

Les sciences humaines et sociales et les perspectives innovantes : enjeux épistémologiques

Mike MOUKALA NDOUMOU
Université Omar Bongo

Résumé : C'est un lieu commun que dans un contexte marqué par les progrès et les prouesses scientifiques et techniques, l'idée d'innovation est sans doute technologiquement connotée. Il apparait que dans l'imaginaire social, l'expression innovation technologique précède de loin le terme innovation sociale. Sachant que la valeur des sciences humaines et sociales (SHS) est souvent l'objet d'une représentation sociale mitigée, l'expression innovation sociale peut a priori susciter un certain de questionnements épistémologiques. Et pourtant, lorsqu'on pense à la monnaie, aux lois, au taylorisme, aux systèmes d'éducation ou de santé, etc., on réalise que les SHS sont aussi des leviers d'innovations sociales. Dans cette analyse, nous tenterons d'interroger la question de l'utilité sociale des SHS et de justifier leur rapport à l'innovation, notamment dans un continent où leur représentation sociale est on ne peut plus mitigée.

Mots clés : Sciences humaines et sociales, représentations sociales, innovation, développement économique, enjeux épistémologiques, enjeux heuristiques, utilité sociale, atouts épistémiques.

Abstract: It is a commonplace that in a context marked by scientific and technical progress and prowess, the idea of innovation is undoubtedly technologically connoted. It appears that in the social imagination, the expression technological innovation far precedes the term social innovation. Knowing that the value of the humanities and social sciences (SHS) is often the object of a mixed social representation, the expression social innovation can a priori raise some epistemological questions. And yet, when we think of money, laws, Taylorism, education or health systems, etc., we realize that SHS are also levers of social innovation. In this analysis, we will try to question the question of the social usefulness of SHS and to justify their relationship to innovation, especially in a continent where their social representation is extremely mixed.

Keywords: Human and social sciences, social representations, innovation, economic development, epistemological issues, heuristic issues, social utility, epistemic assets.

Introduction

Au début du XXe siècle le Japon a accueilli un atelier sur la réinvention des sciences sociales – « *Re-inventing the social sciences* » (2000) - organisé par l'OCDE. Selon Ryuji Shimoda, l'objectif du workshop de Tokyo était d'examiner les problèmes de développement et renforcer le rôle des sciences sociales dans l'innovation et la société. En ce sens, le terme « innovation » n'était pas limité à un aspect technologique mais renvoyait aussi à certaines réformes et changements sociaux. Or, en Afrique, une certaine opinion, peu ou prou informée des atouts épistémiques et pratiques des SHS a vite fait de proclamer leur inutilité sociale. En effet, il est souvent dit, que par rapport aux facultés des sciences formelles et expérimentales, celles des sciences humaines et sociales sont des usines à fabriquer une main d'œuvre insuffisamment qualifiée, voire inutile. Mais de telles postures, qui relèvent visiblement d'une méconnaissance des atouts épistémiques et pratiques des SHS, trahissent leur véritable portée. Elles ne réalisent pas qu'en tant que leviers du développement social et économique, les SHS sont aussi aussi des outils nécessaires à l'innovation sociale. Nous tenterons donc d'interroger la question de l'utilité sociale des SHS et de justifier leur rapport à l'innovation, notamment dans un contexte où l'innovation technologique et l'innovation sociale sont devenues des atouts du développement social et économique. Et, suivant une approche ternaire, nous interrogeons d'une part les représentations sociales des SHS, leur représentation mitigée d'autre part, et enfin leurs enjeux épistémologiques et heuristiques.

1. Sciences humaines et sociales et représentations sociales

C'est un lieu commun que les sciences humaines et sociales (SHS) sont, à coté des sciences formelles et des sciences expérimentales, des disciplines benjamines, dont la reconnaissance académique date à peine de deux siècles. Et, contrairement aux deux premières catégories de disciplines académiques, les SHS, suivant qu'elles sont perçues sous l'angle épistémique ou utilitaire, font souvent l'objet d'un certain nombre de représentations. Et, comme le dit Jacques Wittwer (1972, p. 270), pour repérer l'origine des représentations, on peut se reporter à la problématique des quatre sujets (sujet social, sujet épistémique, sujet psychologique, sujet biologique) imbriqués dans le sujet existentiel.

Au sujet des représentations en SHS, nous nous focalisons sur les sujets d'ordre social et épistémique, sachant que le sujet social ou culturel au sens wittwerien, est le lieu d'habitus, de modes de pensée et de représentations ; et le sujet épistémique, en revanche, renvoie au noyau cognitif commun aux sujets de même niveau de représentation des épistémès.

Dans cette optique, s'il est acquis que toute représentation est souvent positivement et négativement connotée, les représentations sociales des SHS ne peuvent éviter ces deux types d'appréciation. Ainsi, le sujet social, suivant son niveau d'appréciation, peut-il valoriser, ou surtout dévaloriser le statut social d'une catégorie de disciplines souvent considérées comme trop théoriques ou spéculatives.

Pierre Noreau et Guy Rocher (2016), rappellent que la question de l'avenir et de la portée des SHS revient périodiquement comme une interrogation sur nous-mêmes et sur nos sociétés :

> Aux États-Unis, l'American Academy of Arts and Sciences publiait, en 2013, un important plaidoyer en faveur des sciences sociales et humaines, des arts et des lettres. On s'y inquiète des compressions imposées au secteur des « Humanities », en tant que champ de connaissance. En France, une importante mobilisation autour de l'avenir des sciences sociales et humaines a conduit à la création de l'Alliance Athéna, un collectif voué à la défense et à la promotion de ces sciences destinées à l'étude de

> la « constitution de l'humain et du fonctionnement du monde social » (Ibid.p1.)

Il en résulte que partout dans le monde, et en Afrique en particulier, les SHS sont souvent victimes d'une représentation mitigée qui n'autorise pas la valorisation de leur statut social et épistémique.

Certes, d'aucuns reconnaissent l'utilité des SHS aujourd'hui. Le site britannique, *Campaign for social science* (2012), à travers le texte d'Audrey Osler, rappelle qu'il existe plusieurs raisons justifiant l'utilité des SHS dans le contexte contemporain. En l'occurrence,

> Social scientists help us imagine alternative futures. Social science can open up debate and give us a say in shaping our collective future. The social sciences developed as a field of study during the nineteenth century. Social science helped people understand the consequences and application of the new technologies of the age, such as steam power.

Les spécialistes en sciences sociales nous aident à imaginer des futurs alternatifs. Les sciences sociales peuvent ouvrir le débat et nous donner un mot à dire dans la construction de notre avenir collectif. Mieux, les sciences sociales se sont développées comme domaine d'étude au cours du XIXe siècle, elles nous ont aidés à comprendre les conséquences et l'application des nouvelles technologies de l'époque, telles que la machine à vapeur.

> Social science can help us make sense of our finances. Social science is not just important for the future but for what's happening now. We all resent paying to withdraw our money from cash machines. Charges can amount to £120 per year. With the knowledge and understanding that social science offers us, we will feel empowered to act for ourselves, and to influence decisions being made on our behalf (Ibid).

Les sciences sociales peuvent aussi nous aider à comprendre l'état de nos finances. Elles ne sont pas seulement importantes pour l'avenir, mais pour ce qui se passe maintenant. Nous avons tous du mal à payer pour retirer notre argent des distributeurs automatiques de billets. Les frais peuvent s'élever à 120 £ par an. Avec la connaissance et la compréhension que les sciences sociales nous offrent, nous nous sentirons autorisés à agir pour nous-mêmes et à influencer les décisions prises en notre nom. En clair,

> Social scientists contribute to our health and well-being. From sports sociologists to public health experts, from those interpreting medical statistics to those evaluating policies for our care in old age, social scientists are working hard to make sure that our health, leisure and social care services work to best effect. (Ibid).

Les spécialistes en sciences sociales contribuent à notre santé et à notre bien-être. Des sociologues du sport aux experts de la santé publique, de ceux qui interprètent les statistiques médicales à ceux qui évaluent les politiques de nos soins à la vieillesse, les spécialistes des sciences sociales travaillent dur pour s'assurer que nos services de santé, de loisirs et de soins sociaux fonctionnent au mieux. Ce sont donc autant de raisons qui justifient une représentation positive des SHS. C'est dire, suivant l'expression de Pierre Noreau et Guy Rocher (2016, *op.cit.*, 1) que,

> C'est la fonction, voire la mission, des sciences sociales que d'apporter le regard le plus objectif possible sur ces réalités, à la fois institutionnelles et mouvantes, pour mieux les révéler, pour les appréhender dans une perspective critique et pour contribuer à une juste appropriation des futurs possibles.

En ce sens, la plupart des rapports internationaux sur les SHS ne doutent plus de la valeur et l'utilité sociale d'une catégorie de disciplines qui, à côté des sciences formelles et expérimentales, sont devenues de véritables outils de décisions économiques et politiques. En ce sens, le *Rapport mondial sur les sciences sociales 2013* de l'Unesco, consacré aux changements environnementaux globaux rappelle la portée épistémique de ces disciplines aujourd'hui (Unesco, 2013, p. 4) :

> Le Rapport mondial sur les sciences sociales 2013 présente la contribution essentielle que les sciences sociales peuvent et doivent apporter au processus intégré de réflexion et de prise d'initiatives qu'un tel défi exige. Le Rapport lance un appel urgent et résolu aux sciences sociales pour que leurs spécialistes accroissent les recherches sur les causes, les vulnérabilités et les répercussions humaines du changement environnemental, et pour qu'ils contribuent à la recherche de solutions à la crise de la durabilité.

De même, le *Rapport Mondiale sur les sciences sociales* (*World social report 2016*, Unesco, p.4), consacré aux questions d'inégalités dans le monde nous donne la portée des attentes des recherches en sciences sociales :

> Le présent rapport s'adresse à plusieurs publics. Il fournit aux étudiants et aux experts en matière d'inégalités une analyse actualisée des principales approches et données existantes. Il dresse un état des lieux complet des inégalités dans le monde en s'appuyant sur les connaissances multidisciplinaires de plusieurs pays et dans toutes les régions du monde. Il fournit aux décideurs, aux responsables politiques et aux professionnels des pays développés et en développement une série de messages clés, ainsi qu'une analyse des principales solutions et réponses politiques à l'inégalité qui ont été développées et mises en œuvre dans le monde entier.

L'intérêt de ce rapport est surtout de cerner une question séminale des sociétés contemporaines, celle des inégalités : inégalités économiques, sociales, culturelles, spatiales, cognitives, environnementales, etc.

> The starting point of this Report is a recognition of the need for holistic approaches to the study of inequality, and for analyses of its many interacting dimensions. The Report recognizes that the issues of poverty, inequality and social justice are very much related. Although inequality will be the main entry point to the analysis, issues related to poverty, inequity and injustice are also considered, as are responses to those issues. (Ibid., p.22).

En d'autres termes, le point de départ de ce rapport est la reconnaissance de la nécessité d'approches holistiques pour l'étude des inégalités et de l'analyse de ses nombreuses dimensions en interaction. Le rapport reconnaît que les problèmes de pauvreté, d'inégalité et de justice sociale sont étroitement liés et dont l'appréhension nécessite une démarche systémique. Ainsi, bien que l'inégalité soit le principal point d'entrée de l'analyse, les problèmes liés à la pauvreté, à l'inégalité et à l'injustice sont également pris en compte, en tant que réponses à ces problèmes.

Il en est du rapport mondial sur les sciences sociales comme celui sur les sciences humaines, il permet de justifier la valeur des disciplines, qui à côté des sciences formelles et expérimentales, apparaissent désormais comme des outils indispensables au développement économique et social. Ainsi *Humanities World Report 2015*, rappelle-t-il dans sa première partie un certain nombre de valeurs reconnues aux sciences humaines. Entres autres, la valeur sociale – *social value*, la valeur économique – *economic value* – ou l'innovation – *innovation*. Au sujet de la valeur sociale des sciences humaines :

> Social value: the humanities benefit society in a number of ways. They help create tolerance and understanding between citizens, thereby leading to social cohesion. They aid decision-making, especially on the complex ethical issues that confront society as a whole. In addition, they can benefit society by challenging established positions (see also 'critical thinking' below). (Ibid.p.12).

Valeur sociale, les sciences humaines profitent à la société de plusieurs façons. Elles contribuent à créer la tolérance et la compréhension entre les citoyens, conduisant ainsi à la cohésion sociale. Elles aident à la prise de décision, en particulier sur les questions éthiques complexes auxquelles la société dans son ensemble est confrontée. En outre, elles peuvent bénéficier à la société en remettant en question des positions établies (voir également la pensée critique ci-dessous). Quant à la valeur économique des sciences humaines le rapport est on ne peut plus clair,

> Economic value: there are direct economic benefits from humanities research, for example in publishing, media, tourism and, of course, the training humanities scholars provide to their students, who go into the job market across a wide range of professions.(Ibid.p.12-13).

Valeur économique, les sciences humaines présentent des avantages économiques directs à la recherche, par exemple dans l'édition, les médias, le tourisme et, bien sûr, la formation de chercheurs en sciences humaines, permet à leurs étudiants, qui entrent sur le marché du travail à accéder à un large éventail de professions. Quant à la dimension innovante des sciences humaines, le rapport affirme leur capacité à promouvoir des actions innovantes :

> Innovation: the humanities deal with questions of motivation, organization and action, which are essential components of creativity and entrepreneurship, and so the humanities promote a culture of innovation. (Ibid., p.13).

En tant qu'innovation, les sciences humaines traitent des questions de motivation, d'organisation et d'action, qui sont des composantes essentielles de la créativité et de l'entrepreneuriat, et ainsi les sciences humaines promeuvent une culture de l'innovation. Mieux, le rapport résume un certain d'enjeux heuristiques des sciences humaines aujourd'hui :

> (a) Intrinsic value, (b) Informing social policy, (c) Understanding cultural heritage (d) Promoting economic value, (e) Contributing to other academic disciplines (e.g. in the natural or social sciences), (f) Feeding through to undergraduate education, (g) Promoting critical thinking and innovation.(Ibid.p.14).

(a) Valeur intrinsèque, (b) Informer la politique sociale, (c) Comprendre le patrimoine culturel (d) Promouvoir la valeur économique, (e) Contribuer à d'autres disciplines académiques (par exemple dans les sciences naturelles ou sociales), (f) Se nourrir d'éducation du premier cycle, (g) Promotion de la pensée critique et de l'innovation. C'est dire finalement, comme le souligne Claire Brossaud dans son texte sur « Valoriser l'innovation sociale et responsable avec les SHS : nouveau défi pour le XXIe siècle » (.2013, p.5) que,

> Pourtant, avant même d'être marquées par le terme « valorisation », les SHS ont toujours alimenté une économie de la connaissance dont on sous-estime aujourd'hui encore beaucoup les impacts sociaux et financiers. Les chercheurs issus des sciences économiques, juridiques et de gestion sont parmi les plus prolixes, mais l'expertise provenant des sciences sociales est loin d'être exsangue.

C'est certainement l'occurrence d'une telle sous-estimation qui semble justifier une représentation sociale mitigée des sciences humaines et sociales.

2. Sciences humaines et sociales : une représentation sociale mitigée

Ronald J. Pohoryles et Andreas Schadauer, nous donnent un aspect d'une représentation sociale mitigée des SHS dans leur article sur « *What future for the European Social sciences and Humanities ?* » (2009, p.148), lorsqu'ils affirment :

> The social sciences seem to be trapped in the traditional paradigm claiming that social sciences are developed in an 'ivory tower', on the one hand, and that applied research is not scholarly, on the other. Academic social sciences seem to suffer from a (self-imposed) isolation from society, politics and the economy; 'Applied Social Sciences' quite often degenerate into mere policy consulting, guided by the interests of those who commission research.

Les sciences sociales semblent piégées dans un paradigme traditionnel affirmant qu'elles se développent dans une « tour d'ivoire », d'une part, et que la recherche appliquée n'est pas savante, d'autre part. Les sciences sociales universitaires semblent souffrir d'un isolement (auto-imposé) de la société, de la politique et de l'économie. Il semble que les « sciences sociales appliquées » dégénèrent assez souvent en de simples consultations politiques, guidées par les intérêts de ceux qui commanditent la recherche. En ce sens, Andolf S. David dans son article sur « *The use and misuse of social science research* » (1978, p.93) (L'utilisation et la mauvaise utilisation de la recherche en sciences sociales) affirme la même chose :

> That the social sciences can be of use to society is a piece of rhetoric that we loudly assert largely as a way of justifying our existence. But that we find it necessary today to worry about their possible misuse seems to indicate that social scientists in the Philippines have finally arrived.

Que les sciences sociales puissent être utiles à la société est une rhétorique que nous affirmons haut et fort en grande partie comme un moyen de justifier notre existence. Mais que nous trouvions nécessaire aujourd'hui de nous inquiéter de leur éventuelle mauvaise utilisation semble indiquer que les spécialistes en sciences sociales aux Philippines devraient relever un défi majeur pour la restauration de la valeur épistémique et pratique des SHS. La restauration de la valeur de ces disciplines est nécessaire sachant que d'aucuns ne comprennent pas encore la portée de la recherche en SHS :

> Indeed there are a number of critical intellectuals in the Philippines who have long felt that much social science research in the Philippines has been nothing more than a wasteful past time of academics who seek relief from the tedium of teaching,

> or an additional lucrative source of income, or perhaps an easy way to public recognition.(Ibid.p.93).

En effet, il y a un certain nombre d'intellectuels critiques aux Philippines qui pensent depuis longtemps qu'une grande partie de la recherche en sciences sociales n'est rien de plus qu'un passe-temps inutile pour les universitaires qui cherchent à se libérer de l'ennui de l'enseignement ou une source de revenus lucrative supplémentaire, voire peut-être un moyen facile de reconnaissance publique. Mieux, même si leur utilité était reconnue, elle sera simplement au bénéfice des spécialistes en SHS :

> There can be no doubt that the social sciences can be made useful, but perhaps, the essential question is: useful for whom? So far, it appears that the answer to this question has tended to be: useful for the social scientist and those who can afford to pay for his skills. (Ibid.)

Il ne fait aucun doute que les sciences sociales peuvent être rendues utiles, mais peut-être la question essentielle est-elle, utile pour qui ? Jusqu'à présent, il semble que la réponse à cette question ait eu tendance à être : utile pour les spécialistes des sciences sociales et ceux qui peuvent se permettre de payer pour certaines de leurs compétences.

Cette représentation des SHS, loin d'être isolée est aujourd'hui partagée par une certaine opinion qui ne considère véritablement utilitaire que la recherche issue des sciences formelles et expérimentales. Ainsi, on peut dire que les SHS sont aussi négativement connotées suivant un contexte social ou politique à un autre. Et, dans son article sur « *Ignoring science : discourses of ignorance in the public understanding of science* » (Ignorer la science : discours de l'ignorance dans la compréhension publique de la science), Mike Michael (1996, p.115), part d'un postulat de l'ignorance épistémique en sciences :

> In feeling uncertainty about their understanding of science, or in identifying a 'lack' in their knowledge, people are making tacit judgments in relation to the authoritative source or sources of that knowledge.

En clair, en ressentant de l'incertitude quant à leur compréhension de la science ou en identifiant un « manque » de leurs connaissances, les hommes émettent des jugements tacites par rapport à la ou les sources faisant autorité de ces connaissances. Cette assertion justifie l'appréciation souvent approximative des représentations sociales des sciences en général, et des SHS en particulier.

Répondant à une question d'une journaliste de *Gabon 24* en juillet 2019 au sujet du rapport entre les SHS et employabilité des jeunes gabonais, le Premier ministre gabonais, Julien Nkoghe Bekalé, a certainement ouvert la boite de pandore. Non seulement il avait une idée approximative des effectifs en Faculté des Lettres et sciences humaines (FLSH) de l'Université Omar Bongo, parlant de « 4500 étudiants en FLSH et 4500 au Département de Psychologie », mais il doutait de leur apport au développement économique et social du Gabon. Cette affirmation a tellement suscité de vives réactions dans les réseaux sociaux que le forum du syndicat national des enseignants et chercheurs (SNEC) a failli exploser.

Mais une telle affirmation est le pendant d'une idéologie politique qui considère les SHS comme des disciplines n'ayant aucune nécessité économique, voire sans perspectives d'employabilité. Cette posture est déjà exprimée par les recommandations de la *Task force sur, l'éducation, la formation, et l'emploi* de 2018 au Gabon.

En effet, l'allusion à l'utilité socio-économique des SHS se lit dans certains alinéas des recommandations de ladite *Task force.* Ainsi que le clame l'un des alinéas :

> Considérant la trop grande prégnance des filières littéraires et, corrélativement, le manque d'attractivité des filières scientifiques ainsi que de l'enseignement technique et professionnel qui ne représente que 1% des élèves scolarisés dans le système éducatif gabonais.

Plus explicites sont les recommandations sur « L'enseignement supérieur » où le coup est porté aux disciplines des SHS :

> - *L'orientation des bacheliers dans les filières générales à effectifs saturés et à faible taux d'employabilité, en tenant compte, d'une part, de leur âge comme indiqué dans la loi d'orientation générale de l'éducation, de la formation et de la recherche et, d'autre part, d'une*

moyenne de 12/20 obtenue au cours des deux (02) dernières années de Lycée dans la discipline ou la spécialité sollicitée à l'Université ;

- Le gel, pendant trois (03) années académiques, des inscriptions en Licence 1 dans les filières des Lettres et Sciences Humaines comptant au moins mille (1000) étudiants au cours de l'année académique 2017-2018.

Du reste, tous ces énoncés de la *Task force* du Gabon laissent penser que les SHS sont encore négativement connotées par les décideurs politiques qui n'y voient que des « usines à fabriquer des chômeurs » pour reprendre l'expression consacrée. Mais une telle déconsidération se lit aussi à travers le peu d'investissement sur la recherche en SHS dans le continent Africain en général.

Dans un collectif sur *Recherche et activité économique,* François Perroux (1969) revient sur les critères généraux internes des choix de la politique scientifique. Parmi ces critères généraux, il y a ce qu'il appelle la « cohérence formelle et la cohérence fonctionnelle ». Par cohérence formelle ou cohérence dans le temps,

> Nous entendons par là une exigence sans doute évidente, mais qui, malheureusement, est souvent peu ou mal satisfaite, à savoir la continuité du financement de la recherche. On sait que notamment du fait de l'annualité budgétaire, principe encore maintenu dans beaucoup de pays, les crédits consacrés à une recherche déterminée connaissent souvent des variations extrêmement brutales. De la sorte se trouvent gravement compromises, ou même annihilées des recherches qui auraient pu avoir un résultat fécond. (Ibid., p.164).

Il en va de la recherche en SHS, comme en sciences formelles et expérimentales en Afrique, elles sont encore victimes de cette cohérence dans le temps. En effet, tous les indicateurs sont consonants sur la continuité du financement de la recherche scientifique en Afrique où la part consacrée à cette activité académique a du mal à atteindre 1% du PIB. De même, la thèse de la cohérence fonctionnelle est aussi d'actualité en Afrique. Par cohérence fonctionnelle,

> Nous entendons par là un exact ajustement des différents facteurs contribuant à la création scientifique et technique. Ces facteurs sont constitués principalement par les hommes, les installations, les instruments, l'information, l'administration. Les

> dépenses de recherche peuvent être partagées entre les crédits de fonctionnement et les crédits d'investissement. Or, on constate bien souvent que ceux qui sont responsables de la répartition des crédits de recherche sont peu préoccupés des exigences de cohérence. Tantôt les chercheurs voient leurs travaux paralysés ou du moins très gênés par un manque de techniciens, ou d'instruments, ou de secrétariat. Tantôt des instruments couteux sont très insuffisamment utilisés. (Ibid., p.165).

Ainsi, ce que nous appelons la violence structurelle subie par les chercheurs en SHS s'agissant de structures d'accueil, de fonds alloués à la recherche, ou de plateaux techniques participe de cette absence de cohérence fonctionnelle. En SHS en particulier, l'absence de cette cohérence formelle et fonctionnelle en Afrique peut être justifiée par le *Rapport 2010* de l'Unesco sur les sciences sociales dans le monde. Selon François Caillods,

> Le Rapport mondial sur les sciences sociales 2010 (CISS et UNESCO, 2010) a donné un aperçu des différences entre les régions et les pays s'agissant de la recherche en sciences sociales, notamment en termes de volume, de situation générale et de capacité à produire de nouvelles connaissances. Il a montré que les pays et institutions de la région de l'Atlantique Nord bénéficiaient de conditions et de possibilités de financement plutôt favorables à la recherche. Dans les pays à revenu inférieur, la situation de la recherche était bien plus délicate, caractérisée par une inadéquation des capacités, des conditions peu satisfaisantes dans de nombreuses universités à l'exception des meilleures, un financement limité et instable, une faible priorité pour les organismes nationaux de financement et un soutien généralement faible de la part des institutions. (Rapport Unesco, 2010, p.147).

Pour le cas précis du Gabon, nous pensons aux travaux de Georges Moussavou, qui parle de la pauvreté des enseignants-chercheurs et chercheurs gabonais, ou récemment de ceux de Clotaire Moukegni-Sika (2010), auteur d'une œuvre sur la *Production scientifique et pouvoir politique au Gabon* (2010, p.132) qui interpelle les autorités sur l'anémie de la recherche scientifique.

En effet, au Gabon, deux institutions incarnent la recherche en SHS, le CENAREST, à travers l'Institut de Recherche en Sciences Humaines, et l'Université Omar Bongo, au sein des Facultés des Lettres et Sciences Humaines (FLSH) et de Droit et Sciences

Economiques (FDSE) qui ont chacune un pool scientifique en SHS. Ces institutions souffrent de l'absence de cohérence formelle et fonctionnelle dont parle François Perroux, par le fait d'une violence structurelle instituée depuis leur création. Ainsi, aussi bien au niveau des structures d'accueil qu'au niveau du financement de la recherche en SHS, on aura du mal à atteindre les résultats escomptés. Le tableau ci-après illustre un pan de cette violence structurelle en SHS :

Instituts de recherche	CERGEP	LUTO	LAGRAC	GRELACO	CREP	CERMA	LABAN	CERAFIA	CERP
Nombre de table disponibles	3	10	3	5	2	1	6	3	1
Nombre de chercheurs affiliés	10	10	10	7	17	14	20	18	10

Tableau 2 : Nombre de tables par Institut de recherche (*Ibid.*, p. 132)

Du reste, en faisant simplement le ratio entre le nombre de tables disponibles et le nombre de chercheurs par institut, on peut avoir une idée de l'environnement de la recherche au Gabon. L'exemple du CREP et du CERP justifie la prégnance de la violence structurelle subie par les enseignants-chercheurs en SHS.

Mais le cas de la recherche en SHS au Gabon n'est que la face cachée de l'iceberg africain. Le *World social Science Report 2010*, à travers un article (« Assessing research capacity in social sciences : a template », p.102.) sur les moyens de recherche en sciences sociales laisse entrevoir cette violence structurelle en SHS en Afrique. En évoquant l'évaluation de la capacité de la recherche en sciences sociales –*Assessing research capacity in social sciences* – le rapport laisse entrevoir les déficits et les obstacles qui hypothèquent la recherche dans chaque région du monde.

> Identifying and addressing knowledge deficits in social sciences research capacity is a priority for regional social science associations and councils, such as the Arab Council. for the Social Sciences (ACSS), the Latin American Council of Social Sciences (CLACSO), the Association of Asian Social Science Research Councils (AASSREC), and the Council for the

> Development of Social Science Research in Africa (CODESRIA). Within each region there are broad disparities in countries' research capacities, according to their size, funding capacity, institutional infrastructure and access to national, regional and international research communities. (Ibid.)

L'identification et la correction des déficits de connaissances dans les capacités de recherche en sciences sociales est une priorité pour les associations et les conseils régionaux des sciences sociales, comme le Conseil arabe pour les sciences sociales (ACSS), le Conseil latino-américain des sciences sociales (CLACSO), l'Association des conseils asiatiques de recherche en sciences sociales (AASSREC) et le Conseil pour le développement de la recherche en sciences sociales en Afrique (CODESRIA). Dans chaque région, il existe de grandes disparités dans les capacités de recherche des pays, selon leur taille, leur capacité de financement, leur infrastructure institutionnelle et leur accès aux communautés de recherche nationales, régionales et internationales.

Il en résulte une disparité lorsqu'on passe d'une région à une autre, et l'Afrique, à travers le CODESRIA souffre de ce déficit de moyens de financement de recherche en SHS. Pour le cas de l'Afrique, le rapport dénonce des lacunes dans la formation en sciences sociales, l'absence de financement et d'infrastructures, ou de moyens de communication :

> Yet shortcomings in social science training, lack of finance and infrastructure, and low access to information tend to reduce the ability of social sciences to inform society and policy in many countries. In some countries researchers are subject to political manipulation, leading to low-quality social science research. (Codesria, p.102).

Pour cet organisme africain, les lacunes de la formation en sciences sociales, le manque de financement et d'infrastructures et le faible accès à l'information tendent à réduire la capacité des sciences sociales à informer la société et les politiques dans de nombreux pays. Dans certains pays, les chercheurs sont soumis à des manipulations politiques, conduisant à des recherches en sciences sociales de faible qualité.

Dans le sillage du Codersria, « *Why Kenyan academics do not publish in international refereed journals* ?» (2010), c'est le titre d'un article de

Maureen Mweru sur les capacités des pays africains à valoriser la recherche en SHS. Pour lui, un certain nombre de facteurs hypothèquent la capacité de publier en SHS, mais le financement des activités et le traitement salarial du chercheur sont des facteurs majeurs :

> Low faculty wages were therefore seen as a major hindrance to research and publication. Low salaries were also mentioned in connection with research and fieldwork. In the absence of research funding and grants, academics use their own personal resources, which often results in less research time and thus fewer research findings to publish. Low salaries also mean that academics cannot afford journal access fees. (Ibid.).

Les bas salaires des professeurs étaient donc considérés comme un obstacle majeur à la recherche et à la publication. Ces bas salaires ont également été mentionnés en rapport avec la recherche et le travail sur le terrain. En l'absence de financement et de subventions de recherche, les universitaires utilisent leurs propres ressources personnelles, ce qui entraîne souvent moins de temps de recherche et donc moins de résultats de recherche à publier. Les bas salaires signifient également que les universitaires ne peuvent pas payer les frais d'accès aux revues.

Du reste, il y a donc une représentation mitigée des SHS en Afrique au sens où elles sont souvent négativement connotées par une opinion peu informée de leur atouts épistémiques et socio-économiques, se contentant de les qualifier de sciences spéculatives ou peu utilitaires. En ce sens, la *Déclaration de Lisbonne sur les sciences sociales dans la société (*2003, p.426) réitérait déjà le caractère protéiforme de cette utilité.

> Nous vivons à une époque passionnante de l'histoire mondiale, qui lance de grands défis aux chercheurs en sciences sociales et aux responsables politiques. Les connaissances produites par les sciences sociales sont très utiles pour comprendre et surmonter la complexité, les incertitudes et les dangers propres à notre monde. Les gouvernements, ainsi que les acteurs sociaux et économiques, doivent donc faire un usage plus systématique et plus large des sciences sociales dans la mesure où elles produisent des connaissances spécialisées sur les questions de société, et favorisent la participation des citoyens à la gestion des affaires publiques.

Et pourtant l'un des grands défis de la recherche en SHS africaines est celui de l'innovation qui interpelle à la fois les chercheurs et la classe politique du continent.

3. Sciences humaines et sociales et innovation : enjeux épistémologiques et heuristiques

La première partie du *Humanities World Report 2015* consacre plusieurs paragraphes au traitement du rapport entre sciences humaines et innovation aujourd'hui :

> Several sources in a wide range of countries make a strong link between innovation and the humanities: national reports, 23 blogs, 24 media articles 25 and a number of our interviews. In the UK, the AHRC (Arts and Humanities Research Council) worked with NESTA (National Endowment for Science, Technology and the Arts) to produce a report entitled Arts and Humanities Research and Innovation (Ibid.p.30).

En d'autres termes, plusieurs sources dans un large éventail de pays établissent un lien étroit entre l'innovation et les sciences humaines : rapports nationaux, 23 blogs, 24 articles dans les médias, et un certain nombre de nos interviews. Au Royaume-Uni, l'AHRC (Arts and Humanities Research Council) a collaboré avec la NESTA (National Endowment for Science, Technology and the Arts) pour produire un rapport intitulé Arts and Humanities Research and Innovation.

En effet, en novembre 2008 un rapport sur *Arts, Humanities Research and Innovation* a été publié par trois auteurs britanniques, Hasan Bakhshi, Philippe Schneider, et Christopher Walker dont l'introduction les enjeux heuristiques et politiques (2008, p.1) :

> Traditional understandings of innovation emphasize the importance of science and technology research. In contrast, this paper investigates the role that arts and humanities research plays in the innovation system. It goes on to explore the funding structures by which the government supports this research in the UK, and the work of the Arts and Humanities Research Council in particular.

Les conceptions traditionnelles de l'innovation soulignent l'importance de la recherche scientifique et technologique. En revanche, cet article examine le rôle que la recherche en arts et sciences humaines joue dans le système d'innovation. Il explore ensuite les structures de financement par lesquelles le gouvernement soutient cette recherche au Royaume-Uni, et le travail du Conseil de recherche sur les Arts et les Humanités en particulier.

> Innovation is increasingly a shared activity. It relies on networks built on trust, proximity, repeat engagement and 'social capital'. The strength of trust between actors in the innovation system determines how much collaborative learning takes place. Sciences, technologies, arts and humanities complement each other. They are not hierarchically ordered. Science allows us to evaluate whether a proposed change is practical, by testing whether it will secure its intended goals. Yet it does not have a monopoly on setting those goals. (Ibid.).

Pour ces auteurs, l'innovation est d'une part de plus en plus une activité partagée : elle repose sur des réseaux fondés sur la confiance, la proximité, l'engagement répété et le « capital social ». En ce sens, la force de la confiance entre les acteurs du système d'innovation détermine le niveau d'apprentissage collaboratif. D'autre part, les sciences, les technologies, les arts et les lettres se complètent. Elles ne sont pas du tout hiérarchisées. La science nous permet d'évaluer si un changement proposé est pratique, en testant s'il assurera ses objectifs. Dans cette optique, on ne peut parler de monopole de la fixation de ces objectifs entre ces deux domaines.

Et, sur le plan étymologique, si le terme *innovation* vient du mot latin *innovare* qui signifie « revenir à, renouveler », *Innovare* quant à lui est composé du verbe *novare* de racine *novus*, qui veut dire « changer », « nouveau », et du préfixe *in,* qui indique un mouvement vers l'intérieur. L'Afrique, consciente des enjeux épistémologiques des SHS, à travers l'Union Africaine, via la STISA (2016), mesure déjà les enjeux d'une innovation de nos concepts de développement.

> In June 2014, the 23rd Ordinary Session of African Union Heads of State and Government Summit adopted a 10-year Science, Technology and Innovation Strategy for Africa (STISA-2024). The strategy is part of the long-term people centered AU Agenda 2063 which is underpinned by science, technology and

> innovation as multi-function tools and enablers for achieving continental development goals. (STISA-2024, p.8).

En effet, en juin 2014, lors de la 23e Session ordinaire, le sommet des chefs d'État et de gouvernement de l'Union a adopté une stratégie décennale en matière de science, de technologie et d'innovation pour l'Afrique (STISA-2024). La stratégie fait partie de l'*Agenda 2063* de l'UA sur le développement durable et, qui s'appuie sur la science, la technologie et l'innovation en tant qu'outils multifonctionnels et catalyseurs pouvant atteindre les objectifs de développement du continent.

> With the advent of STISA-2024, the African Union possesses a wonderful tool to accelerate Africa's 8 transition to an innovation led, knowledge-based economy. In as much as the tool is efficient, benefit is only realizable in the right environment and particularly, with the right implementation. (Ibid).

En d'autres termes, avec l'avènement de STISA-2024, l'Union africaine possède un formidable outil pour accélérer la transition de l'Afrique vers une économie fondée sur la connaissance et axée sur l'innovation. Dans la mesure où l'outil est efficace, les avantages ne sont réalisables que dans un bon environnement et en particulier, avec la bonne mise en œuvre. Du reste, vue d'Afrique, l'innovation est déjà un projet politique d'un continent qui veut se doter des moyens efficients pour atteindre ses objectifs de développement.

Mais, sur le plan cognitif, l'innovation est avant tout un projet épistémologique qui a une portée diachronique et synchronique. Et, dans son article sur « *The Evolution of science policy and innovation studies* » (2016) Ben R. Martin rappelle cette dimension épistémologique et diachronique des préoccupations innovantes dans le monde.

> The field of science policy and innovation studies (SPIS) is now around 50 years old. From humble beginnings involving just a few researchers in the late 1950s, it has grown to become a significant field involving several thousand researchers. (Ibid.p.1219.)

Le domaine des politiques scientifiques et des études sur l'innovation (SPIS) a maintenant 50 ans environ. Ainsi, d'humbles débuts inspirant seulement quelques chercheurs à la fin des années 1950, il est devenu un domaine important impliquant plusieurs milliers de chercheurs aujourd'hui et touche toutes les catégories de sciences. Les SHS, disciplines benjamines, et outils de développement social et économique ne pouvaient donc faire fi des stratégies innovantes. Et, selon Ben R. Martin, il existe désormais un corpus qui nous rappelle les premières réflexions sur l'innovation en SHS.

> By the second half of the 1950s, a number of social scientists were beginning to work systematically on issues relating to innovation, technology or science. They included researchers from economics (including economic historians), sociology and management, and these were soon joined by others including industrial psychologists, organisation scientists and business historians. By the early 1960s, these different disciplinary 'tribes' were starting to come into contact with one another and to realise that they shared a common interest, even if their conceptual and methodological approaches were very different. (Martin, p.1227).

Dans la seconde moitié des années 50, un certain nombre de spécialistes des sciences sociales commençaient à travailler systématiquement sur des questions liées à l'innovation, la technologie ou la science. Ils comprenaient des chercheurs en économie (y compris des historiens de l'économie), de la sociologie et de la gestion, et ils ont rapidement été rejoints par d'autres, notamment des psychologues industriels, des scientifiques des organisations et des historiens des affaires. Et, au début des années 60, ces différentes « tribus » disciplinaires commençaient à entrer en contact les unes avec les autres et à réaliser qu'elles partageaient un intérêt commun, même si leurs approches conceptuelles et méthodologiques étaient très différentes.

Parmi les textes pionniers de l'innovation en SHS, il y a celui de Rogers Everett, *Diffusion of Innovations* (1962) qui revient sur la portée du concept de l'innovation :

> One kind of uncertainty is generated by an innovation, defined as an idea, practice, or object that is perceived as new by an individual or another unit of adoption. An innovation presents an individual or an organization with a new alternative or alternatives, with new means of solving problems. But the probabilities of the new alternatives being superior to previous practice are not exactly known by the individual problem solvers. (1962, p.9).

Un type d'incertitude est généré par l'innovation, définie comme une idée, une pratique ou un objet qui est perçu comme nouveau par un individu ou une autre unité d'adoption. Une innovation présente un individu, ou une organisation avec une ou plusieurs nouvelles alternatives, avec de nouvelles méthodes de résolution de problèmes. Mais les probabilités que les nouvelles alternatives soient supérieures à la pratique antérieure ne sont pas exactement connues de l'individu solutionneur de problèmes.

Il en résulte que l'innovation revendique une épistémologie historique en SHS qui est antérieure à la pratique de ces disciplines aujourd'hui. Makhtar Diop, Vice-président de la Banque mondiale pour l'Institut africain de coopération et de développement Sud - Sud (ISSCAD) dans son texte sur *Innovation in Africa* revient sur la dimension diachronique du concept en SHS (2017, p.1) :

> 75 years ago, the economist Joseph Schumpeter coined the term "creative destruction." He referred to a process of "industrial mutation," in which new processes push out (or "destroy") the old ones. Innovation drives that process, it underlies economic growth, and it is a crucial element to "how countries achieve prosperity."

Il y a 75 ans, l'économiste Joseph Schumpeter a inventé le terme de « créatrice ». Il a fait référence à un processus de « mutation industrielle », dans lequel de nouveaux processus expulsent (ou « détruisent ») les anciens. L'innovation est le moteur de ce processus, elle est à la base de la croissance économique et elle est un élément crucial pour comprendre « comment les pays parviennent à la prospérité ». Et, comme le soulignent Michael J. O'Brien et Stephen J. Shennan dans la préface à *Innovation and Cultural Systems*, (2010, p.IX), l'innovation est un concept chargé d'histoires :

> Innovation has long played a significant role in the social sciences in structuring arguments about how and why human behavior changes. Certainly, innovation was implicit in the nineteenth-century writings of ethnologists such as Edward B. Tylor and Lewis Henry Morgan, as it was in the mid-twentieth-century work of Julian Steward and Leslie White. For these cultural evolutionists, the appearance of cultural innovations was almost a preprogrammed process, which kicked in whenever a cultural group "needed" to overcome social- or physical-environmental problems.

L'innovation a longtemps joué un rôle important dans les sciences sociales en structurant les arguments sur comment et pourquoi le comportement humain change. Certes, l'innovation était implicite dans les écrits d'ethnologues du XIXe siècle tels qu'Edward B. Tylor et Lewis Henry Morgan, comme c'était le cas dans les travaux du milieu du XXe siècle de Julian Steward et Leslie White. Pour ces évolutionnistes culturels, l'apparition d'innovations culturelles était presque un processus préprogrammé, qui s'activait chaque fois qu'un groupe culturel « avait besoin » de surmonter des problèmes sociaux ou physiques et environnementaux.

Mais l'innovation devient surtout un enjeu épistémologique pour les SHS africaines. Kgomotso H. Moahi dans un récent article sur « *Research issues in the humanities and social sciences in Africa in the 21st Century : challenges and opportunities* » (2011) rappelle non seulement l'intérêt des SHS africaines mais aussi leurs capacités à créer des concepts innovants de développement. D'une part, il part du *Nairobi Report, 2009* pour rappeler l'intérêt d'une étude des SHS en Afrique :

> the perspective and knowledge which they offer on history, culture, social interactions, political systems, economics, and much more are vital to development and well-being ... it is only by engaging with history and its expressions through literature and performance that communities and nations are able to understand and reflect on their origins, to understand their past and define their place in the world. (Nairobi Report, 2009, p.6, cité par Moahi, p.79).

La perspective et les connaissances que les SHS offrent sur l'histoire, la culture, les interactions sociales, les systèmes politiques, l'économie et bien plus encore sont vitales pour le développement et le bien-être (…) ce n'est qu'en s'engageant avec l'histoire et ses expressions à travers la littérature et la performance que les communautés et les nations sont capables de comprendre et de réfléchir sur leurs origines, de comprendre leur passé et de définir leur place dans le monde. D'autre part,

> Humanities and social science research also has an important role to play in the innovation system, just as much as research in science and technology (Bakhshi, et al, 2008). Contrary to conventional belief, the natural sciences, the humanities and social sciences are complementary and provide a broad way of

> considering innovation, its impact and acceptability to society. (Ibid.)

La recherche en SHS a également un rôle important à jouer dans le système d'innovation, qui est loin d'être l'apanage de la recherche en science et en technologie. Contrairement à la croyance conventionnelle, les sciences naturelles, les sciences humaines et les sciences sociales sont complémentaires et offrent un large moyen de considérer l'innovation, son impact et son acceptabilité pour la société.

> The relationship between these areas is not hierarchical as might be suggested by the funding opportunities and general belief that innovation can only be driven by knowledge generated in science and technology research. Whilst science and technology research might generate innovation, it is humanities and social science research that will ask fundamental questions about the acceptability of an innovation and therefore inform the public and thus address the social and ethical dimensions of an innovation (Mette, 2008) (Ibid.).

La relation entre les domaines des SHS et des techno-sciences n'est donc pas hiérarchique, comme le suggèrent les possibilités de financement et la conviction générale que l'innovation ne peut être stimulée que par les connaissances générées par la recherche scientifique et technologique. Car si la recherche scientifique et technologique peut générer de l'innovation, c'est la recherche en SHS qui posera des questions fondamentales sur l'acceptabilité d'une innovation et donc informera le public et abordera ainsi les dimensions sociales et éthiques d'une innovation. Ainsi, contrairement à ce qui est dit, les SHS, comme les techno-sciences revendiquant chacune toute leur utilité sociale :

> The public is not only interested in the technical scientific facts but the wider implications of the technology as well. The humanities and social sciences provide the avenue for a critical assessment of any innovation in order to inform the public such that they can make informed judgment. (Ibid.).

Le public n'est pas seulement intéressé par les faits de spécialistes en sciences dites « dures », mais aussi par les implications plus larges de la technologie. En ce sens, les SHS ouvrent la voie pour une évaluation critique de toute innovation afin d'informer le public pour qu'il puisse porter un jugement éclairé. Il en résulte, suivant les propos de Hasan Bakhshi et al., qu'il suffit de transcender la conception classique des SHS pour mesurer leurs potentialités innovantes :

> Our nuanced knowledge modes begin to demonstrate the deeper role that the arts and humanities play in the innovation system. In supporting often expensive team-based collaborations, encouraging different disciplines to work together, and promoting knowledge transfer with other actors in the innovation system, the AHRC helps arts and humanities researchers make wider contributions to society and the economy. (Bakhshi et al., op.cit., p.2-3).

En d'autres termes, nos modes de connaissance nuancés commencent à démontrer le rôle plus profond que les arts et les sciences humaines jouent dans le système d'innovation. En soutenant souvent les collaborations en équipes, en encourageant différentes disciplines à travailler ensemble et en favorisant le transfert de connaissances avec d'autres acteurs du système d'innovation, l'AHRC aide les chercheurs en arts et sciences humaines à contribuer plus largement à la société et à l'économie. *Humanities Report 2015*(2015) nous donne par exemple l'apport ou le lien entre sciences humaines et innovation économique :

> The link between the humanities and innovation shot to the headlines with a famous interview by Steve Jobs of Apple. Talking in the context of product innovation, Jobs said: 'the reason that Apple is able to create products like iPad is because we always try to be at the intersection of technology and liberal arts, to be able to get the best of both.' We also found the link to innovation had taken root in Russia. Participants at the HWR workshop referred to the interest in Richard Florida's concept of the Creative Class, especially in the context of urban planning, where the arts and humanities are playing an important role. (Ibid.p.30).

Le lien entre les sciences humaines et l'innovation fait la une des journaux avec une célèbre interview de Steve Jobs d'Apple. Evoquant le contexte de l'innovation des produits, Jobs a déclaré : «*la raison pour laquelle Apple est capable de créer des produits comme iPad est que nous essayons toujours d'être à l'intersection de la technologie et des arts libéraux, pour pouvoir tirer le meilleur parti des deux*». Le lien avec l'innovation avait pris racine en Russie. Les participants à l'atelier

HWR ont évoqué l'intérêt que suscite le concept de Richard Florida de « classe créative », en particulier dans le contexte de l'urbanisme, où les arts et les lettres jouent un rôle important.

Mais étant donné que les SHS touchent tous les secteurs de la vie sociale, les défis de l'innovation sont donc protéiformes en Afrique. Ainsi, l'innovation en SHS, loin de se confiner à une dimension économique s'ouvre sur plusieurs problématiques socio-économiques et culturelles. Jean Corneloup, dans son article sur « Comment est abordée la question de l'innovation dans les sciences sociales ? » (2009, p.118), est-on ne peut plus clair :

> Que ce soit dans la gestion des risques technologiques, biologiques, politiques, écologiques ou spatiales, la question de l'innovation ne se réduit pas à la mise en place d'un nouveau produit dans une perspective entrepreneuriale. Elle s'inscrit sur un processus plus complexe d'étude du changement où interviennent des forces sociales, historiques, politiques, juridiques ou encore géographiques.

Sur le plan académique qui nous concerne par exemple, le défi pédagogique en SHS ne peut faire fi des perspectives innovantes en Afrique. Ainsi, si l'enseignement des SHS a souvent été considéré comme euro-centré et non contextualisé, il y a néanmoins une prise de conscience réelle allant dans le sens d'une africanisation de nos curricula. Or, toute pédagogie étant dynamique, ses méthodes de transmissions doivent être perpétuellement innovées en intégrant les problèmes africains. C'est dans cette optique que Bjoern Hassler, Sara Hennessy and Riikka Hofmann, évoquent la question du défi de l'innovation pédagogique dans leur article sur « *Sustaining and Scaling Up Pedagogic Innovation in Sub-Saharan Africa : Grounded Insights For Teacher Professional Development* » (Soutenir et intensifier l'innovation pédagogique en Afrique subsaharienne : des idées solides pour le développement professionnel des enseignants) (2018, p.1) :

> There is an increasing consensus that African teacher education needs to focus on more effective and culturally appropriate pedagogical practices, both in the classroom, and in teacher professional development (TPD) initiatives.

En clair, il existe un consensus croissant sur le fait que la formation des enseignants africains doit se concentrer sur des pratiques pédagogiques plus efficaces et culturellement appropriées, tant en classe que dans les initiatives de développement professionnel des enseignants (DPT).

> Credible theories of change describing the mechanisms by which TPD leads to deep pedagogical change in the classroom are evident in contemporary models of professional learning (Schweisfurth, 2015). These include construing teachers as reflective professionals, alignment with local context, teacher-led discussion and joint reflection, promoting communities of practice, foregrounding and creating school-based opportunities for active experiential peer learning and classroom trials, with appropriate scaffolding, such as professional development materials. (Ibid.p.5).

L'innovation passe par une définition des théories crédibles du changement décrivant les mécanismes par lesquels la DPT mène à un profond changement pédagogique en classe et qui sont évidentes dans les modèles contemporains d'apprentissage professionnel. Il s'agit notamment de considérer les enseignants comme des professionnels de la réflexion, de s'aligner sur le contexte local, de promouvoir des discussions dirigées par les enseignants ainsi que la réflexion commune, de promouvoir des communautés de pratiques, de mettre en avant et de créer des opportunités en milieu scolaire pour l'apprentissage par les pairs de l'expérience et des essais en classe, etc.

Du reste, tous ces mécanismes pédagogiques innovants nous obligent aussi à sortir de notre orthodoxie pédagogique qui nous enferme sur nos acquis épistémiques et cultivant ce que Bachelard appelle l'âme professorale, toujours prompte à répéter ces acquis épistémologiques passés. Kgomotso H. Moahi dans son texte sur « *Research issues in the humanities and social sciences in Africa in the 21st Century : challenges and opportunities* » que nous venons de citer revient sur la nécessité de cette rupture épistémologique en SHS (*Ibid*, p.82) :

> As stated earlier, researchers in these disciplines can be their very own enemies in how they perceive their research – according to Van Langehove, 2007), "social sciences and humanities need a basic shift of their paradigm to ensure the future of the disciplines. Traditional social sciences and humanities produce

knowledge in an academic career path that forces the researcher to stay in his/her own discipline".

Comme indiqué précédemment, les chercheurs en SHS peuvent être leurs propres ennemis dans la façon dont ils perçoivent leur recherche – selon Van Langehove, 2007), « les sciences sociales et humaines ont besoin d'un changement fondamental de leur paradigme pour assurer l'avenir de ces disciplines. Les sciences sociales et humaines traditionnelles produisent des connaissances dans un cheminement de carrière universitaire qui force le chercheur à rester dans sa propre discipline ». Cette posture introvertie des chercheurs en SHS cultive le scientisme comme le rappellent Pohoryles R.J. & Schadauer A. (2009, *op.cit.*, p. 150)

> It is important here to understand why, in van Langenhove's terms, 'scientism' became so predominant in the social sciences: scientism was not merely the result of the social scientists' struggle for recognition of their work as a scientific discipline. It also seemed to enable social scientists to overcome specialization and national cleavages in their thinking. However, this approach diminishes the exclusive beauty of the social sciences: the knowledge production necessary for social transformations.

Il est important ici de comprendre pourquoi, selon les termes de van Langenhove, le « scientisme » est devenu si prédominant dans les sciences sociales : le scientisme n'était pas simplement le résultat de la lutte des sociologues pour la reconnaissance de leur travail en tant que discipline scientifique. Il semblait également permettre aux spécialistes des sciences sociales de surmonter la spécialisation et les clivages nationaux dans leur réflexion. Cependant, cette approche diminue la beauté exclusive des SHS : la production de connaissances nécessaire aux transformations sociales est conditionnée par l'innovation des concepts :

> With respect to the institutions that can cope with innovative paradigms. In Social Sciences and Humanities differ from the traditional universities in their routines, evaluation systems and career schemes (Pohoryles & van der Meulen, 2002). Overcoming fragmentation would question the raison d'être of the traditional organization of scientific research within universities. This is the reason for the call for a new institutional approach that overcomes the shortcomings of conventional knowledge production and the current funding schemes (Ibid).

Ainsi, en ce qui concerne les institutions capables de faire face à des paradigmes innovants en SHS, elles diffèrent des universités traditionnelles par leurs routines, leurs systèmes d'évaluation et leurs plans de carrière. Surmonter la fragmentation remettrait en question la raison d'être de la tradition de l'organisation de la recherche scientifique au sein des universités. C'est la raison de l'appel à une nouvelle approche institutionnelle qui pallie les lacunes de la production de connaissances conventionnelles et les mécanismes de financement actuels de la recherche en SHS.

Faire face aux paradigmes innovants suscite donc un certain nombre de questionnements évoqué par *Humaties Report 2015*, et auxquelles doivent répondre une épistémologie des humanités numériques (2015, *op.cit.*, p.64) :

> In the last 25 years digital technologies have changed the humanities. The question is: by how much? Is the digital revolution transforming the humanities intellectually? Or has it just sped up processes and access in ways that are certainly faster but not essentially different? Are we asking new research questions or are we just using new tools? Furthermore, do the digital humanities require new skill sets, which could cause us to think of universities and research training in fundamentally new ways, or is it sufficient to rely on established ways?

Au cours des 25 dernières années, les technologies numériques ont changé les sciences humaines. La question est de savoir de quelle façon ? La révolution numérique transforme-t-elle intellectuellement les sciences humaines ? Ou a-t-elle simplement accéléré les processus et l'accès de manière certes plus rapide mais pas essentiellement différente ? Posons-nous de nouvelles questions de recherche ou utilisons-nous simplement de nouveaux outils ? De plus, les humanités numériques nécessitent-elles de nouveaux ensembles de compétences, qui pourraient nous amener à penser les universités et la formation à la recherche de façons fondamentalement nouvelles, ou est-ce suffisant de s'appuyer sur des méthodes établies ?

Or, comment peut-on être innovant en épistémologie ou en philosophie des sciences par exemple si on n'introduit pas les problématiques du champ conceptuel de l'innovation telles que celles de l'épistémologie de l'innovation, de l'épistémologie l'informatique théorique, de l'épistémologie de la techno-science, voire de l'épistémologie des humanités numériques, etc. dans nos nouvelles offres de formation. En ce sens, *Humaties Report 2015* rappelle la portée d'une épistémologie des humanités numériques (2015, *op.cit.* p. 65-66) :

> The digital humanities (DH) cannot be easily defined. Many view DH as a movement within the traditional humanities and social science disciplines, which promises to bring digital technologies to bear on traditional research questions.1 The same questions that once required a lifetime of manual gathering and processing of data may now be answered within a few weeks, or even a couple days, with the aid of digitized information. Digital humanists have sometimes resisted this definition, however, seeing DH as a more expansive movement and as a discipline in its own right, involving new modes of scholarship and institutional.

Les humanités numériques (DH) ne peuvent certes pas être facilement définies aujourd'hui. Beaucoup considèrent la DH comme un mouvement au sein des disciplines traditionnelles des SHS, qui promet de mettre les technologies numériques au service des questions de recherche traditionnelles. Mais les mêmes questions qui nécessitaient autrefois toute une vie de collecte et de traitement manuels des données peuvent désormais trouver une réponse en quelques jours, ou en quelques semaines, à l'aide d'informations numérisées. Cependant, certains humanistes numériques ont parfois résisté à cette définition, considérant la DH comme un mouvement plus expansif et comme une discipline à part entière, impliquant de nouveaux modes d'érudition et institutionnels.

Mais tous ces challenges innovants ne sont possibles en SHS que lorsque la recherche sera soutenue matériellement et financièrement par le leadership politique et tous ceux aspirent au progrès scientifique en Afrique. C'est dire qu'à côté de la dimension épistémologique de l'innovation en SHS, il y a un volet heuristique que Rogers souligne et qui devrait interpeller à la fois les chercheurs africains mais aussi la gouvernance africaine de la recherche scientifique. Et, pour reprendre les termes de Rogers,

> One reason why there is so much interest in the diffusion of innovations is because getting a new idea adopted, even when it

> has obvious advantages, is often very difficult. There is a wide gap in many fields, between what is known and what is actually put into use. Many innovations require a lengthy period, often of some years, from the time when they become available to the time when they are widely adopted. Therefore, a common problem for many individuals and organizations is how to speed up the rate of diffusion of an innovation. (Ibid.p.3).

L'une des raisons pour laquelle il y a beaucoup d'intérêt dans la diffusion des innovations est l'adoption d'une nouvelle idée, qui même si elle présente des avantages évidents, est souvent très difficile. Il existe donc un large fossé sur de nombreux domaines, en particulier, entre ce qui est connu et ce qui est réellement utilisé. Il en résulte que de nombreuses innovations nécessitent une longue période de conceptualisation, voire quelques années, jusqu'au moment où ils deviennent disponibles et au moment et où elles sont largement adoptées. Par conséquent, un problème commun pour de nombreux individus et organisations est de savoir comment accélérer le taux de diffusion d'une innovation en SHS.

Dans « *Innovation theory – an epistemological aspects* » (Théorie de l'innovation et aspects épistémologiques) Aneta Pachura (2012, p.128) établit un rapport entre la recherche-développement et la production des concepts innovants :

> The relations between the production and the R&D sectors (and especially the global academic potential) are considered special factors determining the current status of innovations in the world.

Makhtar Diop, dans son texte sur l'innovation en Afrique s'interroge à juste titre sur la capacité et la possibilité des Etats africains à financer les politiques de l'innovation.

> What's the lesson for Africa? Because of budget constraints, should African countries only focus on technology adoption or should they anticipate huge technological changes and help create the technologies of tomorrow? This has practical implications for policy-makers. (op. cit. p. 7).

Quelle est la leçon pour l'Afrique ? En raison des contraintes budgétaires, les pays africains devraient-ils se concentrer uniquement sur l'adoption des technologies ou devraient-ils anticiper d'énormes changements technologiques et contribuer à créer les technologies de demain ? Cela a des implications pratiques pour les décideurs. Pour Makhar Diop, cela passe par un financement réel de la recherche scientifique ou simplement de la recherche-développement :

> R&D is not a luxury. It is long-term planning. African PhD students or researchers working on artificial intelligence and quantum computing to accelerate the structural transformation of their economies will invent the future.

En clair, la R&D (recherche-développement) n'est pas un luxe. C'est une planification à long terme. Des doctorants ou chercheurs africains travaillant sur l'intelligence artificielle et l'informatique quantique pour accélérer la transformation structurelle de leurs économies inventeront le futur s'ils sont pourvus en moyens matériel et financier. Cela suppose que les décideurs prennent des initiatives, fussent-elles risquées pour soutenir la recherche innovante en sciences en général et en SHS en particulier. Et, suivant l'expression consacrée, il y a des risques à prendre pour promouvoir l'innovation en science en Afrique :

> Another important lesson is that there is no innovation without failure: Innovation requires an environment in which failure is a source of learning. China has very much internalized this Schumpetarian principle. Africa, however, doesn't have an adequate legal framework such as chapter 11 protection in the US. Investment funds are still too cautious. These are major challenges. (Makhar Diop, Ibid.p.7).

En d'autres termes, une autre leçon importante est qu'il n'y a pas d'innovation sans échec : l'innovation nécessite un environnement dans lequel l'échec est une source d'apprentissage. La Chine a beaucoup intériorisé ce principe schumpétérien. L'Afrique, cependant, ne dispose pas d'un cadre juridique adéquat comme la protection du chapitre 11 aux États-Unis. Les fonds d'investissement sont encore trop prudents pour une recherche scientifique innovante. Ce sont en définitive des défis majeurs qui sous-tendent les pratiques innovantes en Afrique. Dans tous les cas, la leçon qu'on peut retenir d'une épistémologie de l'innovation est, comme le dit Pachura A. (2012, *op.cit.* p.132) une question de valorisation de la recherche scientifique :

> Competence to conduct primary, applied and development research depends on the internal and external character of the R&D and innovation potential. Factors such as: human resources, new competence creation, knowledge transfer and application, financing, innovativeness and its commercialization are often considered the primary strategic areas conditioning innovation development.

La compétence pour mener des recherches primaires, appliquées et de développement dépend du caractère interne et externe du potentiel de R&D et d'innovation. Des facteurs tels que : les ressources humaines, la création de nouvelles compétences, le transfert et l'application des connaissances, le financement, l'innovation et sa commercialisation sont souvent considérés comme les principaux domaines stratégiques conditionnant le développement de l'innovation.

Conclusion

Que les sciences humaines et sociales soient souvent objets de représentations sociales mitigées est un lieu commun de l'épistémologie éponyme contemporaine. Ainsi aussi bien pour le sujet social que pour le sujet épistémique, l'évocation de la valeur et du statut des SHS semble créer un doute à la fois sur leur utilité sociale que sur leur niveau de scientificité.

Suivant une représentation utilitaire ou pratique, les SHS apparaissent au sujet social comme purement spéculatives, bonnes pour la rhétorique quotidienne, contrairement aux sciences dites formelles et expérimentales reconnues comme outils de développement. Et, comme le souligne Bernard Lahire (2012, p.4), la situation singulière des sciences sociales est donc tout particulièrement inconfortable. Car non seulement il est épuisant d'avoir sans arrêt à répondre à la question « à quoi ça sert ? », mais le plus gênant réside sans doute dans le fait que la réponse « ça ne sert à rien » est souvent déjà dans l'esprit de celui qui pose une telle question.

Et, suivant une représentation épistémologique, elles apparaissent à certains sujets épistémiques comme étant des « sciences molles » dont le niveau d'objectivité pose problème, et qui ne pourront aspirer au même niveau de scientificité que celui des sciences formelles et expérimentales.

En considérant ces représentations qui relèvent d'une épistémologie spontanée, on a du mal à faire une conjonction entre les défis de l'innovation et les SHS en général, et en Afrique en particulier. En ce sens, nous avons appris du texte de Mike Michael « *Ignoring science : discourses of ignorance in the public understanding of science* » que certaines représentations sociales de la science procèdent souvent d'une ignorance épistémologique :

> The starting point of this chapter is the observation that people do not simply possess knowledge about scientific 'facts' and scientific procedures and processes, they can also reflect upon the epistemological status of that knowledge. (Misunderstanding science? op. cit. p. 115).

En d'autres termes, le point de départ de ce chapitre est l'observation que les gens ne possèdent pas simplement des connaissances sur les « faits » scientifiques et les procédures et processus scientifiques, ils peuvent également réfléchir sur le statut épistémologique de ces connaissances. Or, les représentations sociales de la science ont souvent un tel déficit épistémologique qu'elles ne possèdent ni des connaissances sur les faits scientifiques, encore moins le statut épistémologique d'une discipline.

Le rapport mondial sur les humanités que nous avons cité doit interpeller les spécialistes des SHS africains :

> Of course, one can question whether innovation is a distinctive feature of the humanities as opposed to other disciplines, but it is no less significant in the humanities than elsewhere. At any rate, those who advocate innovation as a value typically see the humanities as promoting innovation in a way that complements the sciences and cannot be replaced by them. (Humanities Report 2015, p.30-31).

Autrement dit, bien sûr, on peut se demander si l'innovation est une caractéristique distinctive des sciences humaines par rapport à d'autres disciplines, mais elle n'est pas moins importante en sciences humaines qu'ailleurs. En tout cas, ceux qui prônent l'innovation comme une valeur voient généralement les sciences humaines comme une promotion de l'innovation d'une manière qui complète les sciences et ne peut pas être remplacée par elles.

Pour justifier la conjonction entre SHS et défis de l'innovation en Afrique il fallait transcender les lieux communs et restaurer à la fois la valeur épistémique et l'utilité sociale de ces disciplines. Valeurs épistémiques, sachant que les SHS comme les sciences formelles et expérimentales sont des disciplines qui revendiquent une scientificité et qui ont statut reconnu par la communauté scientifique depuis environ deux siècles. Valeurs sociales, par le fait qu'elles apparaissent comme des instruments de décision, les SHS apportent des solutions aux problèmes socioéconomiques et culturels de nos sociétés respectives.

Ainsi, de la même façon que les sciences formelles et expérimentales revendiquent des méthodes innovantes, les SHS s'inscrivent aussi dans un processus innovant depuis une vingtaine d'années. Et, dans la perspective d'une épistémologie régionale, l'innovation devient un défi pour les SHS africaines. Parce que les SHS africaines sont censées répondre aux préoccupations socioéconomiques du continent, elles ont aussi le devoir d'innover leurs démarches respectives pour atteindre les résultats escomptés.

Innover les démarches est un enjeu pédagogique et épistémologique sachant que l'enseignant-chercheur en SHS est obligé d'opérer une rupture avec les méthodes et concepts classiques d'enseignement et intégrer des paradigmes innovants dans les offres de formation. Ainsi, ce qu'on appelle désormais pédagogie innovante en SHS renvoie au fait d'être nouvelle au regard des pratiques existantes, ou apporter un changement ou une amélioration au regard des pratiques existantes dans l'apprentissage du savoir. Ce qui nécessite une catharsis intellectuelle au sens bachelardien du terme.

Mais toute innovation, fut-elle en SHS, parce qu'elle s'inscrit dans une dimension heuristique, a inéluctablement un coût. Pour atteindre les buts escomptés, la recherche en SHS africaines, qu'elle soit fondamentale ou appliquée, nécessite des moyens matériels et financiers. Or, comme on l'a souligné, la recherche en SHS en Afrique n'est pas en général soutenue financièrement et matériellement par la gouvernance universitaire comme le montre la plupart des rapports internationaux que nous avons cités. Le défi de l'innovation en SHS en Afrique est à ce prix.

Références bibliographiques

Boulton M. (1996), *Challenge and Innovation : Methodological Advances in Social sciences Research on HIV/AIDS*, London, Taylor and Francis.

Corneloup J. (2009), « Comment est abordée la question de l'innovation dans les sciences sociales ? », *Revue de Géographie Alpine | Journal of Alpine Research* [En ligne], 97-1 | 2009, mis en ligne le 07 juillet 2009, consulté le 17 mai 2019. URL : http://journals.openedition.org/rga/828.

Haudeville B. et Le Bas Ch. (2016), « L'innovation frugale : signification et frontières d'un concept », Innovations, n°51.

Holm P., Jarrik A., Scott D., *Humaties World Report 2015*(2015), New York, Palgrave Macmillan.

Irwin A., and Wynne B. (1996), *Misunderstanding science? The public reconstruction of science and technology* Cambridge, Cambridge University Press.

Lahire B., « Le savant et le politique », http://ses.ens-lyon.fr/ses/fichiers/lahire-le-savant-et-les-politiques_1359641104077.pdf, consulté le 15/12/19.

Makhtar Diop, *Innovation in Africa*,
https://www.worldbank.org/en/news/speech/2017/11/30/innovation-in-africa

Michael J. O'Brien et Stephen J. (2010), *Innovation and Cultural Systems. contributions from evolutionary anthropology*, Cambridge, The MIT Press.

Martin B.R.(2011),« The evolution of science policy and innovation studies », www.elsevier.com/locate/respol.

Science, Technology and Innovation Strategy for Africa 2024
https://au.int/sites/default/files/newsevents/workingdocuments/33178-wd-stisa-english_final.pdf. Consulté le 13/12/19.

Naguel S. S. (1979), *Policy studies and the Social Sciences*, New Jersey, New Brunswick.

O'Brien M.J., and Shennan S. J. (2010), *Innovation in Cultural Systems. Contribution from Evolutionary Anthropology*, London, MIT Press.

Pachura A. (2012), « *Innovation theory – an epistemological aspects* », *Polish Journal of Management studies.*

Pohoryles R.J. & Schadauer A. (2009), « What future for the european social sciences and humanities? », *Innovation – The European Journal for Social Science Research*, Vol. 22, No. 2.

Rogers E. M., (2000), *Diffusion of Innovations,* New York, The Free Press.

Trouvé H (2007)., *L'utilité sociale : des pratiques aux représentations,* Thèse de Doctorat, Paris 1.

Unesco (2016), *World Social Science Report 2016. Challenging Inequalities: Pathways to a just World.* Paris, Unesco.

TABLE DES MATIERES

Structures éditoriales du groupe L'Harmattan

L'Harmattan Italie
Via degli Artisti, 15
10124 Torino
harmattan.italia@gmail.com

L'Harmattan Hongrie
Kossuth l. u. 14-16.
1053 Budapest
harmattan@harmattan.hu

L'Harmattan Sénégal
10 VDN en face Mermoz
BP 45034 Dakar-Fann
senharmattan@gmail.com

L'Harmattan Cameroun
TSINGA/FECAFOOT
BP 11486 Yaoundé
inkoukam@gmail.com

L'Harmattan Burkina Faso
Achille Somé – tengnule@hotmail.fr

L'Harmattan Guinée
Almamya, rue KA 028 OKB Agency
BP 3470 Conakry
harmattanguinee@yahoo.fr

L'Harmattan RDC
185, avenue Nyangwe
Commune de Lingwala – Kinshasa
matangilamusadila@yahoo.fr

L'Harmattan Congo
67, boulevard Denis-Sassou-N'Guesso
BP 2874 Brazzaville
harmattan.congo@yahoo.fr

L'Harmattan Mali
ACI 2000 - Immeuble Mgr Jean Marie Cisse
Bureau 10
BP 145 Bamako-Mali
mali@harmattan.fr

L'Harmattan Togo
Djidjole – Lomé
Maison Amela
face EPP BATOME
ddamela@aol.com

L'Harmattan Côte d'Ivoire
Résidence Karl – Cité des Arts
Abidjan-Cocody
03 BP 1588 Abidjan
espace_harmattan.ci@hotmail.fr

Nos librairies en France

Librairie internationale
16, rue des Écoles
75005 Paris
librairie.internationale@harmattan.fr
01 40 46 79 11
www.librairieharmattan.com

Librairie des savoirs
21, rue des Écoles
75005 Paris
librairie.sh@harmattan.fr
01 46 34 13 71
www.librairieharmattansh.com

Librairie Le Lucernaire
53, rue Notre-Dame-des-Champs
75006 Paris
librairie@lucernaire.fr
01 42 22 67 13

www.ingramcontent.com/pod-product-compliance
Lightning Source LLC
LaVergne TN
LVHW011021061026
849535LV00006B/1987